四川省教育厅2014年度人文社科重点项目（14SA0104）
绵阳师范学院学术著作出版基金资助项目

创造型教师职前培养研究

◎ 谭小宏　侯小兵　吕林　著

西南交通大学出版社
·成　都·

图书在版编目（CIP）数据

创造型教师职前培养研究 / 谭小宏，侯小兵，吕林著. 一成都：西南交通大学出版社，2017.10
ISBN 978-7-5643-5824-2

Ⅰ.①创⋯ Ⅱ.①谭⋯ ②侯⋯ ③吕⋯ Ⅲ.①师资培养－研究 Ⅳ.①G451.2

中国版本图书馆 CIP 数据核字（2017）第 251472 号

创造型教师职前培养研究

谭小宏　侯小兵　吕林　著

责任编辑	梁　红
助理编辑	陈亚萍
封面设计	何东琳设计工作室

出版发行	西南交通大学出版社 （四川省成都市金牛区二环路北一段 111 号 　西南交通大学创新大厦 21 楼）
邮政编码	610031
发行部电话	028-87600564　　028-87600533
官网	http://www.xnjdcbs.com
印刷	四川煤田地质制图印刷厂

成品尺寸	165 mm×230 mm
印张	13.5
字数	220 千
版次	2017 年 10 月第 1 版
印次	2017 年 10 月第 1 次
书号	ISBN 978-7-5643-5824-2
定价	60.00 元

图书如有印装质量问题　本社负责退换
版权所有　盗版必究　举报电话：028-87600562

前言 // prefaces

改革开放至今,中国经济社会发展取得了显著成就。从诸多领域的成就来看,中国都堪称"世界大国",但却难以称得上"世界强国"。其直接原因就在于中国的自主创新能力还较弱,许多关键领域的核心技术还不具有过硬的国际竞争力;其根本原因则是各行各业"人才"的创造能力还不强。

在 1995 年全国科学技术大会上,江泽民同志论述道:"创新是一个民族的灵魂,是一个国家兴旺发达的不竭动力。如果自主创新能力上不去,一味靠技术引进,就永远难以摆脱技术落后的局面。一个没有创新能力的民族,难以屹立于世界先进民族之林。"进入 21 世纪以来,中国建设创新型国家的发展方向更加明确。《国家中长期科学和技术发展规划纲要(2006—2020 年)》提出,要"把提高自主创新能力作为调整经济结构、转变增长方式、提高国家竞争力的中心环节,把建设创新型国家作为面向未来的重大战略选择"。提高自主创新能力、建设创新型国家的根本依靠是人才,而人才的重要衡量标准之一在于创造力,没有创造能力的"人才"并非真正的人才。

"为什么我们的学校总是培养不出杰出人才呢?"——这一发人深省的"钱学森之问"将全社会的目光聚焦到教育、聚焦到青少年。青少年是祖国的未来和建设创新型国家的希望,在他们身上蕴藏着巨大的创造潜能。一旦将这些潜能开发出来,创新型国家的实现便指日可待;也只有将青少年身上的这些创造潜能开发出来,中华民族的伟大复兴才有实现的可能。2016 年 9 月 9 日,习近平总书记在北京市八一学校考察时指出,"素质教育是教育的核心,教育要注重以人为本、因材施教,注重学用相长、知行合一,着力培养学生的创新精神和实践能力,促进学生德智体美全面发展。"由此可见,建设创新型国家是中国的重要战略，开发全社会的创造力是教育的职责，创造教育所肩负的时代使命光荣而艰巨。

创造教育的关键在教师。著名心理学家、美国心理学会前主席斯滕伯格教授认为，教师对学生创造潜能的开发会产生重大的影响。他认为，教师要鼓励学生对问题提出假设，不要循规蹈矩，要允许学生犯错误，对学生的错误要宽容；应该鼓励学生明智而合理地冒险；鼓励学生自己界定问题，并给他们机会在出错时重新界定问题；要奖励创造的思想和产品；要鼓励学生容忍问题解决之前的困难状态（张庆林，2006）。对高等师范院校而言，不仅要肩负起创新人才培养的职责，更要努力实现创造教育优秀师资培养的目标，培养出更多创造型教师。通过这些创造型教师来更好地促进创新教育工作，培养广大儿童和青少年的创新精神及创新能力，开发他们的创新潜能，提升他们的创新素质。

人们认识到，创造型教师是创造型人才培养的关键要素之一。创造型教师研究受到研究者们的关注。研究者们往往从培养创造性学生的角度来进行创造型教师的界定。通常创造型教师被定义为积极吸收最新教育研究成果，能创造性地将其运用于教育教学中，并能用自己独特的教育理念，发现和创设有利的教育情境和条件，努力发展培养学生创造性的教师。研究者们从不同的学科视角对创造型教师开展了诸多研究。首先，在教育学领域，研究者们关注的重点是创造型教师品质特征、素质结构、教育理念、职前培养培训、职后培养途径等基本问题。此外，还研究在教学活动中，尤其是在师生互动过程中教师对学生创造性培养的作用与影响。其次，在心理学领域中，研究者们通常采用实证研究方法，侧重研究创造型教师的心理特征与心理过程，研究的内容包括创造型教师的创造动机、创新能力、人格特征、创造力及其内隐观、创造性教学行为等。最后，在创造学领域中，虽然直接对创造型教师的研究较少，但创造学重点关注的是创造方法的应用，并且创造学是从企业的创新培训教育发展起来的，因此也重视创新教育的研究与实践。创造学的理论、方法给创造型教师研究提供了很好的借鉴。

创造型教师研究虽然取得了较丰硕的成果，但也存在一些问题，主要包括以下几个方面：第一，目前的创造型教师研究主要以静态的观点来进行，但从教师职业生涯发展理论看，创造型教师的成长是动态的，职前教师在这一点上表现尤为明显。第二，当前研究分别是从不同的学科视角、研究主题开展的，今后应将各个学科、各个方面的研究成果进行整合优化。第三，以往培养创造型教师侧重职后培养和培训，但实际效果并不理想，未来应当加强创造型教师职前培养的研究。

创造型教师的职前培养研究具有重要的现实意义。本书借鉴已有的相关研究成果，对创造型教师的内涵与价值进行了分析，从教育目标、教育评价、教学模式、教学策略等方面阐述了创造型教师应该树立的教育理念，对当前师范院校培养创造型教师存在的难题进行了剖析，通过实证调查了解职前教师的创造素质现状，构建创造型教师职前培养的模式并通过实践对其进行检验，还论述了创造型教师培养的外部环境与条件。希望通过这些理论分析、实证调查及实践探索能够对创造型教师职前培养产生积极的影响。

谭小宏
2017年6月

目录 // contents

第一章　创造型教师的内涵剖析与培养 …………………………………… 1
  第一节　创造型教师的内涵 ………………………………………… 1
  第二节　创造型教师的素养 ………………………………………… 5
  第三节　创造型教师的培养 ………………………………………… 11

第二章　创造型教师的教育目标与评价 …………………………………… 17
  第一节　创造教育目标的基本概述 ………………………………… 17
  第二节　创造教育目标的结构分析 ………………………………… 24
  第三节　创造教育评价的内涵与功能 ……………………………… 29
  第四节　创造教育评价的取向与方法 ……………………………… 31

第三章　创造型教师的教学策略与模式 …………………………………… 41
  第一节　创造性教学的概述 ………………………………………… 41
  第二节　创造性教学的模式 ………………………………………… 51
  第三节　创造性教学的策略 ………………………………………… 56

第四章　职前教师创造素质的调查研究 …………………………………… 67
  第一节　问题提出 …………………………………………………… 67
  第二节　研究方法 …………………………………………………… 71
  第三节　结果与分析 ………………………………………………… 73
  第四节　结论与建议 ………………………………………………… 78

第五章　职前教师创造效能感的调查研究 ………………………………… 81
  第一节　研究背景 …………………………………………………… 81

第二节 研究方法 ·· 90
第三节 结果与分析 ·· 93
第四节 结论与反思 ·· 105

第六章 创造型教师培养的价值与反思 ·· 110
第一节 创造型教师培养的价值 ·· 110
第二节 创造型教师培养的困境 ·· 113
第三节 创造型教师培养的构想 ·· 115

第七章 创造型教师培养的模式与实践 ·· 120
第一节 人才培养模式创新的历程与经验 ··································· 120
第二节 创造型教师培养模式的建构原则 ··································· 127
第三节 创造型教师培养模式的实践探索 ··································· 130
第四节 创造型教师培养模式的教育成效 ··································· 141

第八章 创造型教师培养的环境与支持 ·· 153
第一节 创造型教师培养的社会支持体系 ··································· 153
第二节 高校教师创新支持行为的理论研究 ································ 160
第三节 高校教师创新支持行为的实证研究 ································ 169

参考文献 ·· 185

附 录 ·· 193
附录1 职前教师创造素质调查问卷 ·· 193
附录2 职前教师创造效能感调查问卷 ······································· 198
附录3 高校教师创新支持行为初测问卷 ··································· 202
附录4 高校教师创新支持行为正式问卷 ··································· 205

后 记 ·· 207

第一章
创造型教师的内涵剖析与培养

联合国教科文组织在《学会生存》中指出,"教育既有培养创造精神的力量,也有压抑创造精神的力量。教育在这个范围内有它复杂的任务。这些任务有:保持一个人的首创精神和创造力量,而不放弃把他放在真实生活中的需要;传递文化而不用现成的模式去压抑他……"培养创造型人才是当今教育的主要目标之一,创造型人才的培养要靠创造性教育。创造性教育应该在日常教育之中,不是另起炉灶的一种新的教育体制,而是在创造型学校管理和学校环境中,由创造型教师通过创造型教学方法培养出创造型学生的过程[①]。在这个过程中,创造型教师起着非常重要的作用。

第一节 创造型教师的内涵

在知识经济时代,学校教育应当承担起促进学生创造力发展的使命。这是时代对学校教育提出的新要求,也是教师专业发展必然要面对的新诉求。那么,究竟什么是创造型教师?创造型教师应该具备什么样的特征?我们首先需要对这些基本命题进行比较深入地探讨。

一、创造型教师的定义

研究表明,学生的创造性与教师有密切关系。以美国学者托兰斯的研究为例,教师在创造性动机测验中的成绩与学生的创造性写作能力之间存在一定的正相关,这表明教师创造性的高低对学生创造性的培养至关重要。然而,教师们往往倾向于喜欢高智商的学生而不是高创造力的学生。

[①] A.J. 斯塔科:《创造能力教与学》,刘晓陵、曾守锤译,华东师范大学出版社2003年版。

那么，什么是创造型教师？目前学术界对这一问题是见仁见智，没有达成共识①。比如，日本学者波多野完治认为，"创造型教师是不僵化的教师、心智灵活随机应变的教师，而且是不断渴求新知识、向往新事物的教师。"前苏联教育家哈尔莫夫认为创造型的教师是指关于设计学生最近怎么发展，今后的一段时间又该怎么发展的教师。美国创造教育的权威史密斯认为，"创造型教师是吸取教育科学提供的新知识，在课堂中积极运用并能发现新的实际方法的教师。"

我国学者关于创造型教师内涵的认识基本源于史密斯的定义。例如，林崇德认为："创造型教师是指那些善于吸收最新教育科学成果，将其积极应用于教学中，并且有独特见解，能激发行之有效教学方法的教师。"②吴安春和朱小蔓将"创造型教师"界定为，"创造型教师是指在教育教学活动中，能用自己独特的教育理解，发现和创设各种有利的教育情境和条件，进而成功地影响学生，促进学生成为生命和谐的、可持续性的发展的人。"③季诚钧所理解的"创造型教师"是"能遵循现代教育思想进行教育教学工作，能创造性地解决教学问题并进行教育科研的教师。"④这些定义都从不同的角度勾勒出创造型教师的形象和特征。从这些定义可以看出，创造型教师所做的工作不是重复式的机械性工作，他们往往将自己对教育、教学和学生的理解融入到工作中去，是思想型、开拓型的教育工作者。上述创造型教师的定义显然是对传统"教书匠"的彻底颠覆，但是，还没有与创造教育与创造力开发紧密结合起来。刘道玉认为，创造型教师就是"具备了各种创造性素质和能够胜任创造教育任务的教师"。⑤张景焕将创造型教师定义为：具备培养学生创造力的理念，支持学生创造力的心理素质，掌握多种创造力培养策略并能将之灵活运用于教育教学中，能够采取有效的教育教学措施促进和培养学生创造力的教师。⑥

---

① 商继宗：《中小学比较教育学》，人民教育出版社1992年版。
② 林崇德：《培养和造就高素质的创造性人才》，《北京师范大学学报（社会科学版）》1999年第1期，第1页。
③ 吴安春、朱小蔓：《对创造性教师的研究》，《上海教育科研》2002年第5期，第4-8页。
④ 季诚钧：《创造型教师：一个值得推广的概念》，《教师教育研究》2006年第3期，第44-47页。
⑤ 刘道玉：《创造教育概论》（第三版），武汉大学出版社2009年版，第160页。
⑥ 张景焕：《创造型教师——心理特征及成长历程》，山东教育出版社2010年版，第37-39页。

综合以上定义，我们可以做出如下界定：创造型教师就是能够掌握和运用创造教育理论、策略、方法与技术，创设创造性学习环境，指导学习者有效地进行创造力开发的教师。他们在教书育人工作中能够积极地吸收最新的创造教育研究成果，能创造性地将其运用于教育教学之中，并能用自己独特的教育理念，发现和创设有利的教育情境和条件，努力发展并培养学生的创造力。

二、创造型教师的特征

创造型教师具有哪些特征呢？国内外研究者通过理论分析和实证研究，对创造型教师的特征有了比较深入的认识。

美国学者托兰斯列举了创造型教师九个方面的特征：①对学生发挥出来的创造力感到由衷的喜悦并加以高度赞扬；②建立有助于维护个人自尊的人际关系；③率直的共同感受；④了解学生的能力界限和优点；⑤不是为了支配学生；⑥创造性地宽容学生；⑦不压制集体意志和个人意见；⑧探求各种事物的真情；⑨宽容和亲切的环境。[①]

日本学者恩田彰认为创造型教师应具有以下特征：①自己本身具有创造力；②有强烈的求知欲望；③努力设计具有创造性的班集体；④创造宽容、理解、温暖的班级气氛；⑤具有与学生们一起共同学习的态度；⑥创造良好的学习环境；⑦注意对创造活动过程的评价以激发学生的创造渴望。[②]

我国台湾学者贾馥茗提出，创造型教师的特征是：①使学生相信，教师并不是具有最高创造力的人，即学生有可能超过老师；②公平对待每一位学生；③对敢于提出意见的学生表示赞许；④对学生提出的新奇意见予以重视，并鼓励学生对其独特之处进行分析；⑤对学生自发提出的问题，教师不先行解答，而是鼓励学生进行思考共同寻求解法；⑥鼓励学生互相讨论问题，制止相互间的攻击、嘲讽态度；⑦适时地参加学生的讨论，以平等的态度与学生共同交换想法，使其忘却师生界限，师生双方完全以探讨和解决问题为中心；⑧对于爱表现的学生，一方面肯定他们帮助他人和与

---

① Torrence, E. P. Teaching gifted and creative learners. In Wittrock, M.C. (ed.), Third Handbook of Research on Teaching, Macmillan, New York. 1987.
② [日]恩田彰等著：《创造心理学——创造的理论和方法》，陆祖昆译，河北人民出版社1987年版。

人合作的行为,另一方面也要向他们指出,应给别人留有表现的机会;⑨对不爱表现的学生,尽量利用各种时机,鼓励他们表现,使其有同别人相等的表现机会;⑩注意避免因鼓励学生独立、自由的思考和表现而使整个集体处于涣散、松懈的状态。①

我国学者季诚钧认为,创造型教师的特征主要包括:①知识特征,灵活贯通的知识结构;②人格特征,开拓、创新的个性特征;③认知特征,独特、发散的思维方式;④行为特征,鼓励、宽容的行为方式。②

刘天娥通过调查发现,创造型教师具有如下特征:①较高的动机水平和正确的人生价值取向;②强烈的自我主体意识;③先进的教育理念;④开放性的知识结构及发展性的能力结构;⑤扎实的教育教学基本功和独特的教育教学艺术。③

辛涛和李琼认为,创造型教师的特征主要包括:①较高的职业理想;②丰富的知识结构;③创造性的教育观;④较高的教学监控能力;⑤较强的管理艺术。④

以上学者从不同的角度诠释了创造型教师的特征,这有助于我们更全面的了解创造型教师,更好地培养教师的创造性,还可加深我们对影响学生创造性发挥因素的认识。实际上,创造型教师的特征可从背景性特征和操作性特征两方面来概括。背景性特征包括创造教育精神、创造教育理念、创造教育知识、创造心理特征和相关的人文艺术素养、学术研究素养;操作性特征包括创造教育方法运用的能力和学生创造素质培养的能力。

总的来看,创造型教师至少应当具备三个基本特征:第一,具有扎实的中外教育思想和教育基本理论功底,拥有正确的教育哲学观和学生创造力开发观,是一个有思想的教育工作者;第二,熟谙创造学理论与技术,表现出较强的创造力,能够独立地从事创造实践;第三,熟谙创造教育学理论与技术,表现出较强的创造教育能力,能够在教育教学中促进学生创造力的开发。

---

① 张景焕,初玉霞:《创造型教师——心理特征及成长历程》,山东教育出版社 2010 年版,第 43 页。
② 季诚钧:《创造型教师:一个值得推广的概念》,《教师教育研究》2006 年第 3 期,第 44-47 页。
③ 刘天娥:《论创造型教师及其成长》,华中师范大学硕士学位论文,2008 年。
④ 辛涛,李琼:《创造型教师的特征》,《创新研究》1999 年第 9 期,第 17-19 页。

第二节 创造型教师的素养

创造型教师的素养是知识、能力的综合表现，尤其体现在人格特征和教育理念方面。创造型教师需要掌握精深的学科专业知识、系统的教育学和心理学知识、广博的科学文化知识和基础的创造原理知识。创造型教师的创造教育能力体现在教学艺术能力、教育机智、反思批判能力、自觉能力、教学监控能力和教育研究能力。创造型教师的人格在情感、认知、意志、动力等方面都表现出鲜明的特征，对教育目标、学生、人才和教育都有着独特的理解。

一、创造性的人格特征

创造力与人格具有密切关系，甚至有人把创造力看作是一种人格因素。一个在成绩面前自我陶醉、安于现状的人其创造性会受到抑制，创造动机也会减弱；一个怕困难、怕失败、怕讽刺、患得患失的人也不可能越雷池半步而有任何创新；一个妄自菲薄、丧失信心的人也只会扼杀和摧残自己的创造潜能。[1]因此，作为创造型教师，必须具有创造性的人格特征。

1. 情感特征：热爱和尊重学生，具有较高的职业理想

这是创造型教师人格的情感特征。教师的职业理想包括：①事业心；②责任感；③工作积极性。其核心是对学生的热爱和尊重，能理解、宽容学生。教育植根于爱，热爱学生、尊重学生，是做好创造教育工作的前提和保障。苏霍姆林斯基说过："教师教学技巧的全部奥秘，就在于如何爱学生，用爱去帮助每一个学生获得成功。"爱是教育中最丰富的营养，没有爱，就没有教育；爱是教师教书育人的动力基础，没有爱，就没有责任感；爱是沟通师生思想感情的桥梁，没有爱就没有和谐的师生关系；爱是对学生的理解和宽容，没有爱就不可能培养出具有创造性的学生。

2. 认知特征：观察敏锐、思维灵活、想象丰富、富有才识

这是创造型教师人格的认知特征。教师的教育创造必须依赖敏锐的观察力、清晰的记忆力、创造性的思维能力等认知品质。这些认知因素对教

---

[1] 季诚钧：《创造型教师：一个值得推广的概念》，《教师教育研究》2006年第3期，第44-47页。

师的创造性有着巨大的作用。创造型教师勇于作智力探险，往往善于把一般人看来风马牛不相及的各种素材加以组合。同样，他们具有敏锐的观察力，往往善于捕捉事物细微的变化，从而引发出创造的契机[①]。

3. 意志特征：自信、独立、当机立断，具有开放性的态度

这些是创造型教师人格的意志特征。他们自主性强，不轻信、不盲从权威，不安于现状，不墨守成规，具有打破陋习、敢于标新立异的创造意识和创造精神；善于接受新事物，不闭关自守，不夜郎自大，喜欢尝试新的方法；对教育教学工作有自己的想法和做法，对教育教学的功能和本质有着自己独到的认识和理解。

4. 动力特征：好奇心强、求知欲旺盛、兴趣广泛

这是创造型教师人格的动力特征。兴趣与愉快的情绪情感体验相联系，对人的活动起发动和定向作用。好奇心是兴趣的先导，求知欲则使兴趣更加深刻。创造型教师都有强烈的求知欲，有追寻"为什么"刨根问底的习惯，具有探索和冒险精神。这一特征能使教师更加热爱创造性活动，进一步推动创造性活动的开展。

二、科学的教育理念

教育理念是指教师在教育教学中所形成的对有关教与学现象的某种理论、观点和见解的判断。教师的教育理念直接影响着教师的知觉、判断，进而影响他们的教育态度和行为。理念也会推动创造活动。教师如果具有科学的教育理念，就会自觉地指导教育实践，使教育过程具有创造性，对学生实施创造性的教育。张景焕认为创造型教师的创造力培养观是进行创造性教学的先导，是教师进行创造性教学的内在依据和基础，对创造性教学行为起着指导作用。教师的创造力培养观是指教师在教育教学活动中所形成的，关于创造力能不能培养、创造型学生有何特点以及如何培养学生创造力等问题的观点与看法，包括教师的一般创造力观念、创造型学生观以及创造性教学方法观[②]。

[①] 季诚钧：《创造型教师：一个值得推广的概念》，《教师教育研究》2006年第3期，第44-47页。

[②] 张景焕，初玉霞：《创造型教师——心理特征及成长历程》，山东教育出版社2010年版，第69-79页。

创造型教师的教育理念主要包括教育的目标观、学生观、人才观和教学观等，其中特别值得重视的是教师的目标观和学生观，即教师能否将培养学生创造力作为教学的重要目标，能否科学理智地认识和看待学生。

1. 目标观

教育的最高目标就是培养与造就创造性的人才。要达到这个目标，就要把培养学生的创造力作为重要目标，教师一定要持这样的理念，那就是，通过自己有意识的培养与条件创设，学生的创造力是可以得到提高或促进的。同时，一定要相信每一个学生都有创造性，每一个学生都有创造的潜能，都有自己独特的个性和才华；要善于创设宽容、理解、温暖的班级气氛，努力培养并发挥学生的创造才能。

2. 学生观

教师的学生观支配着教师的教学行为，决定着教师的教育态度和相应的教育方式，从而对能否培养学生的创造性产生着重要影响。教师应具有科学的学生观，认识到学生是具有主体性、发展性、完整性和个性化的人。基于这些对学生的看法和认识，就要保护孩子的好奇心、想象力和自主能动性。既要关注学生的认知性创造素质和实践能力的发展，更要关注人的素质完整性、和谐性、圆融性、自主性和可持续性的发展，将开发学生的心智与提升学生的道德人格境界结合起来，使学生的道德、智慧和幸福获得同步发展[1]；要尊重每一个学生的差异性，并拒绝运用同一标准来评价学生，力图使每个学生都成为充满个性魅力的生命体。

3. 人才观

教师应转变标准化与统一化的人才观，不要认为"驯服""听话""唯书""唯上"的学生才是好学生，才是人才；要树立"天生其人必有才，天生其才必有用，人无全才，人人有才"的观点；要看到孩子独特的个性与才华，看到孩子发展的潜能，为创造性人才的发展创造良好的条件。

4. 教学观

教师应转变传统的教学观念，从重视教师转向重视学生；从重视知识

---

[1] 吴安春：《从"知识本位"到"德性本位"——教师创造教育观的整体性与根本性转型》，《教育研究》2003年第11期，第75-79页。

传授转向重视能力培养;从重视教法转向重视学法;从重视认知转向重视发展;从重视结果转向重视过程;从重视继承转向重视创新。

三、合理的知识结构

合理的知识结构是创造型教师的重要素质之一。泰勒曾说,有丰富知识和经验的人,比只有一种知识和经验的人更容易产生新的联想和独到的见解。这是因为知识和经验是创造的素材。只有拥有了大量的素材,灵感才能一触即发、俯拾即是[①]。创造型教师应具备精深与广博相结合的系统而扎实的知识结构,其中包括精深的学科专业知识、系统的教育学心理学知识、广博的科学文化知识和基础的创造原理知识。

1. 精深的学科专业知识

创造型教师应系统地掌握并熟练地运用本学科专业的基本理论和基本技能,熟悉本学科历史发展和现状,了解最新研究成就和发展趋势,熟悉专业的研究方法和学习方法。有关研究表明,在一定的条件下,教师所掌握的学科专业知识越多越丰富,其教学的有效性、创造性就越强。教师的知识不仅表现在对学生当时成绩的影响,更重要的是表现在对视野、思维的未来影响。学科专业知识是创造型教师创造性地从事教育教学工作的最为基础的知识。[②]

2. 系统的教育学、心理学知识

创造型教师应具有系统的教育学、心理学知识,这是教师关于"如何教"的条件性知识。在教师将学科专业知识转化为学生可以理解的知识的过程中,运用教育学和心理学知识来思考学科专业知识,对学科专业知识进行重组和表征是现代教育科学的基本要求。条件性知识是教师成功从事创造教育教学工作的重要保障。作为创造型教师,应对教育学、心理学、学科专业知识、学生特征和学习背景等方面进行综合了解,对学科专业知识做出教育学的解释,这种解释要依据学生的身心发展规律以及其对该学科的掌握情况,考虑到学生对该学科已有的知识和理解程

---

① 季诚钧:《创造型教师:一个值得推广的概念》,《教师教育研究》2006年第3期,第44-47页。
② 王大磊,王海莹:《论中小学创新型教师的知识结构》,《天津市教科院学报》2008年第3期,第70-72页。

度,即把学科专业知识"心理学化",以便学生理解,并在理解的基础上创造。

3. 广博的科学文化知识

创造型教师应具备广博的科学文化知识。在知识经济时代,教师的知识结构应该是多元化、多层次的。更重要的是,学生创造性的培养发展在一定程度上取决于教师科学文化知识的广泛性和深刻性。只有具备了丰厚的知识底蕴,才可以取其精而用其妙。知识渊博,教学才能左右逢源、旁征博引、妙趣横生,也才能激发学生的创造意识和思维。因此,教师应努力拓展自己的知识层面,有意识地积累自然、人文和社会科学知识,增强自己的知识底蕴,这样才能满足学生的求知欲,多途径开发学生的创造力。

4. 基础的创造原理知识

创造型教师还应掌握创造原理的有关知识。包括创造力、创造性思维的原理与方法、创造的基本要素、创新人才素质结构、创造教育的方法和手段、创造教育的模式和教学策略等。作为创造型教师,必须认真学习与掌握这些方面的知识、原理,并有意识地将其运用到教育教学活动中。这种知识准备与应用能力,实际上是创造型教师与一般教师在知识结构方面的区别。研究表明,创造教育的方法和手段在创造型教师的知识结构中尤其重要。某些传统的教学方法经加工改造后可用于创造教育的教学方法,如情境教学法、开放教学法等。Fryer 和 Collings(1991)的研究表明,尽管大多数老师知道学生的创造性是可以发展的,但是他们却很少用创造性的解决问题的方法和手段。[1]

四、娴熟的创造教育能力

创造教育能力是教师在实施创造教育的过程中所必须具备的稳固的心理特征。创造型教师的创造教育能力是其从事创造教育教学活动的核心要素,主要包括教学艺术能力、教育机智、反思批判能力、自学能力和科学研究能力。

---

[1] 王大磊,王海莹:《论中小学创新型教师的知识结构》,《天津市教科院学报》2008年第3期,第70-72页。

1. 教学艺术能力

教学本身就是一门艺术，日本著名教育家斋藤喜博曾指出："我认为，教师是艺术家。教学倘是真正创造性的、探索性的，那么，它就会达到艺术般的高度，给人以艺术的魅力，并且，唯有借助这种教学，儿童也罢，教师也罢，才会满足，才会成长，才会获得自我变革。"[①]创造型教师都具有高超的教学艺术能力，他们能充分了解学生的身心发展特点和个体差异，使教学过程富有艺术和美的享受。比如，能合理选择教学方法和手段，使教学都富有科学性、启发性、教育性和创新性；具有良好的语言艺术表达能力，教学语言运用准确、纯净，而且不乏生动、幽默；得体的非语言艺术表达能力，眼神、动作、表情的运用等能与语言表达默契配合、相得益彰。

2. 教育机智

教育机智是教师在教育教学活动中的一种特殊智力定向能力，是指教师对学生各种表现，特别是对意外情况和偶发事件，能够及时作出灵敏的反应，并采取恰当措施和解决问题的特殊能力。教育机智本身就是教师的教育艺术和创造性的体现。教育机智不仅能扩展学生的精神世界，而且能激发他们的求知欲。在教育教学中，创造型教师必须承担解释情境和应对情境的任务。解释情境需要教师时刻关注课堂情境，关注学生活动，运用自己的经验和智慧，分析、判断各种突发、偶发事件的原因、性质和可能的结果；应对情境则是教师面对突发和偶发事件要及时做出自己的反应[②]。

3. 反思批判能力

创造型教师都具有较强的反思批判能力。通过反思、批判，可帮助教师对教育现象进行分析，对丰富的感性世界进行归纳、提炼并使之经验化和理论化；对已有教育实践进行反思、批判，能不断提高教师的创造意识，增强教育创造能力；反思还可以评判教育活动及其思想的得失，提出新的教育假设，发展和创造丰富的教育价值。通过反思与批判，教师的自主能力逐渐地得到增强。教师反思过程的最大特点是主体自主的意识活动，反思活动要靠教师自主参与才能实现，因此，有反思批判能力的教师也必然是自主的、创造性的教师。

---

① 谭小宏：《创造教育学导论》，北京师范大学出版社2012年版，第232页。
② 王大磊，王海莹：《论中小学创新型教师的知识结构》，《天津市教科院学报》2008年第3期，第70-72页。

4.自学能力

自学能力本质上是指人的知识的自我更新和转换能力。教师创造性的形成和发展，离不开一定的知识和经验，如果没有过去的知识和经验作支柱的话，教师的工作不可能是创造性的①。教师知识的自我更新能力越强，所获得的知识经验就越丰富。同时，创造型教师本人还应该有使知识不断产生质的飞跃的能力，即在传授知识的同时要给学生留有发挥想象力、进行研讨的思维空间，要有指导学生在诸多数量、类型、层面等的知识中善于判断、选择、取舍的能力和进行不同知识组合、转换、生成的能力。②

5. 教学监控能力

教师的教学监控能力是指教师为了保证教学的成功、达到预期的教学目标，在教学全过程中，将教学活动本身作为意识的对象，不断对其进行积极、主动地计划、检查、评价、反馈、控制和调节的能力。③教师的教学监控能力在教学过程不同阶段的表现形式不同，可以分为课前的计划与准备性、课堂的评价与反馈性、课堂的控制与调节性以及课后的反省性四个方面④。

6. 教育研究能力

教育研究能力是更为高级的、根源于教育实践而又有所超越和升华的创造教育能力。它由坚定的科研意识、正确的科研方法与执著的献身精神融合而成，主要体现在教师对教育教学过程的反思批判，对教育科学研究的主动积极投入，善于吸收最新教育科研成果并创造性地将其运用于教育教学实践等方面。

第三节 创造型教师的培养

创造型教师的培养是一个长期的复杂的过程，受到学校、家庭、社会

---

① 刘天娥：《培养创新型教师的几点思考》，《现代教育科学》2010年第7期，第85-88页。
② 刘国琴：《创造教育与创新型教师》，《辽宁科技学院学报》2003年第1期，第47-49页。
③ 申继亮，辛涛：《论教师教学的监控能力》，《北京师范大学学报（社会科学版）》1995年第1期，第67-75页。
④ 辛涛，申继亮，林崇德：《教师教学监控能力的结构：一个验证性的研究》，《心理学报》1998年第3期，第281-287页。

等多方面因素的影响。①因此，应为创造型教师的成长提供有利的环境氛围，借助于教师个体和外部环境二者之间的协同作用来实现创造型教师的培养。从教师个体来说，应充分发挥教师的自主性和创造性，而民主、宽松的外部环境是创造型教师培养必不可少的条件保障。

一、充分发挥教师的自主性和创造性

1. 树立科学的教育理念

（1）教师职业的本质就是创造。

树立教师职业的本质就是创造的理念，创造是教师职业的基本要求。教师劳动本身就富有艺术性和创造性，教育对象、教育环境、教育内容的复杂性和特殊性决定了教师劳动不可能有固定不变的程序和法宝。教师通过教学设计所形成的教案、讲稿，本身就是自己的设计成果，就像工程师的设计图纸一样，应不断充实、完善和创新，最大限度地满足教育对象的要求。时代在变化，知识在变化，受教育对象也在不断变化。教师的教学方法、手段和形式等也要不断变化。随着知识和经验的积累、发展，教师的教学水平、实践能力和创造能力等也在不断提高。教师应运用自己的知识、经验和才能，进行独立创造，设计各式各样的教学方案，形成不同的教育、教学风格和特色。

（2）学生的创造力是可以培养的。

树立学生的创造力是可以培养的理念，把培养学生的创造力作为教育的最高目标之一。教师一定要认识到，通过自己有意识地培养与环境创设，学生的创造力是可以得到提高的。应努力营造开放、平等、自由、互动的学习氛围，把学生看成积极能动的主体，鼓励学生发现问题、敢于质疑批判并提出不同意见。通过建立民主平等的师生关系来训练学生的创造性思维，认识到教学不仅仅是知识的传授，还是教师与学生之间学习方法、思维方式的碰撞和交流。应尊重学生的个性，培养学生的创造意识、创造思维能力和行动习惯，特别是要在学习上培养学生创造性学习的习惯。

（3）创造不是天才所独有的。

树立创造不是天才所独有的理念，要知道人人都有创造性。教师应该

---

① 在教师教育领域，"培养"一般指教师的职前教育，"培训"一般指教师的在职教育。因此，在没有特别说明的情况下，本书中的教师培养都是指教师的职前培养。

宽容地对待每一个学生，给予每一个孩子积极地期待和关注，尤其是那些所谓的调皮捣蛋、不听话、不走寻常路的孩子。每一个教师都应该记住陶行知先生的谆谆教诲："你的教鞭下有瓦特，你的冷眼里有牛顿，你的讥笑中有爱迪生。""只要先生们少骂几句坏蛋，社会、家庭、政府多给一些自由空气，少用一些齐一手段，那么爱迪生他们便会如雨后春笋一发不可遏了。如果真能出现这种局面，学生一定能学得更加主动，更加生动活泼，更加有成效。"

因此，教师在课前应精心准备，查阅大量资料，创设探究活动引导过程中的问题情境；在课堂上，应保护和培养学生的好奇心、求知欲和想象力，帮助学生自主学习、独立思考，保护学生的探索精神和个性的发展，营造崇尚真知、追求真理的氛围，为充分开发学生创造的禀赋和潜能创造一种宽松的环境。

2. 提升创造性教育能力

（1）改革教学方法，提高教学艺术能力。

教学方法是能否培养和造就创造性人才的关键之一。[①]传统的教学方法，以教师、书本为中心，不利于激发学生的创造意识；注重知识的传授，不利于训练学生的创造思维；实践教学环节薄弱，不利于培养学生的创造能力。教师要培养学生的创造性，就应坚持启发式教学，激发学生学习的主动性、积极性，训练学生掌握科学的思维方法，培养学生独立分析问题和解决问题的能力。

教师应保留传统教学方法中有用和有效的部分，同时借鉴国外教学方法在中国的教学实践中实用可行的经验，综合运用各种教学方法；注意教学方法的多样性与灵活性及它们之间的相互配合，发挥教学方法的综合效应；更应重视教学方法的创新，积极推行探究式教学；应加强训练，培养良好的语言艺术表达能力和非语言艺术表达能力。

（2）加强教育实践，培养教育研究能力。

教育实践是创造型教师培养的关键。教师只有在真正的教育工作场景中才能形成自己的理性认识，产生教育机智，使学到的知识转化为对教育的理解和体验，最终形成个人稳固的教育理念。教师的教育实践是创造型

---

① 林崇德：《创造性人才特征与教育模式再构》，《中国教育学刊》2010 年第 6 期，第 1-4 页。

教师成长的重要环节，特别是校本培训过程、行动研究过程更是教师将理性认识转化为教育经验、教育认识、教育智慧的关键。不脱离教育工作场景，从教育生活中获得鲜活的教育经验，通过实践来驾驭教育理论，然后再提升为更成熟的教育理论，并用教育理论来指导教育实践，这是创造型教师培养的重要途径。

同时，教师应重视教育研究，特别是行动研究，注重反思和批判，积极吸收最新教育科研成果并创造性地将其运用于教育教学实践中。教师本身要有较强的创造能力，应带头创造，通过教学过程把自己在创造实践中获取的成果、心得体会、经验教训等传授给学生，以激发学生的创造热情，提高学生的创造积极性。

（3）完善知识结构，提高知识的自我更新和转换能力。

作为创造型教师，必须不断学习，完善知识结构，提高知识的自我更新和转换能力。特别应掌握相关的创造原理知识，包括创造力、创造性思维的原理与方法、创造的基本要素、创新人才素质结构、创造教育的方法和手段、创造教育的模式和教学策略等，能有意识地将以上知识运用到教育教学实践中。

心理学的研究已表明，创造性思维、创造技能技巧经过适当的培养与训练可以更好地得到发展。教师通过系统学习创造教育知识，掌握创造教育方法，或许还能指导自己科学研究和发明创造活动的开展，并将其有机地结合到教学工作中。这样既可以培养自己发明创造的兴趣，又容易取得创造发明的成果，还可以用自己创造发明的过程激发学生的创造意识，从而唤起学生的创造欲望。

二、构建有利于创造型教师成长的环境与机制

1. 加强教师创造素养培训

要想培养创造型教师，就应当把对教师创造素质的培养作为培训的核心任务。在培训内容方面，加强教师职业理想和职业道德精神培养，唤起教师强烈的责任感和使命感；加强创造性知识教育，拓宽教师的知识结构；加强心理素质培训，使教师具有较强的创造欲望和心理准备。

在培训方式方面，采取理论与实践相结合的方法，通过观察、集中研讨、个案分析现场调查、对话等多种方式，构建多层次、多渠道、多形式

的培训体系，切实增强培训的针对性和实效性。

2. 营造宽松的创造环境氛围

学校环境的创造性，主要包括校长的办学理念、指导思想、教学管理、环境布置、教学评估体系及班级气氛等多种学校因素。学校应坚持以人为本的思想，努力为教师营造宽松的创造环境氛围，因为只有在宽松、和谐的氛围下，教师的创造精神、创造能力才能不断提高和发展，才能影响和发展学生的创造能力。教师只有在自由、民主的氛围下进行教学研究改革，才能营造自由的学术气氛，才能"百花齐放，不拘一格"，才能"八仙过海，各显神通"。

3. 完善创造激励机制

学校应注重形成创造激励机制，加大投入，对经常开展教学研究、学术交流活动并取得一定成效的教师给予奖励，并在晋级、聘用中对其优先考虑。因地制宜地制定相关保障政策，多方位、多层次地综合采用目标激励、奖惩激励、民主激励和关怀激励等多种激励手段，从物质和精神等方面鼓励教师开拓进取，探索创新。

4. 建立创造评价制度

应改变过去单一、绝对、静态的评价方式，坚持社会评价和主体评价相统一，以学生发展为尺度，以能力提高为准绳，制定综合的、多元的、动态的教学评价制度。在关注教师当前表现的同时，还要关注教师的未来发展，运用发展的眼光评价教师。特别应注重评价体系中教师创造性工作的权重，改变单纯以学生考试成绩的优劣判断教师教学质量的做法，充分体现创造教育教学的价值。

三、创造型教师专业发展的维度与方式

创造型教师的发展涉及其专业成长的问题，有研究者认为，创造型教师的专业成长需要在教师的整个成长过程中为其提供有利的环境氛围，这一氛围需借助教师个体、教师教育以及外部环境的支持三者之间的协调互动才能实现[①]。此外，还需要考虑创造型教师的专业发展维度，即发展什

---

① 田友谊：《论创造型教师的专业成长》，《教师教育论坛》2013年第7期，第28-31页。

么的问题。教师是承担教书育人职责的专业工作者，而"教书育人"是世界上最复杂的工程之一，对教师专业发展内容的要求也自然不会简单。根据教师专业发展的目标指向可以把它们归入两个维度：教育情怀和教育智能。教育情怀是指教师对教育职业或专业、教育对象和教育过程的理解、热爱、投入和信念，表现为能否以高尚的师德情操和极大的热情投入到教育工作之中，能否在整个专业化发展过程中表现出坚定地从教信念。这一维度表征教师的"乐教"水平。教育智能指教师在教育教学工作中是否具备了足够的教学内容知识、方法知识、教学技能和教学实践智慧，在能力上是否可以胜任教育教学工作。这一维度表征教师的"善教"水平[1]。

根据教育部 2011 年《教师教育课程标准（试行）》，职前教师（师范生）专业发展的内容包括教育信念与责任、教育知识与能力、教育实践与体验 3 个维度。根据 2011 年《中学教师专业标准（试行）》，在职中学教师的专业发展包括专业理念与师德（职业理解与认识、对学生的态度与行为、教育教学的态度与行为、个人修养与行为）、专业知识（教育知识、学科知识、学科教学知识、通识性知识）和专业能力（教学设计、教学实施、班级管理与教育活动、教育教学评价、沟通与合作、反思与发展）3 个维度 14 个领域。教师专业发展的这些维度同样适合创造型教师的专业发展。只是创造型教师的专业发展在这些维度上更加强调教师的创造教育理念、知识、能力与情感，并且要把这些内容有机地融合到教师专业发展的整体中去。

创造型教师的专业发展还应该思考如何发展的问题。创造型教师的专业发展应该注重以下六个方面的有机结合：一是制定阶段性的个人专业发展规划，以正确的方向引领发展；二是进行阶段性的个人专业发展反思，在反思中扬长避短；三是坚持以自我学习方式为主，不断提高专业发展水平；四是与同事结成紧密的专业发展共同体，在合作中促进发展；五是主动争取各种学习培训机会，借助专家的智力支持促进发展；六是理论学习与教育实践辩证统一，用理论指导实践并在实践中丰富理论。

---

[1] 侯小兵，张学敏：《教师专业发展模型及其实践价值》，《当代教师教育》2012 年第 1 期，第 6-10 页。

第二章
创造型教师的教育目标与评价

人类活动以其特有的目的性而区别于动物的活动。教育活动的目的性是人类与动物训育行为分野的重要标志。创造教育目标的厘定则是开展创造教育的起点与归宿，对创造教育具有全程性指导的作用。在创造教育中，为了使教育活动顺利开展，必须进行相应的评价，促进预期目标的达成。同时，教师对学生的评价会对学生产生极大的影响，这充分体现出评价对人及人所从事的活动的影响力。

第一节 创造教育目标的基本概述

研究创造教育问题，首先要理解什么是创造教育，尤其要探明它的本质。所谓本质，是指事物所固有的，决定事物性质、面貌和发展的根本属性。通过对创造教育概念的界定及其与传统教育的比较、对其特征的分析来解读创造教育的本质。这是进一步研究创造教育目标价值取向问题的基础。

一、创造教育目标的内涵

创造教育这一概念，是我国学者对西方创造力开发教育的一种本土化说法。开展创造教育首先应当明确的问题是"什么是创造教育"或"创造教育是什么"。

1. 创造教育

目前，学者们关于创造教育的定义众说纷纭，不同学者有不同的说法："从广义上说，凡是有利于受教育者强化创造意识、树立创造志向、培养创造精神、激发创造思维、增长创造才干、提高创造素质并开展创造活动而进行的教育，都可称为创造教育。"①

"所谓创造教育，就是依据创造学的研究和创造学揭示的有关创造的理论和方法，运用于教育实践，开发学生的创造力，培养和造就大批创造型人才的新型教育。简单地说，创造教育就是依据创造规律来开发学生的创造力、培养大批创造型人才的教育。"②

"创造教育是指在学校教育中，贯彻提高学生创造力的原则，使形成学生创造性人格、创造性思维和解题能力成为教育目标重要组成部分的教育思想、教育哲学和教育实践。"③

"所谓创造教育实际应当包含两个方面的内容：一是创造性地进行教育，即如何教育、培养学生的创造性，通过创造性的提高而达到提高学生创造能力的目的；二是教育创造学，即研究教育之中的有关创造问题。"④综上所述，我们将创造教育定义为：创造教育是通过具有创造性的教育活动，开发人的创造力的教育。

20世纪90年代，"创新教育"的理念在我国兴起，引起了创造教育与创新教育的概念纷争。那么创造教育与创新教育有何区别与联系？主要有两种代表性的观点：

第一种观点认为"创造"不等于"创新"，"创造"是无中生有，生产出本来没有的东西；而"创新"是在原有的事物上的开拓改革。因此，"创造教育"与"创新教育"是两种内涵不同的概念。

第二种观点认为"创造"与"创新"实质上是一致的，都是一种"弃旧图新"的活动，二者在词义上可以不加区别地互用，如用"创造精神"代替"创新精神"，用"创造能力"代替"创新能力"，不会引起词义上的误解，因此二者是内涵相同说法各异的两种概念。在实际工作中，二者可以通用或混用。仁者见仁，智者见智。现阶段出现"创造教育"与"创新教育"并存的局面并不奇怪。在本书中，我们也支持第二种观点，创新教育与创造教育这两个概念往往交替使用。

创造教育的出现和发展，与人们对传统教育弊端的反思分不开。正如1995年联合国教科文组织在《关于高等教育的变革与发展的政策性文件》

---

① 庄寿强：《普通创造学》，中国矿业大学出版社2001年版，第230、250页。
② 温元凯，舒泽之：《创造学原理》，重庆出版社1988年版，第265页。
③ 周宏，高长梅：《创造教育全书》，经济日报出版社1999年版，第86页。

中指出的那样:"在'学位=工作'这个公式不再成立的时代,人们希望高等教育的毕业生不仅是求职者,而且也是成功的企业家和工作岗位的创造者。"培养创造型人才的现代教育理念,是促使人们接受创造教育的基础。传统教育并不是不好,只是当它过分注重知识传承时必然会使受教育者主动学习的能力削弱。

国内学者曾研究过创造教育与传统教育的区别,归纳起来,二者在教育思想、教育原则上有以下10点不同[①]。

① 传统教育重在让学生被动地接受知识,创造教育重在使学生主动地获取知识。

② 传统教育强调学生储存、积累知识和信息的能力,创造教育强调学生提取、加工信息的能力。

③ 传统教育给学生以现成的、唯一的标准答案,创造教育提倡学生探索众多的设想方案,需要学生进行选择与决策。

④ 传统教育着重学生收敛思维的培养,创造教育着重学生发展思维的训练。

⑤ 传统教育重在人类思维的结果,提供结论性的东西,是"结论性教育",创造教育着重学生学习的思维过程和实践过程,是"过程性教育"。

⑥ 传统教育注意培养解决精确领域问题的人才,即"知识生产者",创造教育注意培养解决模糊领域问题的人才,即"生产知识者"。

⑦ 传统教育强调教学的统一性,是对学生进行低标准的全面平推,创造教育强调教学的差异性,是对学生进行高标准的选择性突破。

⑧ 传统教育讲究现在的传统规范,创造教育讲究未来的发展趋势。

⑨ 传统教育强调学生对当今社会的适应能力,创造教育则注重学生对未来社会的应变能力。

⑩ 传统教育强调模仿与继承,培养"应试型""知识型"人才,创造教育则强调变动和发展,培养"创造型""素质型"人才。

通过比较,我们也可以说创造教育是从守成性教育、维持性教育到创新性教育的转向,从注重教育的文化传承功能向注重教育的文化革新功能的转向。这一转向涉及教育目标、教育内容、教育原则和方法、教育评价标准。这种全面的、根本的变革,是教育功能的重新定位,是带有全局性

---

① 庄寿强:《创造学基础》,中国矿业大学出版社1990年版,第191-192页。

的、结构性的教育革新和对教育发展的价值追求。

站在教育哲学的高度来理解创造教育的实质，对我们正确地解读创造教育是有帮助的。真正意义上的创造教育应当是对传统教育的扬弃。改革传统教育，树立创造教育理念，贯彻创造教育原则，开展创造教育实践，应当说是落实"三个面向"的一种选择与创新。当然，提倡创造教育并不是否定有着悠久历史的传统教育，我国的创造教育是深受传统教育影响的。我们今天倡导创造教育，并不是在现今教育运行体制之外另起炉灶，改铺新路，而是以适应新时代的教育思想观念去推动教育事业的发展，赋予教育新的活力。

2. 教育目标

教育目标亦称培养目标，是对某一级、某一类学校培养人的质量规格的设想或规定。教育目的是对各级各类学校教育培养人的质量规格的总体设计。就教育目标和教育目的都是规定通过教育使受教育者身心发展所要达到的规格要求看，二者没有实质性区别：教育目的是各级各类学校总的教育目标，教育目标是某一类、某一级学校的教育目的。二者都是培养人的一种教育理想、教育期望或设想中的教育结果。但是，从其适用的范围和层次说，教育目的和教育目标又是有区别的。教育目的普遍适用于各级各类学校，既适用于各级普通教育，也适用于各级专业（职业）教育，它规定了各级各类学校培养人的共同要求。而教育目标只是反映了教育目的对某一级某一类学校培养人的特殊要求。教育目的适用于所有学校，教育目标只适用于部分学校。所以，二者既有普遍性和特殊性的关系，又有整体性和局部性的关系。教育目的是对各级各类学校教育目标的总体设计，统摄着所有学校的教育目标，具有高度概括性。教育目标是教育目的在各级各类学校教育中的具体化。因此教育目的与教育目标之间也有着概括与具体的关系，当然相对于各种具体教育、教学活动要求来说，教育目标也具有概括性。

在 20 世纪，许多心理学家和教育学家，都对教育领域中目标分类问题进行了深入研究，提出了自己的主张和观点以及分类体系，形成了关于教学目标的若干理论，各具特色，为我们正确认识、设计、实施或进一步研究教学目标提供了理论依据和基础。在西方的课程与教学组织和设计中，长期以来占支配地位的主张是，把教学目标分为"事实、技能和态度"三个领域。虽然这种分类现在已经不流行了，但许多新的目标分类理论都是由此发展起来的，其中有的还直接来源于此。罗恩特里（Rowntree）将教育领域中的目标分为三大类：求生技巧的目标、方法目标、内容目标。这三类目标各有来源，相互之间有密切关系。布卢姆等人受到行为主义和认知心理学的影响，将教育目标分为认知、情感和动作技能三个领域。每一领域内，又细分为若干层次，这些层次具有阶梯关系，即较高层次目标包涵且源自较低层次目标。每一层次又规定了一般（具体）目标。加涅被认为是认知心理学派的折中者，主要从事学习心理学的研究，他认为并非所有的学习都相近，从而把学习区分为不同层次，最早提出了八个层次，以代表不同种类的认知能力。为了能够使学习层次的原则在教学上加以应用，加涅提出了五种学习结果，使教师能根据学习结果的表述设计最佳的学习条件。五种学习结果分别为："态度（attitude）""动作技能（motor skills）""言语信息（verbal information）""智力技能（intellectual skills）"和"认知策略（cognitive strategies）"。

梶田叡一是日本著名的教育家，他认为各国社会文化背景不同，教育传统不同，不能都照搬布卢姆等人提出的欧美式教育目标分类理论。他借鉴布卢姆的理论，提出了具有东方色彩的教育目标分类理论，他的指导思想和研究成果对我国开展教育目标分类理论研究很有启发。他提出学校教育至少要包含三种类型的教育目标：达成目标、提高目标和体验目标。

长期以来，我国教育界重视和突出"基础知识和基本技能"，形成了"双基"教育模式，从而形成了"双基"教学目标体系。这一体系在20世纪80年代以来的教育教学改革中，受到各方面的批判，这种批判凭借扬弃性的精神和追求，催生出了"三基教学"，即基础知识、基本技能和基本能力教学。后来，人们开始重视儿童健康个性的形成和发展。在教学研究中，这一切引发我们思考和研究我国教学目标的建构问题，进而提出了"三基一个性"的教学目标体系的构建设想。

以心理学研究成果为主要依据，学校创造教育目标总体结构是由认知目标、人格目标、群体心理目标和产品目标组成的有机统一体（详见本章第二节）。

二、创造教育目标的功能

1. 导向功能

创造教育目标为教育对象指明了发展方向，预定了发展结果，也为教育者指明了工作方向和奋斗目标。创造教育目标无论是对受教育者，还是对教育者都具有目标导向功能。诸如教育内容的选择，以及教育过程所采用的方法和手段，都必须按照教育目标去进行。如果教育工作偏离了创造教育目标，就达不到预定的教育结果。

2. 选择功能

人类社会发展至今，可供学生学习的知识经验繁多复杂，需要培养的技能技巧多种多样，需要发展的智力能力方方面面。有了创造教育目标，就为教育内容的选择确定了基本范围，保证了教育能够科学地对人类丰富的文化作出有价值的取舍。同时，创造教育目标也为选择相应的教育途径、方法和形式提供了依据。

3. 激励功能

创造教育目标是对受教育者未来发展结果的一种设想，具有理想性的特点，这就决定了它具有激励教育行为的作用。它不仅激励教育者通过一定的方式，把创造教育目标转化为学生的学习目的，也激励受教育者自觉地、积极地参与教育活动。在教育活动中，只有当受教育者意识到创造教育目标对自身未来成长的要求或意义时，才能把它作为努力方向，不断地按照创造教育目标的要求发展和提高自己。

4. 评价功能

创造教育目标既为教育活动指明了方向，又为检查和评价教育活动的质量提供了衡量尺度和根本标准。无论是过程性评价还是终结性评价，都必须以创造教育目标为根本依据。同时，创造教育目标只有具体体现在学校教育的各个评价体系之中，才能切实发挥其导向和调控作用。

三、创造教育目标的确立原则

大家常常有这样的概念，我们的基础教育非常注重知识的传授，对创造力的培养、能力的培养不如西方，是不是这样？如何理解这种创造性？我们怎么培养创造性呢？

1. 目标要分级

我们培养的创造性应该有所区别，不能千篇一律。在基础教育阶段我们要更注意保全学生创造的心向和素养，在教育教学过程中进行研究型学习。高中、大学则可以侧重于产品目标的实现。将大学才写的论文、创新产品下移到小学、中学是不适合的。中、小学培养学生的创造性主要是在知识传授过程中通过提问、质疑、思考这样的基础实现创造性的培养。

2. 目标要分类

设置创造教育培养目标时不能一刀切,因为学生是有差异的。一是学生本身有差异;二是创造本身也有差异,科学的创造和艺术的创造本身就有很大的区别,所以不能拿一个模式要求所有的孩子。

3. 目标要辩证

教育具有文化传承的功能,但文化的传递不应该压抑学生的天性;我们鼓励学生发挥天才、能力和个人的表达方式,而不助长他的个人主义;密切注意每一个人的独特性,而不忽视创造也是一种集体活动。因此我们要把社会化和创造性两个目标很好地兼顾起来,使二者之间有一个张力。爱因斯坦也说过,学校的目标要培养有独立行动和思考的个人,他们应该把为社会服务看作自己人生的最高目标。

4. 目标要综合

西方文化和中国文化有很大差异。创造性也是一个文化的产物,因此西方的创造性和中国的创造性是绝不一样的,我们也常常说,老拿中国古代四大发明说事,其实并不尽然,在15世纪前我们的创造性一直很高,也是科技的中心,并不能因此而否定我们那些东西。所以,我们要在创造性的培养上吸取中国文化的优势和西方文化优势,并尽可能统一起来[①]。

四、创造教育目标的价值取向

1. "成物"取向

创造教育的目标可以有多种价值取向。以美国为代表的西方创造教育,在其形成的初始阶段,比较注重创造工程教育,着力培养在创造发明方面出类拔萃的人才。从创造教育的目标价值取向角度看,可以说是对"成物"的追求。20世纪80年代,我国引进西方创造教育思想时,也对创造工程教育情有独钟。"成物"也成为我国创造教育目标体系中的重要组成。"成

---

① 刘仲林,江瑶:《东西方创造教育的比较与前瞻》,《天津师范大学学报(社会科学版)》2011年第3期,第56-60页。

物",简单地说就是成就事物。创造教育将"成物"作为自己的教育追求,就是要求受教育者学会创造,能够在创造发明方面有所成就。以"成物"为价值取向的创造教育,在实践过程中主要表现为以下三方面:其一,教学内容以创造工程作为核心;其二,课程结构偏重"成物"科目;其三,教学评价注重创造作品水平。

2."成己"取向

在创造教育的发展过程中,我国学者在反思创造教育初期对"成物"追求的基础上,提出了"成己"的价值期望。特别是在强调素质教育的环境里,守望中国传统文化的"成己"思想,对我国创造教育的目标价值取向产生了重要的影响[①]。在创造教育的目标体系中,以发展人的创造性人格为核心的"成己",应当具有重要的地位。我国创造教育在历经了创造工程教育阶段之后,开始注重对创造性人格的教育。创造教育中的"成己"期望,借用先哲"学问之道无他,求其放心而已矣"之语就是期望把其创造本心找回来,亦即实现创造本性之自觉。在实践过程中,创造教育的"成己"目标,是以培养创新精神为核心内容的。

第二节 创造教育目标的结构分析

仅就创造教育的培养目标而言,尽管人们对"创造教育的目的是培养创造性人才"似乎没有太大的疑问。但是,对创造教育培养目标的具体表述,却可谓五花八门。创造教育的培养目标应该是形成主体的创造性人格。所谓创造性人格,简言之,就是由个体内在的创造能力与创造动力构成的较为稳固、持久的组织系统,这一组织系统是由人的精神世界中的多种因素有机组合或整合所形成的复合体。

一、创造教育目标的总体结构

学校创造教育目标的总体结构应是由认知目标、人格目标、产品目标和群体心理目标组成的有机统一体,在实施过程中,忽视任何一个方面的

---

① 朱红莉:《成物与成己的融合:创造教育目标研究》,中南大学硕士学位论文,2007年。

创造教育都不是完整的创造教育①。

从学生学习的角度来看,学校实施的创造教育是学习的刺激情境,创造教育不仅会导致学生内部的变化,而且这种内部变化会引起可观察的反应。布卢姆等人把教育目标分为三大领域,即认知领域、情感领域和动作技能领域。就创造教育引起的学生个体的内部变化而言,大多数学者强调两个方面——认知目标和人格目标。创造教育的人格目标是情感领域目标的一部分。心理学对创造性人才的分析和创造过程的研究也揭示了有效的创造活动不仅需要较高的创造认知能力,而且更需要相应的人格特征作动力和保证。认知目标和人格目标是学校创造教育的核心目标。

除此以外,还应看到学生接受创造教育的结果不仅会使学生个体心理发生变化,而且必然也会使群体心理发生变化,形成肯定创造、鼓励创造、在创造中相互协作等安全、自由的群体心理气氛。从创造教育过程来说,良好的群体心理气氛既是影响创造教育效果的积极因素,也是创造教育应该达到的结果;从创造过程来说,良好的群体心理气氛是推动创造过程顺利进行的环境变量。因此,良好的群体心理气氛应是创造教育目标中不可忽视的一个重要方面。

另外,学生内部的心理变化通过创造产品体现出来;学生内部的心理变化也在一定条件下外化为创造产品,包括物质性的产品和精神性的产品。创造性产品是创造教育目标中不可或缺的成分,也是检验和衡量其他三个方面的主要客观指标。

二、创造教育目标的构成要素

下面从认知目标、人格目标、产品目标和群体心理目标四个方面进行创造教育目标分析②。

1. 认知目标

创造教育的认知目标指习得的创造认知能力。在这方面,一般比较注重发散思维能力的培养和创造技法的训练。这无疑抓住了创造认知能力的主要方面,但从理论上分析,显得不够全面。以现代认知心理学的广义知识观来考察,创造认知能力应包括三类知识,即陈述性知识、程序性知识

---

① 揭水平:《试析创造教育的目标结构》,《教育探索》2000年第1期,第7-8页。
② 谭小宏:《创造教育学导论》,北京师范大学出版社2012年版,第182-186页。

和策略性知识。从知识的作用来看，陈述性知识是用于回答世界"是什么"的问题的知识；程序性知识即加涅认知学习结果分类中的智慧技能，是用于处理外部事物的知识，回答"怎么做"的问题；策略性知识是用于支配和调节人们自身认知过程的知识。

创造认知能力是智育目标中的特殊要素和高级成分。一般智育目标是创造教育认知目标的基础，但创造教育的认知目标与一般智育目标是有区别的。创造教育的陈述性知识目标，是指能知晓和回忆有关创造过程及实质方面的知识，有关创造力及其构成方面的知识，有关创造人格特点方面的知识，有关创造策略及运用方面的知识，有关创造价值和要求方面的知识，有关创造者本人特点方面的知识以及人类发明创造史等知识。创造教育的程序性知识是指系统化和模块化的程序性知识，它是在一般性程序性知识的基础上发展起来的领域认知技能。创造教育的策略性知识是指支配和调节自身创造性认知过程的知识。任何创造活动都离不开陈述性知识、程序性知识和策略性知识的协同作用，创造教育的认知目标是这三类知识组成的统一体。

创造教育的认知目标具有层次性。我们认为把创造教育认知目标由简单到复杂、由低级到高级可以简化为三个层次：理解、简单应用和综合应用。理解是指领会所学知识的主要特征，能以等价的形式正确解释或转述有关知识；简单应用是指能运用所学的知识解决简单问题；综合应用是指能运用多种知识解决复杂的问题。理解层次主要涉及陈述性知识，后两个层次涉及三类知识。

2. 人格目标

如果说心理学有关创造性人才认知方面的研究结论还具有一定的一致性的话，那么，有关创造性人才人格特征方面的观点则存在较大分歧。如何来综合这些研究成果，确立学校创造教育人格目标的内容呢？创造教育的人格目标大致主要包括五种相互联系的人格倾向：好奇性、冒险性、挑战性、幻想性和独立性。

创造教育的人格目标是教育目标分类学中情感领域的一部分。克拉塞尔等人在《教育目标分类学，手册Ⅱ：情感的领域》中把情感教育目标分为五级水平：接受、反应、评价、组织、性格化。这种分析基于一个观点，即态度可能是在一个连续体上加以安排的，而这个连续体的排列体现了态度从轻微持有到极其重视以至性格化不断增加的内化程度。然而，有关儿童创造性发展的研究却揭示了儿童的好奇性等人格倾向，在婴儿期就有自发表现。婴儿的"探究反射在某种意义上体现着个体的求知欲望和创新意识"。探究反射本身也在不断发展着，由本能的、无意的、被动的向习得的、有意的、主动的方向变化，诸如好奇心、求知欲、兴趣等很大程度上都可视为探究反射在个体知识经验和心理水平达到一定程度时的具体表现和深化。

为此，可以把创造教育的人格目标大致分为三个层次：自觉、整合和系统化。自觉是指指导学生有意识地确定创造活动目标，主动激活和组织与创造活动有关的人格倾向。整合是指训练学生和谐发展能促进创造活动进行的诸多人格倾向，使他们看到创造人格倾向的价值所在，使态度与行为相协调。系统化是指学生创造人格倾向与世界观、人生观、抱负、志向、成就动机等融为一体，并铸造为品格。

3. 产品目标

我们前面谈到创造产品可以分为精神性的和物质性的两方面。这种分类的主要依据是创造产品的形态。在创造教育目标体系中，如果片面强调创造产品的物质性显然是不妥当的，因为学生在大多数时候都缺乏使创造观念物化为物质产品的条件。就学生而言，鼓励学生通过积极思维，对当前的问题另辟蹊径、变通求解而产生新颖、独特的观念，是促进学生创造性发展的正确之举。从创造活动的领域来看，传统学校教育对创造产品的理解往往过于狭窄，认为创造力仅局限于科学发现、发明和艺术创造活动之中。现代心理学的研究已经揭示了创造力不仅表现在科学和艺术两个方面，也可以表现在政治、商务、管理、组织、体育等许多领域。加德纳在80年代提出了新的多重智力观，认为人们具有语言能力、空间关系理解能力、音乐能力、躯体运动感觉能力、人际交往能力、自我意识能力等多种智力。因为智力和创造力之间的关系非常密切，所以这一理论也提示学生身上存在多种创造力。因此，在对学校创造教育目标的产品领域的认识上应摈弃二元观，树立多元观。

关于对创造产品所体现的创造性层次的分析研究也有不同的观点。有人分为初级的、中级的和高级的，也有人分为类创造、潜创造、真创造三个层次，泰勒则分为表达的、生产的、发明的、革新的与高深的五级水平。

尽管划分的层次不同，但都主张创造性具有由低到高、由浅到深的不同水平层次，而且低水平层次的创造性可以发展为高水平层次的创造性。

依据学生创造性发展的渐变规律，考虑到学校创造教育特点，我们认为从创造性的高低可以把学校创造教育的产品分为三个层次：个体参照的、学生群体参照的和社会参照的。个体参照的产品是最低级层次的产品，指这种产品对本人来说是前所未有的，但不涉及社会价值，在班级中也不具有独特性。学生群体参照的产品是指就班级或学校范围而言，该产品具有独特性或精致性，但在人类历史上不足为奇。社会参照的产品是指具有社会价值的、人类历史上从未有过的产品，是最高级的产品。

4. 群体心理目标

创造教育的群体心理目标可能是我国学校创造教育中最受忽视的领域。其实，在学校教育中，学生的创造力是在集体中表现的，集体的心理气氛对学生的创造力有重大的影响。托兰斯等指出，安全、自由的集体气氛是学生创造力得以表现的必要条件。所以，要充分认识到学校创造教育群体心理目标的意义，把建立良好的群体创造气氛作为学校创造教育的重要目标。

我们认为创造教育的群体心理目标可能主要包括三方面的内容：一是民主的教学气氛。教育过程中教师和学生是人格上平等的主体，学生能自由表达自己的想法，不拘泥于教科书和标准答案。民主的教学气氛将给学生提供自由思考的机会，增强其敢于表达的信心。二是鼓励创造的舆论环境。群体能比较一致地尊重与众不同的疑问，重视与众不同的观念，肯定不同见解和答案的价值。鼓励创造的舆论环境会激发学生思维创造性的潜能，强化他们多样化探索世界的勇气，使他们体验到创造的快乐。三是融洽的人际关系。师生之间、学生之间相互信任、尊重、友好、支持、合作。融洽的人际关系能满足学生安全的需要、归属的需要和尊重的需要，使他们能以健康、自由的心态去创造。同时融洽的人际关系还能在智力上相互激励、取长补短，行动上互相协调合作。以上三个方面各有侧重，它们之间相互联系、相互影响，共同构成了创造教育的群体心理目标。

创造教育的群体心理目标可以大致分为三个层次，即宽容、认同和协作。宽容是指能容忍异见和非常规行为，但心里不赞同，行为上不鼓励、不跟随。认同是指肯定、鼓励、推崇创造性观念和行为，并加以效仿。协作是指在思维过程中相互启发、相互激励、相互诱发，引起创造性设想的连锁反应，产生众多的创造性构想；在实施操作中相互支持，团结合作。

第三节　创造教育评价的内涵与功能

尽管评价是教育的难题，但它又是教育活动中不可缺少的环节。因为它不仅仅是教育效果的诊断和鉴定，更能够为教育过程的改进提供基本依据。创造教育以开发儿童创造力为中心任务，在这一过程中，哪些教育措施是有效的？哪些教育措施是无效的？这需要做出科学的评价。

一、创造教育评价的内涵

1. 教育评价概述

爱因斯坦曾说：一个人的价值，应该看他贡献什么，而不应当看他取得什么。人类社会的各种实践活动就是为了创造价值，满足自己或他人的需要。评价，从本质上来说是一种价值判断的活动，是对客体满足主体需要程度的判断。人的某一社会实践活动所创造的价值究竟如何，这需要人们对其过程及结果进行认识和判断，也就是进行评价。

在实际工作中，只有通过评价，才能把握客体的价值，使客体的价值由潜在的形式转化为外显的形式呈现出来。评价或者说评判价值是揭示价值的重要手段，是创造价值的深化，也是实现价值的前提。

在现代教育中，教育评价已成为教育理论与实践领域的重要内容。教育评价是1929年由美国教育家泰勒（R. W. Tyler）首次提出的概念。作为一门学科，其理论体系是在对美国教育测量运动的批评中形成的，并最终取代了教育测量。教育评价理论和基本思想就是注重教育效果的价值判断，强调必须分析教育应该达到的目标，并根据这个教育目标来评价教育效果。

关于教育评价，至今尚未形成一个确切的、严谨的、被一致接受的定义。有学者认为，教育评价在现代教育发展中能起到一种特殊的信息反馈作用，它通过对现状和目标之间距离的判断，能够有效地促进评价对象不断接近预定的目标，从而不断提高教育质量，促进教育的发展。[1]综合来看，教育评

---

[1] 陈玉琨：《教育评价学》，人民教育出版社1999年版。

价是对教育活动满足社会与个体需要程度作出判断的活动,是在系统、科学、全面地搜集、整理、处理和分析信息的基础上,对教育活动现实的(已经取得的)或潜在的(尚未取得但有可能取得的)价值作出判断,以期达到教育价值增值的过程。比如,教师通过劳动为社会培养人才,评价教师的工作就是对教师是否对社会做出了贡献、他的贡献有多大作一个价值判断。

2. 创造教育评价的涵义

创造教育作为一种教育思想,以开发人的创造潜能、弘扬人的主体精神、促进人的个性和谐发展为根本宗旨,以培养人的创新意识、创新精神和创造能力为目标,同时以培养人的综合素质中的创造素质为首要的追求。所以,创造教育不同于传统教育,它是一种新型的教育,旨在开发学生的创造力,培养创造型人才。然而,创造教育的具体实践是否促进了学生创造力的发展以及发展的程度如何、是否达到了创造教育的目标以及目标达到的程度如何等都需要进行评价,以此促进创造教育活动不断接近目标。因此,创造教育评价是根据一定的评价标准对创造教育活动的价值作出判断的过程。

创造教育评价是教育评价领域的一个新生事物,它立足于教育评价,又是对教育评价的丰富和发展。刘倩通过分析发现,虽然现代教育要求由知识性教育转变为创造性教育,但是当前我国基础教育的一线教师仍然存有创造性教育理念、创造性教学过程和创造性评价缺失的问题。[①]因此,创造教育评价既要遵循教育评价的一般规律,又要服从创造教育的特性——突出开放性、主体性、实践性特征[②]。

二、创造教育评价的功能

教育评价对教育活动的开展具有激励、改进、诊断、导向、鉴定等功能。通过发挥这些功能,教育评价可以有效促使教育活动不断向教育目标靠近。这既是教育评价的目的,也是创造教育评价的终极目标。受泰勒目标导向评价模式的影响,传统教育评价强调评价的诊断和鉴定功能,关注结果以及对结果进行优良中差的区分,忽视了过程以及评价对象在各个时期的进步状况及努力程度等,不能很好地发挥评价的改进、激励、导向等发展性功能。正如布卢姆(B.S.Bloom,1981)所言:"许多世纪以来,世

---

① 刘倩:《创造型教师及其自主成长》,《教师教育论坛》2016年第11期,第25-29页。
② 赵承福,陈泽河:《创造教育研究新进展》,山东人民出版社2002年版,第265-269页。

界各地的教育强调了一种选拔功能,教育与行政人员的许多精力都用于确定在教育计划的每个重要阶段应淘汰的学生。"这样一来,那些被"淘汰"的人就被看做失败者,这容易使他们对自己缺乏信心。而奥斯本认为,抑制创造力的第二因素正是个体自信心的缺乏。缺乏自信心的人很难以一种积极的态度去面对学习、工作和生活,对任何事都失去了尝试的勇气,不敢提出自己的看法,也谈不上创造力的发挥。

新课程评价的一个基本理念是在评价功能上从侧重甄别与选拔到注重发展。教育评价不只是教育教学结束时的鉴定和诊断,而是促进课程发展、学生发展、教师发展和学校发展的有效手段[①]。这一理念和创造教育评价理念是一致的。因此,相对于一般意义的教育评价而言,创造教育评价的功能更加突出地体现在激励、改进、导向三个方面。例如,通过对创造教育进行评价,使教师了解自身在进行创造教育活动时的优点和不足,比如用什么方法激发和培养学生的创造性思维以及发展学生的创造力、方法使用是否得当,通过教学是否提高了学生的创造性思维水平和创造力、提高到了何种程度等,促使教师对自己的教学进行反思,不断提高教学水平。学生的创造思维和创造力也在这一过程中得到不断发展,最终实现创造教育的目标。

第四节 创造教育评价的取向与方法

在创造教育评价过程中,需要坚持以人为本和多元化评价的价值取向。创造活动需要"成物",更要"成己",要将这两方面有机结合起来,最根本的还在于"成己"。创造教育评价没有唯一的主体和方法,也没有唯一的内容与标准,它要求尽可能地寻求多元化的解决手段。综合来看,延迟评价法和档案袋评价法与创造教育的评价理念最为切合。

一、创造教育评价的价值取向

1. 树立以人为本的价值取向

爱因斯坦说:"由没有个人独创性和个人志愿的统一规格的人所组成的

[①] 周丽丽,朱成科:《质量结合:新课改视域下学生评价新取向》,《教育科学论坛》2009年第9期,第14-17页。

社会，将是一个没有发展可能的不幸的社会。"人是价值的创造者，也是创造的主体。创造教育评价就是对人从事的教育活动在培养人的创造思维和发展人的创造力方面的价值进行判断。

在创造教育评价中，不论是评价的对象还是评价的主体都是独立的人。美国人本主义心理学家马斯洛指出，"人都有自我发挥和完成的欲望，使自己的潜能得以实现、保持和增强"。在评价过程中，要充分尊重并提升人的主体性，尊重教师和学生的人格和尊严，发挥其能动性，让其参与到评价过程中，使评价主体和评价对象进行平等地对话和交流，使评价对象在交流中进行自我诊断、自我调整、自我激励，最终实现自我提高，这样才能让评价发挥应有的作用。

目前，我国教育领域存在着一个极其危险的现象——对教师的评价正在由考试分数、升学率、名次、效率等带有功利性和市场逻辑的东西取代应有的人文精神。像随意检查教师的备课本、对教师的课堂教学随便指手画脚等践踏教师人格尊严和专业自主权的现象比比皆是。凡此种种，都会传递到学生之中：学生在学习中更会无人格尊严和自由[①]。

有研究表明，在教学活动中，学生如果在人格上得到尊重，情感上得到满足，就会有助于学习成绩的提高；相反，如果长期精神极度压抑，人格可能受到贬损，即使通过单纯训练和强迫的手段使学生的知识学习有所收效，也可能导致学生形成心理障碍，影响学生创造性的发展。而在学生评价方面，传统教育评价只关注对学生认知发展的评价，"一好百好"，不重视对学生情感、意志和人格发展的评价。通过这样的评价去看学生，学生就成了学习知识的机器和装载知识的容器，而不是一个独立的、鲜活的、充满生命力的人。

教育应当关怀人，关怀人的生活及其价值。教育评价也应体现这一价值取向。因此，创造教育评价不应该作为一种控制被评价者精神和行为的手段，应该以人的自由和解放作为评价的根本目的，评价过程要充满理解和人性关怀，要充分关注被评价者的处境和需要，只有尊重个体差异，才能通过评价使个体的个性自由得以发展，促进个体创造潜能的发挥，从而使他们能够最大可能地实现自身价值。

基于以上分析，在创造教育评价过程中，在评价方法上，应采用多种

---

① 梁红京：《论教师评价中的区分评价》，《教育科学》2003年第6期，第31-34页。

多样更具有人文关怀色彩的评价手段,如通过档案袋评价、轶事报告等多种评价方法来评价学生的发展情况。在评价类型上,以自我评价为中心,同时与他人评价相结合。自我评价是自己对自己进行的评价,评价主体和评价对象统一。这种评价能使被评价者自我观察和反省,从而积极主动学习,最大限度发挥个体的创造潜能。为了避免自我评价的结果缺乏可靠性和有效性,造成被评价者的盲目乐观,必须要把自我评价与他人评价相结合。

此外,要将绝对评价和自身差异评价(又称个体内差异评价)相结合。绝对评价是以一种既定目标为参照,将被评者与目标进行对比,判断其是否达到目标或达到目标的程度,是一种横向的比较。而自身差异评价是指将个体的现在和过去相比较,看自己的变化,是一种纵向比较,能够体现被评价者的个体差异,有利于激发个体向上的动力,也有利于个体创造潜能的发挥。

2. 树立多元化评价的价值取向

(1)评价主体多元化。

所谓评价主体,指教育评价活动的组织者与实施者,即按照一定的标准对评价客体进行价值判断的个人或团体。评价主体在评价中控制活动的方向与进程,对确定评价问题、选择评价方法、使用评价结果起决定性的作用。合理确立评价主体并有效发挥其功能是教育评价取得成功的根本保证。在教育评价领域,评价主体可以是教师、教育管理人员,也可以是学生、家长。在当前的教育评价中,评价主体单一是一个非常突出的问题。主体评价单一容易导致评价的片面性、强权化和管理主义倾向,容易导致被评价者感到压力甚至焦虑,对评价持消极应付的态度,不利于教学活动中教师和学生主体性的发挥。而教师和学生主体性的发挥是创造教育活动取得成功的关键。尊重多元的价值取向是主体性得以发挥的前提。因此,要实现创造教育的目的,必须树立评价主体的多元取向。

最初提出"多元主体参与"概念的是美国评价学者派特(M. Q. Patton, 1978)。他认为,应该把需要使用评价信息的各方面人员邀请到评价中来,请他们提出对评价的要求和建议,以便使评价结果能够很好地满足使用者的需求。主体多元的评价对于被评价者而言,不再是一种外部强加的行政要求,而是一种自觉的学习和反思过程,其主体意识不断完善的同时主体性也得到了发展。《新课程标准》提倡评价主体多元化，即从单向转为多向，增强评价主体间的互动，强调被评价者应成为评价主体中的一员，建立学生、家长、教师、管理者、社区和专家等共同参与、交互作用的评价制度，以多渠道的反馈信息促进被评价者的发展。需要说明的是，评价主体的多元并不意味着"全员评价"。倡导评价主体的多元化是为了避免评价过程中过于强调"鉴定""甄别"的目的，出现压抑个性的强权化的"傲慢的评价"和绝对的评价。究竟哪些人应作为评价主体参与评价活动，需根据教育现实和具体内容来确定，使评价主体有所侧重。

（2）评价方法多元化。

教育评价方法是在进行教育评价时所采取的活动方式、程序和手段的总称。在近些年的教育评价活动中，数理统计原理、定量分析等方法的引用，使教育评价向精细化、科学化迈进。

由于传统教育把教学看成是一种知识的传递过程，致使建立在这种理念上的评价只关注对学生认知发展的评价，在认知发展上又只重视对学生掌握知识情况的评价，而不重视对学生认知结构和认知能力发展情况的评价。应试教育更是把这种片面性推向极端，对学生发展的评价被局限在对几门高考学科的学习成绩的评价上。这样一来，规范性的纸笔测验以及建立在这种测验基础上的对评价结果的量化分析就成为评价的主要方式[1]。评价结果片面的量化容易导致一系列负面效应：学生生动活泼的个性变成抽象而量化的数字，学生的进步与发展也简化为数字，这种唯分数至上的评价取向忽视了学生在学习过程中的变化，教师教育教学活动的复杂性和学生的丰富个性被湮灭。一旦教师和学生都成为分数的"奴隶"，教育评价不仅不能反映学生的真实水平，还可能扼杀学生的创造性和鲜活的个性，不利于创造教育的实施。

20世纪中期以后，受哲学和社会学发展的影响，质性评价的方法开始发展起来。近30年来，质性评价的方法因其全面、真实、深入再现评价对象的特点受到广泛认可[2]。质性评价方法也被称为自然主义评价方法，就是通过自然的调查，全面充分地揭示和描述评价对象的各种特质，以彰显

---

[1] 田杰：《新课程实施与教育评价改革》，《河北师范大学学报（教育科学版）》2005年第2期，第25-33页。

[2] 杨晓萍、柴赛飞：《质性评定方法对我国基础教育课程评价的启示》，《课程·教材·教法》2004年第4期，第87-90页。

其中的意义，促进理解。[①]由于人的需要、情感、意志和态度的发展以及人在解决现实问题时所表现出来的创新能力和实践能力都是很难进行精确量化的，所以创造教育评价应该更多地纳入质性评价的方法，即强调用行为观察、问卷、访谈、作品分析、学习日记、成长记录等方法进行评价。其评价的结果是用文字叙述的方式，而不是用数字的形式表示出来的。

在创造教育评价中，主张更多地纳入质性评价的方法并不是对量化评价的简单否定，而是要将质性评价与纸笔测验等量化评价方法合理结合。如在进行学生评价时，对学生的成绩、外部行为表现等可用量化评价，但绝对不能仅此而已，还要用质性评价方法对学生的个性化表现以及他们在学习过程中的心理、态度的变化和能力的发展等方面进行质的描述和解释。两种评价方法的合理结合，既冲破了唯分数至上的樊篱，又丰富了评价内容，学生的自主能力、创新能力、实践能力、合作能力等也被纳入了评价标准体系，这有利于创造教育的开展和实施。

（3）评价内容多元化。

当前我国基础教育评价存在的问题之一是在评价内容方面过多强调共性和一般趋势，忽略了个体差异和个性化发展的价值。例如，在学生评价方面，注重的是对学生文化知识的评价，忽视了学生情感、意志等的培养和指导。在对文化知识进行评价时，又偏重学习结果的标准化，忽视学生学习过程的创造性。例如在回答"三国里谁最有智慧"时，学生的答案是"孔明"，老师却给了个大红叉，因为标准答案是"诸葛亮"[②]。这样一来，教育实践中"教师念笔记、学生做笔记、考前背笔记、考时默写笔记"[③]的现象屡见不鲜。这种注重对知识复述的考察，使学生为求考试过关，在学习过程中追求的就是教师提供的"标准答案"，亦步亦趋，思维僵化。这种强调共性和一般趋势的评价实际上是一种精英化取向的评价，在这种评价下，只有少数人是优秀的，大多数都成为陪衬品。这既不利于学生个性的发展，也在一定程度上束缚了学生的创造思维和创造能力。

在创造教育中，为了发展学生的创造力，实现创造教育的目标，评价内容必须从单一走向多元，增强评价内容的全面性。传统的智力理论认为

[①] 张华：《课程与教学论》，上海教育出版社2001年版，第337页。
[②] 刘炎迅，刘响，陈希，姜婉君：《语文教育到了最危险的时刻》，《中国新闻周刊》2011年第47期，第60-63页。
[③] 俞学明：《创造教育》，教育科学出版社1999年版，第175页。

人类的认知是一元的、个体的智能是单一的、可量化的,而美国教育家、心理学家霍华德·加德纳在1983年出版的《智力的结构》一书中提出"智力是在某种社会或文化环境或文化环境的价值标准下,个体用以解决自己遇到的真正的难题或生产及创造出有效产品所需要的能力"。每个人都至少具备语言智力、数理逻辑智力、音乐智力、空间智力、身体智力、人际交往智力和自我认知智力①。个体因为能力组合不同而表现出不同的差异。除了智力以外,人的情感、价值观、自信、勇气等因素在创造过程中也起着非常重要的作用,因此,必须将它们纳入到评价内容中来②。

评价内容的全面性要求在创造教育的评价过程中做到智力和非智力内容结合、必修课和选修课结合、记忆型内容和能力型内容的结合、确定性和不确定性的结合。③在对学生进行考试时,减少死记硬背的客观知识,在体现全面性和基础性的同时加强对学生分析、理解、判断、表达及操作能力的考核。既要有客观的、标准化内容,也要有主观的、非标准化内容,同时加大不确定性的考核内容,鼓励学生多角度解决问题,培养其发散思维。

(4)评价标准多元化。

评价标准是指评价对象在某一领域必须达到的水平。教育评价的范围比较广,粗略地区分,包括学生评价、人事评价(在学校人事评价中,教师评价是人们最关心的问题)、课程评价、学校评价等。其中教师评价和学生评价是人们最关注的问题。教师评价标准是教师评价中难度最大的一个方面。确立教师评价标准是进行教师评价的前提和基础,只有制定合理的评价标准,才能实施有效的教师评价。传统的教师评价主要是考查学生的考试成绩和教师个人在一年内的工作成绩,评价标准仅限于教师的知识传授量和学生掌握知识的多少。因此,在创造教育教师评价中,只有打破统一评价标准对教师的束缚,才能鼓励教师充分展示个性,发挥其主体性。

由于经济、地域等方面的原因,教育活动存在地区和校际差异。因此,在评价标准的制定过程中,不能"一刀切"。既要体现出地区之间和学校之间的差异,在同一学校内部,也要体现出对教师多元价值观的尊重,尊重

---

① [美]霍华德·加德纳:《创造力7次方:世界最伟大的7位天才的创造力分析》,洪友、李艳芳译,中国发展出版社2007年版。
② 霍力岩,赵清梅:《多元智力评价与我国基础教育评价改革》,《教育科学》2005年第3期,第28-30页。
③ 陈庆,王迎春:《传统教育评价与创造教育的理论冲突》,《云南师范大学学报(哲学社会科学版)》2004年第1期,第98-101页。

不同教师的不同教学方式和解决问题的方式，尊重教师的个性、能力、兴趣，甚至要考虑同一教师在不同发展阶段的特点。例如，好教师并不是面面俱"好"的教师，好教师应该是在达到基本合格标准的前提下，在某一方面或某些方面有较突出表现的教师。有的教师任劳任怨，工作量大；有的教师擅长做班主任工作；有的教师教学水平高些；有的教师在开发学生创造性上独具特色……这就形成了尽职型、教学专家型、科研型、学生满意型、人格魅力型等各种类型的教师。这些教师都因其各自的特长而"优秀"[①]。

第斯多惠说："教学的艺术不在于传授的本领，而在于激励、唤醒和鼓励。"对于创造教育而言，对学生的评价能否真正起到激励、唤醒、鼓舞的作用将会直接影响创造教育活动的效果。陶行知在《创造宣言》中提出：人人是创造之人。每个人身上都有创造的潜能和智慧。具有创造能力的人，不一定是考试得高分者，只要具有创新意识和精神，每个学生都可能成为不同层次和类型的创造型人才。在多元智力理论提出者加德纳教授看来，对学生的评价一定要从漠视学生发展独特性的统一的标准化评价转变为尊重学生发展独特性的多样化评价。在他看来，各种智力只有领域的不同，没有优劣之分，也没有轻重之别。每个学生都有独特的智力组合程度与组合方式、独特的智力发展强项与弱项以及独特的智力表现形式，这些必须得到尊重。

既然人的智力只有领域的不同和组合方式的不同，这就需要教育者在以促进学生发展为终极关怀的参照下，从不同的视角、不同的层面去看待每一个学生。例如，在同一智力领域，有的学生可以达到 A 级水平，有的学生则只能达到 D 级，不能因此断定只能达到 D 级的就是差生，就没有创造力。而在实际的教育活动中，不能认为考试只考 20 分的学生就不是好学生，他们就没有创造力。好学生也不是面面俱"好"的学生。而且，由于创造教育和一般教育活动的不同，在对学生进行评价时，应当关注学生的发展过程，侧重于评价学生解决问题或创造产品的过程以及他们在解决问题或创造产品过程中所表现出来的实践能力和创造能力，也就是考查学生利用知识来分析问题与解决问题的能力，尤其是创造性解决问题的能力。根据创造教育的目标来制定创造教育的评价标准，可以从以下几个方面考

---

① 梁红京：《区分性教师评价》，华东师范大学出版社 2007 年版。

虑：主动获取知识的能力，提取、加工信息的能力，探索多种答案的能力，求异思维、发展思维的品质，独特的个性品质与特长，迁移、变化、组合、发展的综合能力，求变能力，未来发展的潜能[1]。因此，在创造教育评价中，不能仅仅以学生对知识掌握的程度作为衡量的标准，更不能只看一张试卷的分数。

二、创造教育评价的两种方法

1. 延迟评价法

所谓延迟评价法指在学生提出自己的各种设想、答案和解决问题的办法时，不立即给予肯定或否定的评价，要求教师对学生一些乍看起来不合理或不完善的设想绝不轻易作出否定评价，而是认真、全面加以考虑并给予学生充分阐述其理由的机会，给学生留出思考的空间，让学生畅所欲言，在此基础上再作出判断及评价。这是一种适宜于对学生进行评价的方法。

延迟评价法源于美国创造学家亚历克斯·奥斯本（Alex F.Osborn）提出的一种激发创造力、强化思考力的方法——智力激荡法（也称头脑风暴 Brain storming），其基本原则是：在集体解决问题的课堂上，通过暂缓作出评价让学生在自由愉快、畅所欲言的气氛中，交换想法，并以此激发其他学生的创意与灵感，诱发更多有创意的思想或解决问题的方法。奥斯本认为，新颖独特的设想多数出在思维过程的后半期，思维启动过程中的过早评价，势必会阻断学生的探究与思索，扼杀其探索的欲望，打击学生的学习积极性。

如果教师能把握好评价时间的度，合理推迟评价，就能让更多学生拥有更广阔的思维空间，使之可以从不同角度、不同侧面来思考问题并解决问题，最大限度地满足学生参与表现的欲望。学生就问题展开自由讨论，互相取长补短，形成正确的观点，这时教师进行评价，并对学生进行必要的疏导，这样就能使学生主动参与到探究中来[2]。

延迟评价法是一种充分体现人文关怀的评价方法。这种方法允许学生"犯错误"，因而能够鼓励学生大胆尝试，勇于探索。在教育过程中运用

---

[1] 卢明德：《创造教育学发凡》，广西师范大学出版社2009年版，第159-186页。
[2] 陈素芳：《延迟评价让学生亮出自我》，《小学语文教学》2007年第12期，第36-37页。

延迟评价法,要求教师必须有耐心,留给学生分析思考的时间。教师通过合理运用延迟评价法,可以为学生提供一种宽松、自由、安全的心理环境,能够唤起学生学习的内驱力,使学生个人的创造力得到充分的发挥和发展。①

2. 档案袋评价法

档案袋评价法既适用于对学生进行评价,也适用于对教师进行评价。档案袋,又称"成长记录袋"(portfolio),其原意为"代表性作品选辑"。最早使用这种评价工具的是画家、摄影家等,他们为了特定的目的把自己有代表性的作品汇集起来,向预期的委托人展示。后来这种方法运用到教育领域,现在用来泛指代表学生的"代表作品集"。档案袋评价(portfolio assessment),又称"文件夹评价"或"学生成长记录袋评价",是以档案袋为依据对学生进行的客观的和综合的评价。②档案袋评价法是20世纪80年代伴随着西方"教育评价改革运动"而出现的一种新型质性评价工具。它通过对学生学习情况及其有代表性的作品的分析对学生发展状况进行评价,以一种形象的、动态的、连续的方式呈现学生整个学习与成长的过程,包括:呈现学生有代表性的作品,关注学生的进步、努力和成就状况;允许学生自己评价自身的学习过程,发现自身的学习优势和强项来促进有效学习等。因此,它是一种真实性的描述,可以反映学生的综合表现、优势和成长进步等信息③。

档案袋评价法符合创造教育评价的基本理念。首先,评价内容全面。档案袋评价既评价学生所掌握的知识与技能情况,也评价学生的非智力因素,诸如学生的学习态度、努力程度、学习自信心等多方面的内容。其次,评价指标多样。它非常注重对过程的评价,是一种动态的、发展的评价,对学生在每一个学习过程中的表现情况、努力程度、潜力发挥及进步标志等进行全面综合的评价。第三,评价主体多元。档案袋评价中的主体范围较广,包括教师、学生本人、学生家长、学校管理者以及同伴等,所有评价主体并不是单独发挥作用的,而是相互起作用的。这些评价主体从各自

---

① 黄元虎:《延迟性评价:与精彩有个约会》,《教育科学论坛》2011年第9期,第42-44页。
② 祁宏玲:《档案袋评价法简介》,《西安教育学院学报》2003年第4期,第46-47页。
③ 孟娟娟,夏惠贤:《档案袋评价:关注学生学习与成长的评价》,《外国中小学教育》2011年第2期,第20-24页。

角度来对学生进行评价。如教师在评价学生的学习过程中侧重积极学习态度的确立，学习方法的掌握；学生则侧重对学习过程进行自我反思，提高自我认识和自我评价能力；学生家长则关注学生除学业成绩以外的其他学习优势，如动手能力，艺术表现能力等。基于上述原因，档案袋评价法不失为一种很好的创造教育评价方法。

第三章
创造型教师的教学策略与模式

教学是人才培养的主渠道,也是教师工作的主要内容。创造型教师的专业特质主要体现在课程教学的创造性表现。教学是一个很广泛的概念,包括的内容也很多,如教学大纲、教学计划、教学内容、教学方法等。就教学的结果而言,传统教学能很好地达到基础知识的掌握,却难以完成开发学生智力和培养学生能力的目的。尽管教育主管部门对于教学目标、教学内容、教学评价存在不同程度的统一规定,但是,在具体的实现方式上还是有较大的创造性表现空间。这就要求教师秉持促进儿童创造力开发的价值取向来重新理解教学。本章我们将对创造性教学的内涵、目的、特点、原则、模式和策略展开讨论。这将有助于改变我们对教学的诸多传统理解。

第一节 创造性教学的概述

在传统教学过程中,教师更重视学生学习的最后结果,即解题答案或考试分数,常常忽略学习最重要的环节,即学习过程——学习动机的激发、知识的掌握和运用以及思维的拓展与开发。实际上,对于特定的教学内容也罢,同一习题也罢,即便学生考试分数相同,解题答案一致,但他们在此过程中各自掌握的知识、方法、速度却不尽相同,有的采用具体形象思维方式,有的采用机械模仿思维方式,有的采用抽象思维方式。因此,教师要想全面了解学生的学习情况,科学评价学生的学习效果,不能只看学习结果,而应充分研究学生的学习过程、思维习惯和学习方式。创造性教学较之于传统教学,更多地关注对学生学习方式的训练、思维模式的指导和学习能力的培养。

一、创造性教学的概念界定

何谓创造性教学呢?要界定创造性教学这一概念的涵义,首先需要全面理解"教学"这一概念。由于视域不一,观点不一,着重点不一,因而不同学者对这一概念的阐释也不尽相同。颇具代表性的解释有如下几种。

第一种观点认为:"教学就是指教的人指导学的人进行学习的活动。也即是指教和学相结合或相统一的活动。"①

第二种观点认为:"教学是教育目的规范下的、教师的教与学生的学共同组成的一种教育活动。"②

第三种观点认为:"所谓教学,乃是教师教,学生学的统一活动,在这个活动中,学生掌握一定的知识和技能,同时,身心获得一定的发展,形成一定的思想品德。"③

第四种观点认为:"教学是一种尊重学生理性思维能力,尊重学生自由意志,把学生看做是独立思考和行动的主体,在与教师的交往和对话中,发展个体的智慧潜能、陶冶个体的道德性格,使每一个学生都能达到自己最佳发展水平的活动。"④

综上所述,教学这一概念虽界定不一,但却有着共同点,即教学是教师教和学生学的一种双边互动活动,是一个不断发展和完善的过程。纵观整个教学发展的历史,大体经历了四种模式,即记忆性教学、理解性教学、思维性教学和创造性教学。

记忆性教学重在教师讲、学生听,有时也被称为"填鸭式"教学。在这一教学过程中,教师是知识的传授者,学生是知识的被动吸收者。教师的主要任务在于照本宣科地教,如封建社会所讲授的"四书""五经"等,重在间接经验的直接传授;学生的主要任务则是记住大量书本知识,从而应对类似于"八股"的应试教育测评。这一教学模式严重束缚了学生的思维,磨灭了学生的个性,摧残了学生的身心,扼杀了学生的创造意识。

理解性教学是重在学生通过理解教材、理解知识来较为深入地掌握知识的教学。美国著名教育心理学家戴维·奥苏贝尔(David. P. Ausubel, 1918

---

① 李秉德:《教学论》,人民教育出版社1991年版,第2页。
② 王道俊、王汉澜:《教育学:新编本》,人民教育出版社1999年版,第178页。
③ 王策三:《教学论稿》,人民教育出版社2005年版,第87页。
④ 全国十二所重点师范大学联合编写:《教育学基础》,教育科学出版社2002年版,第174页。

一）从意义性-机械性这个维度上将学习划分为有意义学习和机械式学习。有意义学习就是向学生传授的知识要与学生原有知识、经验建立一种逻辑上的联系。概念、命题和原理的学习是意义学习。而理解性教学不仅能使学生掌握系统化、概括化的知识，还能促使学生学会运用知识的初步技巧、技能，在一定程度上提高学生的认知水平与能力。较之机械记忆性教学，理解教学有着进步之处。但随着科技的进步、时代的发展，理解性教学在开发学生思维方面表现出的效果欠佳，不能满足学生身心全面和谐发展的需要。

思维性教学侧重教师的耐心启发，学生的积极思考，培养学生主动解决问题的能力。它不同于一般的启发式教学。这种教学模式以问题的提出作为学习的开始，学生围绕问题展开讨论、探究，通过师生共同协作，找到解决问题的最佳方案，最后得出决定或结论。因此，思维性教学比理解性教学更能促进学生学习的进步。目前，随着我国各级各类学校课程改革的逐步推进，大多数学校在提倡素质教育的时代背景下，都相继采取了思维性教学模式。然而，思维性教学仍然不能满足胡锦涛总书记在清华大学百年校庆大会上所提出的文化传承创新，建设创新型国家的人才培养需求。

基于上述三种教学模式各自存在的不足，创造性教学便应运而生了。早在20世纪初，杜威的教育研究及实践正式拉开了创造性教学的序幕。20世纪60年代，美国著名教育心理学家托伦斯就倡导研究创造性教学，他把创造性教学看作是"教师和学生卷入创造性学习过程"。20世纪80年代，日本提出了创造性教学的要求，在课程设置、教材编导上都要求体现培养创造性品质的教学环境，这为创造性教学奠定了基础。我国著名教育家陶行知于上世纪30年代就提出了教师创造性地教，学生创造性地学的教育理念。20世纪80年代后，张德、郑日昌、林崇德等分别为我国学校的创造性教学提出了很有意义的理论依据。在新的时代背景下，教学必然需要创新，进行创造性教学便成为创造教育的题中应有之义。因此，创造性教学是目前学校教育教学改革和发展的基本目标，是创造性教育的客观要求，同时也是实现创造性教育的一个重要途径，它甚至被认为是一个关键突破口，被称为"活的教学""有生命的教学"。创造性教学是区别于传统教学的一个术语，它以发展学生的多种才能为目的，特别强调和突出师生之间、生生之间的相互沟通、相互激励、相互启发、相互合作和相互分享，是一种既有竞争又有合作的教学方法。

概括地讲，创造性教学是指按照既定的教育目标，教师遵循创造教学的原则，运用创新教学的方法，启发学生的创造动机，引导学生树立创造意识，培养学生的创造精神，训练学生的创造思维，传授学生创造技法，开展创造活动，从而提高学生创造能力的教学模式。该模式解放了学生，也解放了教师，促进师生共同参与，相得益彰，真正发挥了双方的创造性。简言之，所谓创造性教学是指依据创造力发展的基本原理，运用个性化的教学艺术手段，以培养学生创新意识和创造能力品格为核心，促使学生整体素质得到全面发展的新型教学活动。①

二、创造性教学的目的与特点

面对崭新的 21 世纪，各国的有识之士都认为这是智慧至上的创造世纪。创造世纪需要创造型人才，创造型人才需要创造教育来培养，创造教育的目标要创造性教学来实现。于是，探讨创造性教学的研究范式就成为教学论全新的重大理论课题。而为了探讨这一课题，首先必须较为深刻地研究创造性教学的逻辑起点，在此基础上弄清创造性教学的目的与特点。

1. 创造性教学的目的

进行创造性教学是教育改革的呼唤，创造性教学的目的在于为社会培养大量的创造性人才。从本质上理解，创造性教学是一种新的人才培养模式，其生长点就在于教育改革的实践之中，借教育之力通过实践活动来培养创造型人才，寻求一条自我超越之路。创造性教学给了传统教学观强力的冲击，它遵循了人的创造活动及创造素质培养的规律，以培养创造型人才为宗旨的教育，其使命在于发展人的创造潜能，基本信念是让每一位正常儿童都有一定的创造潜能，都能通过适宜的教育取得创造性的成绩。具体来讲，创造性教学的提出主要基于以下三方面的理由。

一是创造性教学的目的是由当前生产力发展水平所决定的。在知识化、信息化时代，新的科学技术日新月异，带动了社会生产力的飞速发展，这给学校教育的改革与发展带来了巨大挑战。先前的记忆性教学、理解性教学和思维性教学远远不能适应生产力发展的需求。唯独只有实施创造性教学，才能为经济社会培养出大量的创造型人才，才能满足社会生产力飞速发展之需要。

---

① 谭小宏：《创造教育学导论》，北京师范大学出版社 2012 年版，第 188-190 页。

二是创造性教学是由我国当前的政治、经济制度所决定的。教学目的取决于统治阶级的政治利益和经济利益。在封建社会,那种死记硬背的教学目的是为了满足封建统治者愚民政策的需要,自给自足的经济形态不需要人们有太多的知识、太多的思想,生产力的发展更集中在体力而非脑力的贡献量上。当前,随着我国改革开放进程的逐步加快,实现四个现代化成为不懈奋斗的目标。这就决定了我国各级各类学校必须通过创造性教学为现代化建设培养大量创造型的人才。

三是创造性教学是实现马克思主义关于人的全面发展之需要。马克思认为,全面发展的人应是"个体在体力和智力上各自充分而自由的发展"的人。然而,机器大工业生产仅为人的全面发展提供了物质基础,人的精神发展则相对贫乏。只有在建设中国特色社会主义的今天,才有了为人的全面发展提供精神和物质客观条件的可能。因此,通过创造性教学培养出创造型人才,使他们在创造性教学活动中,其智力与体力才能同时得到充分而自由的全面发展。

2. 创造性教学的特点

创造性教学是对传统教学思想的突破,是对传统教学思想的一种提高和发展。其核心是促进学生的发展,以追求未来理念与成功为价值取向,旨在人文本质上创造出超越前人的一代"新人"的现代教学思想。较之于传统教学方式,创造性教学具有以下的基本特征。

(1)主体性。

创造性教学是一种主体性教学。以"学"为中心充分体现了学生的主体地位,教师在整个教学过程中要围绕学生的学习来设计教学,实现以教为中心向以学为中心的转变。就组织形式而言,教师的教学活动时间减少,学生的学习活动时间增加,提倡高效课堂。学生更多地是在教师指导下自主学习,合作探究,这样既有显性的行为活动,也有隐性的思维活动。就教学氛围而言,创造性教学营造的是一种民主、平等、和谐、自由的宽松学习氛围,使学生最大限度地参与到教学活动中来。就思维品质培养而言,教师在结合教材内容与学生已有知识经验的基础上,对学生进行有效的思维方式训练。在这一过程中,教师的主导作用着重体现在问题情景创设、学习思路启发和科学评价引导等方面,其目的在于鼓励学生独立思考、相互探讨,大胆质疑,致力于培养学生想象、发现、探究和知识迁移四大能力，促使学生了解知识发生、发展及变化的全过程，从而为他们创造性地解决问题奠定基础。

（2）探索性。

创造性教学是一种探索性教学。学生被置于一种创造能力培养的教学环境中，这种环境对学生来说具有无穷的探索性。因为创造性教学开始于问题，推进于问题，发展于问题，学生面对问题产生的困惑极易促使学生产生求解问题的迫切愿望和动机，这就触发学生必须去思考探索解决问题的路径。正如科学哲学家波普尔所言，"正是问题激发我们去学习、去发展知识、去实践、去观察。"①他认为，创造性思维活动是从各种问题的介入开始的，而科学探索的逻辑起点则是问题本身。因此，波普尔提出以问题作为科学认识活动的起点和终点的科学进化公式，即 P1（问题）→TT（假设）→EE（否认）→P2（问题）。这充分地说明创造性教学不仅是以问题为起点和线索，而且最终是以新问题的提出为归宿的。而创造性教学的探索性特征则隐于问题之中，即是说创造性教学的中心问题决定着创造性教学的探索性特征。

（3）发展性。

创造性教学是一种发展性教学。创造性教学是以课堂教学为主要突破口，注重结论，但更加注重过程，教师将教会学生学习，培养学生创造意识，创新精神及创造品格，以使学生形成可持续性的学习能力为最重要的教学目的。既注重基础知识和基本技能的传授，又更重视思维训练，通过发展性的教学策略，使学生的知识结构化、有序化和整体化。在教学评价方面，突显科学性与民主性、批判性与继承性的结合。评价方式以学生直接参与性评价为主，鼓励学生多维度地认识事物，促使其从不同角度对获得的知识进行独创性的评价，形成多元化的结论，破除答案的唯一性、单一性。同时，教师在与学生平等交流的过程中，又要充分地尊重学生的个性发展，肯定学生在形成某种定论的思维过程中科学的成分，不唯书、不唯师，只唯实，引导学生独立思考，批判地吸收前人的各种成果，发展创新，不断超越自我，逐步形成自我发展的能力。

（4）创造性。

创造性是创造性教学的题中应有之义。在教学过程中，若无创造性，

---

① 张君：《浅析波普尔的科学知识进化论》，《内蒙古社会科学》2002 年第 4 期，第 45-48 页。

那么创造性教学就失去了存在的根基。因此，创造性是创造性教学的一个必要特征。所谓创造性是指在教学过程中体现出"创新"或"创造"这一含义，即教学过程与教学形式要有所创新。创造性要求在教学过程中要求保持学生的首创精神和创造力量，不断强化和启发学生的自动创造；奉行"知识就是为了创造"，注重培养学生的知识活用能力，而不是专注于知识的分类和系统化。譬如，导课"问题情境"的创新，课中教学方法、手段和途径的创新，以及在教学内容上，知识的更新，前沿研究成果的引入，最新科学结论的呈现。总之，创造性是创造性教学不可或缺的主要特征。

（5）个性化。

创造性教学是一种个性化的教学。这一特点可以从两个方面来理解：一是相对学生而言，关注学生的个性品质，注重营造学生个性得以自由发展的宽松氛围。它的依据在于学生个体所表现出的个体差异性。学生的潜能无论在观察力、想象力、记忆力和思维力等智力因素上，还是在兴趣、爱好、性格、气质及品质等个性特征方面，都存在着明显的个体差异。因此，学生的个体差异性正是创造性教学个性化的前提。二是相对教师而言，可理解为教学的个性化，根据教师不同的个性特质，在教学过程中显现出各自独特的教学艺术特色。在此，个性化的教学所反映和表达出的是教师之间各自不同的教学人格魅力与教学风格，这种人格魅力与风格是其他教师无法模仿和比拟的。教师在创造性教学实践过程中，使自己的教学艺术创造性地进入个性化阶段，进而不断地突破自我、超越他人，这意味着达成一种"青出于蓝而胜于蓝"的境地，从而实现教学方式的与众不同。

三、创造性教学的原则

创造性教学是培养和发展学生创造力的重要途径。在创造性教学活动中，教学原则既是对创造力自身规律的具体化，又是对教学实践经验的总结与升华。创造性教学原则要求结合学生及各门学科的具体特点，充分挖掘知识内容中的创造性元素，在完成知识传授、学生智力发展等任务的同时，着重塑造学生良好的创造性思维品质，发展创造性精神，培养他们善于创造、自觉创造的能力，从而造就大批的创造型人才。因此，遵循创造性教学原则进行教学，能提高创造性教学的质量；反之，则会影响创造性教学的效果。

1. 传授知识与发展智力相统一原则

在创造性教学中,要求知识传授与智力开发并驾齐驱,辩证统一。系统的知识是智力发展的必要条件,智力的发展既取决于知识的掌握,又有助于创造力的提高。知识既是人类长期积累和整理的成果,又是人类智慧和智力的结晶,其本身蕴含着丰富的人类认识的方法。学生只有在掌握知识的过程中学会获取这些知识的认识方法,并把这些知识和认识方法自觉地、创造性地运用到以后的学习与工作中,才能逐步发展自己的智力,形成自己的创造才能。而智力的发展又有助于知识的掌握。无数事实表明,智力发展较好的学生,接受能力也较强,掌握知识牢固并能够举一反三,触类旁通,从而自觉地、积极地、创造性地学习,探索真理;反之,智力发展较差的学生,则难以牢固地掌握知识,也不能举一反三地、创造性地解决问题。可见,传授知识与发展智力是并重的,是辩证统一的。这就要求我们在创造性教学中贯彻这一原则,做到如下几点。

① 正确处理好知识与智力的关系,不可偏废。知识与智力互为条件,相互促进,相辅相成。两者既不可割裂对立,互相排斥,也不能彼此混淆。不能片面地强调某一方,否则,只会适得其反,不利于培养学生的创造力。

② 实行启发式教学,促进学生智力发展。知识不同于智力,倘若我们的教师采用"填鸭式"的记忆性教学,即使学生头脑里被填满了一大堆知识,学生的智力也不会得到发展,他们只会变成"书呆子"。教师采用启发式教学,积极启发学生思维,引导学生自觉地、积极地进行学习,正确理解知识,掌握获取和运用知识的方法,才能有效地发展学生的智力。

③ 教给学生系统的规律性的科学知识。如上所述,知识是智力发展的必要前提条件,但并非所有知识都能促进学生的智力发展。比如一些不严谨的、零碎的、没有系统化的知识,不仅不能促进学生智力的发展,反而会影响其智力的发展。系统的、科学的规律性的知识是各门学科的基本结构。所谓基本结构,是指普遍的适应性结构。具体地说,就是每门学科的基本概念、公式、原则、法则等。教学实践表明,让学生掌握科学的基本结构,确实有助于发展学生的智力。例如,利用形声字的结构进行集中与分散识字后,就能独立运用推理的方法来判断字的音、形、意,更能举一

反三，认字速度也会加快。由此可见，教师利用学科的基本结构，将系统的、科学的、规律性的知识传授给学生，学生就可以举一反三、触类旁通，从而极大地促进智力的发展。

2. 精心教授与独立思考相统一的原则

教学是师生双边的教育活动。需要教师精心教授，学生独立思考。为此，教师必须精心备课、讲课、辅导、批改作业，然而，毕竟教师的"精心"只能给学生指明一个前进的方向，路还得靠学生自己去走，路途中的障碍还得由学生自己去扫除，俗话说得好，"师傅领进门，修行在个人"。那么，教师在创造性教学中，如何贯彻这一原则呢？我们认为，教师应做到如下几点。

第一，教学要因材施教。教师讲授的内容既不能过难，也不能过易。过难，学生听不懂、不感兴趣，容易失去学习信心；过易，学生则会轻视学习，失去学习的兴趣。因为学生是学生的主体、学习的主人，教学效果最终要落实到学生的学习上，所以教师讲授的内容必须适当，要善于进行创造性教学，同时，要有一定的"信息差"，使教学内容像树上的桃子一样，"跳一跳才可以摘到"。只有这样，才能启发学生的独立思考，从而培养学生的创造性思维能力。

第二，教学要生动形象。所谓生动形象，是指教师在教学时，不要平铺直叙、照本宣科，而要善于创设问题情境，恰到好处地提出一些富有启发性的问题，让学生独立思考。如有一位教师在教"压力"时，创设了这样的情景："一块长方体的砖头，放在沙滩上，怎样放置，它才陷得比较深？"又如一位特级教师在教"摩擦力"一课时，创设了这样的问题情境："在非常非常光滑的水晶路面上，有一个静止的一吨重的大铁球，一只蚂蚁正在用力推大铁球，能不能推动大铁球呢？"像这样的问题情境既新奇又有趣，能激发学生思考，使学生积极参与到教学过程中去，变被动地接受知识为师生的双边活动，很好地培养学生独立思考的能力和创造力。

3. 面向全体与兼顾个别相统一原则

创造性教学要面对全体学生，要把每一个学生都培养成为社会所需要的创造性人才。创造性教学应面向全体学生，既要使学生尽可能地达到统一标准并得到全面发展，又要承认学生的个别差异。针对不同学生的特点，采用不同的教学措施，使每一个学生的创造才能得到充分的发挥。一方面，尽管学生的个性千差万别，但也有共性。对全体学生要有一个全面要求，否则，就难以实现创造教育的目标。另一方面，由于遗传、环境与教育等多方面因素的影响，每个学生的个性特征和发展水平必然有差异，倘若用同一个模式培养学生，有特殊才能的学生必将遭到埋没，创造才能较差的学生也会遭到淘汰。

因此，教师在创造性教学中，要遵循面向全体与兼顾个别相统一的原则，做到长善救失，各尽其才，不拘一格，使每一个学生的创造才能都得到充分的、自由的发展。具体地说，教师在实践这一教学原则时，一是要面向全体学生，提出全面要求，兼顾两头，让所有学生都得到发展；二是要正确对待个别有差异的学生，尤其要关照那些有特殊能力的学生。

4. 博采知识与培养创造力相统一

一方面，知识是创造力发展的根本条件。知识贫乏，头脑中只有零散的、低级的、自然状态的知识堆积，而没有系统的、科学的、规律性的知识，就很难创造性地分析问题与解决问题，更不用说发明创造了。尤其是当代，科学技术日新月异，专业分工越来越细，各学科知识信息在成倍增加，文化知识周期在缩短，如果只囿于现有的知识，故步自封，不去涉猎新的知识，那么，其思维及创新能力就很难得到进一步地丰富与发展。只有博采丰富的知识，新联系、新设想、新观念才会在头脑中不断涌现，才能不断地发明创造。尤其是那些具有广博的知识或掌握了许多交叉学科、边缘学科知识的人，更会有出类拔萃的发明创造的能力。因此，在创造性教学中，教师应鼓励和引导学生博采大量的知识，"厚积"才能"薄发"。

另一方面，没有知识固然难以有创造力，然而，有了知识也不一定会有创造力，知识与创造力是不成正比的。如果我们把知识当作要务，死记硬背，生搬硬套，那么只会成为知识的奴隶，即便知识再多，也只是高分低能，创造力也不会高到哪里去的。因此，我们在创造性教学中，要注意引导学生灵活地掌握和运用知识，要指导学生把书读活，把书读薄，加深理解，掌握规律，提高学生分析问题与解决问题的能力，从而培养学生的创造力。

5. 主导作用与主体作用相统一原则

主导作用是指教师的主导作用。它是指在教学活动中，教师处于主导地位，学生只有在教师的指导和帮助下，才能在最短的时间内高速、高效地掌握人类创造的科学文化知识，从而提高自己的发展水平，成为创造性人才。而主体作用则是针对学生而言的。在教学过程中，学生是学习的主体，是学习的主人，必须充分调动学生学习的积极性、主动性和创造性。在教学过程中，只有充分做到教师主导与学生主体相统一，才能获得最优化的教学效果。

在创造性教学中，首先，引导学生进行探究性学习，引导学生去探究一些问题，启发他们自己去寻找人们已经发现的真理。其次，培养学生浓厚的学习兴趣和强烈的求知欲望。我们知道，兴趣是学习的动力，求知欲望是一种探求真理的富有感情色彩的心理倾向，浓厚的学习兴趣与强烈的求知欲望是提高学生学习积极性、自觉性和创造性的重要因素，也是学生发现、发明与创造的前提。培养学生的学习兴趣与求知欲望，必须激发学生的求知需要，使学生产生求知的欲望。因此，教师在教学中，教学方法要多样化，要保护学生的好奇心，鼓励学生大胆提出问题，进行创造性思维活动，培养学生主动探求的精神。

第二节 创造性教学的模式

创造性教学是否有模式可依，一直处于争论之中。一些人认为，如果有模式可依，那么，教师的创造性就无从表现。但是，如果在教学实践中没有任何模式，那么，教师又不知道如何实施。因此，在创造性教学实践的初期，可操作性的创造性教学模式是有益的。有了抛砖引玉的启发之后，教师可以依据自己的实际情况，创造出新的创造性教学模式。近些年来，创造性教学模式可谓多种多样，既有国外的创造性教学模式，又有国内的创造性教学模式。下面是几种当今世界影响较大的国外创造性教学模式与国内几种常用的创造性教学模式。[1]

一、国外几种常用的创造性教学模式

1. 发展多元才能的创造力教学模式

该模式又叫泰勒教学模式。其基本出发点是，几乎所有的学生都具有

---

[1] 张庆林、李艾丽莎：《创造性培养与教学策略》，重庆出版社2006年版。

某种才能。多数学生的才能之所以没有发挥出来，是因为大多数教师只重视学生的学习成绩，忽视了学生才能的发展。不是学生没有才能，而是他们的才能没有机会得以发挥。教学不应该只局限于传授知识，还应该注重对学生多种才能的开发。

泰勒列举了教学应着重发展学生六个方面的才能：创造才能、决策才能、计划才能、预测才能、沟通才能、思维才能。为了达到发展这六种才能的目的，在教学中应该注意以下几个方面：第一，在教学活动开始之前，通过让学生参加各种训练，观察学生的参与情况和在活动中的表现，了解学生的特长和缺点，这样既便于以后的分组活动，也可以使学生选择自己擅长的领域。第二，重教学过程胜于重教学结果，教师的教学应教会学生获取知识的方法而不仅仅让学生掌握知识。第三，坚持教学的开放性、发现式、自由选择和多样性。重视学生在教学中的主体性、独立性和自主性。第四，提倡、鼓励学生在集体讨论中求新求异，重视学生的观点、疑问和困难。第五，在非学业活动中鼓励学生独立学习，避免教师过多指导、干涉，甚至包办代替。

泰勒的创造性思维教学模式强调"多元才能"的培养，揭示了教学创造性思维是一种综合性思维，教学创造性思维能力是一种综合性能力，是计划才能、预测才能、沟通才能、思维才能等综合参与的活动。

2. 创造性问题解决教学模式

由帕尼斯（S. J. Parnes）提出的这个教学模式的特点是强调以系统的多角度的方法来解决问题，开发创造力。它注重对于要解决的问题要尽可能地开阔思路、想出多种策略。该教学模式包括循序渐进的几个阶段。

① 发现困惑。教师指导学生记下生活、学习中的疑惑或者灵感，然后组织小组讨论，找出有价值的问题，提出自己的解决方案。

② 寻找事实，即尽可能通过一切方式获取关于问题的信息。教师可以启发学生："这个问题还和什么有关联？你怎么认识？从更广的角度怎么看待？"

③ 发现问题，即发挥想象力以发现更多的相关问题。教师可以指导学生打破常规来重新定义。

④ 发现构想。教师应指导学生尽量写出所有的解决方法，多和相关的问题比较联系，而不要管它们的实用性和逻辑性。

⑤ 发现解答，即在找出的多种解决方法中找出最可行的方案。教师引导学生写出解决方案的评价标准，思考如果要马上解决这个难题，应该选择哪个方法。

⑥ 寻求接纳。教师指导学生开展集体讨论，考虑应该怎样使这些方案有效实施，并写出实施的具体细节。

3. 三维创造性教学模式

美国著名的创造性教学研究专家威廉姆斯认为，一个人的创造性是由两方面的因素组成的：一个是创造性思考能力，即属于认知范畴的那些因素；另一个是创造性倾向，属于个性的范畴。以此为基础，提出了他三维空间的创造性教学模式。在这个模式中，创造性教学的目标不仅仅在于发展学生的创造性思考能力，还应该致力于培养学生的创造性倾向。为了达到这两方面的目标，教学必须是教师的教、学生的学和教学内容三者之间协调一致的活动。威廉姆斯构建的三维创造性教学模式分为三个层面。

第一个层面是教学内容，威廉姆斯列举了语文、数学、社会、自然、音乐、美术等当前中小学课程中的6门学科。

第二个层面是学生的行为，包括属于认知方面的思维的流畅性、变通性、独创性和周密性；属于个性方面的冒险心、挑战心、好奇心和想象力等8个思维品质。

第三个层面是教师的教学行为，或者说教师的教学策略。威廉姆斯提出了18种教学创造性思维教学策略，举例如下：

其一，创造式。创造者与创造过程分析法，分析杰出而富有创造力任务的特质，用以学习洞察、发明、周密思考及解决问题的过程。情境评鉴法，根据事物的结果及含义来决定其可能性，检查或验证原先对于事物的猜测是否正确。创造性阅读技术，培养运用阅读获得知识的心理能力，学习从阅读中形成新观念。创造性倾听技术，学习从倾听中形成新观念的技巧，倾听由一事物走向另一事物的信息。创造性写作技术，学习由协作来沟通观念的技巧。视觉化技术，以具体的方式来表达各种观念，具体地表达思想和情感，通过图解来描述经验。

其二，变化式。激发法，多方面追求各项事物的新意义；引发探索知识的动机，探索并发现新知或新发明。变异法，演示事物的动态本质，提供各种选择、修正及替代的机会。改变法，确定习惯思维的作用，改变功能固着的观念及方式，增进对事物的敏感性。重组法，将一种新的结构重新改组，创立一种新的结构，在零乱无序的情况里发现、组织并提出新的处理方式。

其三，思辨式。矛盾法，发现一般观念未必完全正确；发现各种自相对立的陈述或现象。归因法，发现事物的属性，指出约定俗成的象征或意义，发现特质并予以归类。类比法，比较类似的各种情况，发现事物间的相似处，将某事物与另一事物做适当的比喻。辨别法，发现知识领域不足的空隙或缺陷，寻觅各种信息遗落的环节，发现知识中未知的部分。

其四，探索发展式。探索的技术，探求前人处理事物的方式（历史研究法），确立新事物的地位与意义（描述研究法）；建立实验的环境并观察结果（实验法）。容忍暧昧法，提供各种困扰、悬念或具有挑战性的情境，让学生思考；提出各种开放而不一定有固定结局的情境，鼓励学生发散思考。直观表达法，学习通过感官对于事物的感觉来表达感情的技巧。启发对事物直觉的敏感性。发展调适法，从错误或失败中学习，在工作中积极地发展而非被动地适应，引导发展多种选择性或可能性。

威廉姆斯的创造性教学模式的特点在于，它设计了比较完整的创造性教学策略，考虑到了教学创造性思维学生的个性问题，将"冒险心""挑战心""好奇心""想象力"等特别提出来，以此鼓励学生"勇于面对失败或批评；勇于猜测；积极寻找各种可能性；明了事情的可能及现实间的差距；能够从杂乱中理出秩序；愿意探究复杂的问题或主意；富有寻根究底的精神；与一种主意周旋到底，以求彻底了解；愿意接触暧昧迷离的情境与问题；肯深入思索事物的奥妙；能把握特殊的征象，观察其结果"，等等。

二、国内几种常用的创造性教学模式

1. "猜想—公式—应用"创造性教学模式

该模式包含三个主要环节：①猜想。在学科的重点、难点、疑点中，选定发散点。接着，设置情境，提出问题，引发学生做各式各样的猜想。②公式。依据学生提出的不同情境，引导学生设法验证。或进行推导、论证，或进行调查、实验。结果，大概有三种情况：证明猜想完全正确，于是定理、定律、公式就被发现了；证明猜想中存在不正确的因素，予以纠正，定理、定律、公式，也被发现了；证明猜想是错误的，纠正之后，回到正确的思路上来，定理、定律、公式，也被发现了。这种殊途同归，很有意义。③应用。给出若干应用题。题目分为三类：一类能用公式解答；另一类不能用公式解答；还有一类，运用公式对整个题目只能做出部分解答，要求学生做出判断并说明理由。这一模式紧紧围绕学科教材展开，对提高学生创造能力和学习能力，效果显著。它常用于数学、物理、化学、生物、地理、自然等学科的创造性教学中。

2."设疑—发散—比较"创造性教学模式

这一模式主要用于理科教学，文科中的部分内容亦可选用。它由三个主要环节构成：①设疑。在学科的疑点知识中，选定发散点。接着，设置情境，把自相矛盾的现象或观点呈现在学生面前，激励学生，提出疑问。②发散。鼓励学生独立思考，让学生提出不同的见解。③比较。引导学生对各种见解进行比较、分析、判断，并设法证明：哪个见解是对的，哪个见解是错的，哪一个见解是最奇特的，哪一个见解是最好的，哪一个见解是可行的。

3."过去—现在—将来"创造性教学模式

这一模式，文理学科均可使用，在历史学科中使用得最为广泛。它由三个主要环节构成：①过去。选定对科学发展和社会发展影响重大的知识点作为发散点。而后，按照历史上发散点知识被发现的实际情形，设置模拟性情境，把学生置于"彼时彼地"的"彼情彼景"发现者的位置上，使其独立思考、判断、行动。然后把发散点知识被发现的历史过程，呈现给学生。②现在。面对从发散点知识被发现直到现在的历史，向学生提出两个问题：其一，知识本身发生了哪些变化？其二，这一知识对社会发展起了什么作用？等学生发表了各种见解之后，再把真实的历史情况告诉学生。③将来。激励学生展开想象：这一知识将来的发展会是怎样的？对社会的作用如何？

4."创作—阅读"创造性教学模式

该模式包含四个主要环节：①阅读。以课本中某篇课文的阅读教学为起点，设计创作与阅读相结合的统一教学过程。为此，教师必须先研读课文，深刻领会。②创作。按照课文的发展进程，分阶段设置与课文相一致的情境，引导学生像作者那样，在"身临其境"之中进行创作构思。与此同时，让作者以学生的身份，参加创作，并与学生一样，分阶段展示自己的构思。而后,学生在分阶段构思的基础上,完成整体构思;同时,作者也完成了整体构思。面对各种整体构思,在学生与学生之间,学生与作者之间,展开择优性评议。③讲读。讲读课文,重点放在引领学生领悟课文的创作妙处。④修改。指导学生依照自己原来的构思,借鉴课文中的妙处,修改并完成一篇作文。这一模式的优点在于将阅读教学与作文教学有机地结合起来,对提高学生的阅读水平与作文水平,具有较大的促进作用。

综上所述,创造性教学强调教学内容的不断更新。在课程设置上,注重必修与选修、主修与辅修、基础理论方面与实践能力方面、普通教育与职业技术教育的多层次、多维度、多样化的课程体系,给学生提供广泛自由选择的机会,以便适应不同学生的能力倾向、兴趣、择业意向和实际,并促进他们各自的特长充分发展。在教学内容上,注意及时改革、更新、充实和丰富教学内容,增加反映现代科学发展新成就的即时信息,以及边缘学科和综合性学科的有关知识,扩大教材信息量,开阔学生视野,帮助学生建立最优化的知识结构。此外,在注重基本知识教学的同时,也注重基本技能的教学,要求学生不仅要掌握教材中属于昔时信息的基础知识,而且要及时了解科技新发展的即时信息,以掌握时代脉搏,跟上科学技术发展的步伐。

第三节 创造性教学的策略

教学策略是教师在教学设计与实施过程中,对教学方法的谋划与运用。它受到教学目标与教学内容的约束,但也与教师的选择有着密切的关系。创造性教学策略是教师从培养儿童创造力这一价值取向出发,对教学策略进行灵活、有效地运用,从而更大程度地调动儿童的主体性和参与性。基于学段、个性和课堂等不同视角,教师创造性教学策略各有不同的侧重点和突破口。

一、与阶段化发展相适应的创造性教学策略

教学策略是现代教学论研究的重要课题,就国外研究来看,加涅提出的教学策略包括管理策略和指导策略两个方面;保罗·D·埃金则认为教学策略是"为完成特定目标所设计的指示性教学技术";阿姆斯特朗将教学策略定义为"有系统地安排教师活动用以帮助学生达到某一单元所确定的

教学目标"。而我国学者对教学策略的观点归纳起来有三类：一是将教学策略看作为实现某种教学目标而制定的教学实施综合性方案；二是将教学策略作为一种教学思想，认为教学策略是一种教学观念或原则，通过教学方法、教学模式和教学手段得以体现；三是将教学策略等同于教学方法、教学步骤。总体而论，教学策略的基本含义可概括为：教学策略是教学设计的有机组成部分，是在特定教学情境中完成教学目标和适应学生认知需要而制定的教学程序计划和采取的教学实施措施。那么，创造性教学策略有哪些呢？下面介绍几种主要的创造性教学策略。①

创造教育的对象十分广泛，上至硕士、博士研究生等高学历教育层次，下至学前教育、初等教育、中等教育及家庭教育层次。对不同学龄的受教育对象进行同一种教育，必然采取不一样的教学模式和教育手段，其教学策略应按照年龄特征、层次特征，有计划分阶段地进行。

1. 学前阶段的创造性教学策略

对学前儿童的早期教育培养是整个人生的关键时期，这关切到人的一生。学前儿童的教育主要在家庭和幼儿园中完成。因此，家长作为幼儿的第一任老师，应当承担起启蒙教育的主要责任。而在这一阶段，家长应遵循学前儿童的身心特点与规律实施有效的创造性教学策略。

其一，充分发挥学前儿童的形象思维，培养他们无限丰富的想象力。形象思维包括想象与幻想、类比与联想、仿生与模拟、边缘与联姻等，恰好符合该阶段儿童的心理特点。家长或幼儿教师应当利用这一特点，通过做游戏、玩玩具、看电视、听音乐、看图画书等活动，让孩子学会细致观察、深入思考、充分想象、大胆联想，如再辅以适时、适当的鼓励、表扬、启发、引导等必要措施，定能达到寓教于乐、寓教于玩的良好效果。例如，画在纸上的一个圆圈，可以引导孩子想象为太阳、月亮等；或是启发孩子联想到盘子、碟子或脸盆等；又或是想象为月饼、点心、苹果等食物的形状。

其二，充分利用讲故事的方法，开启学前儿童的智慧大门。学前儿童另一个特点是喜欢听故事。这就给家长或幼儿教师提供了一个进行创造教育的有利时机。通过讲一些纯朴、善良、诚实的大众化故事，如《孔融让梨》《王二小放牛》《狼来了》等，培养孩子的道德情操；通过讲一些儿童勇于创造的故事，如《司马光砸缸》《曹冲称象》《诸葛亮空城计》等，开

---

① 谭小宏：《创造教育学导论》，北京师范大学出版社2012年版，第205-209页。

启学前儿童的心智，开发他们的创新意识。

其三，充分利用学前儿童好动和好奇的特点，发挥他们动手创造的能力。学前儿童天生就具有好动与好奇的生理、心理特点，家长或教师要善于利用孩子的这一特点，培养他们创造的能力。譬如说，通过学画画，将学前儿童想象中的事物、人物、景物形象地表现在画纸上；通过捏泥人，充分地发挥学前儿童对人物形象的认识，创造出形态万千的人物模像；通过琴棋训练，达成学前儿童思维与行为的协调发展。

2. 小学阶段的创造性教学策略

学前儿童从家庭、幼儿园进入学校，开始了人生漫长的学习之路。学好语文、数学、外语等学科的基础知识成为学生小学阶段的主要学习任务。小学阶段的儿童刚刚脱离家长和幼儿教师的呵护，他们身上潜移默化地发生着一些变化，由无意识观察、记忆和思维等行为开始向有意识的行为转变。因此，无论家长还是教师，都应当抓住小学生的这一特点，有意识地对他们进行创造教育。

一是培养小学生的观察力。家长或教师可以利用节假日或课外活动时间，有目的、有组织地带领孩子们走出校门去实地观察，引导他们带着问题去思考、去观察。在引起学生们实地观察的同时，家长或教师应当及时给予适当的辅导和启发，创设一个气氛活跃的环境，边观察边提出问题，边讨论边解答问题。譬如，通过观察向日葵，向学生发问：向日葵为什么会转？朝什么方向转？夕阳西下的时候向日葵的朝向会发生怎样的改变？如此等等，引起小学生探究问题的兴趣。

二是培养小学生的想象力。实际上，培养小学生的想象力，无论在家庭教育中，还是在学校教学过程中，只要稍加留意就不难做到。譬如，在语文课程的教学过程中，不仅需要有惊心动魄的故事情节，而且还需要有娓娓动听的名诗佳句。一个满腹经纶的语文教师，要善于用语言直观勾起学生无限的想象力。记得曾经有一位语文教师在讲《济南的冬天》时，运用了大量的图片展示济南的四季景象，这时，作为语文教师就要注重培养学生的想象力，尽量让学生展开联想，想象济南冬天的景象，而不是直接呈现图片。

三是培养小学生的记忆力。借助于数字游戏、图形谜语、电脑游戏等形象、直观和饶有兴趣地促进小学生们记住一些知识。譬如以编谜语、猜谜语的方式，让小学生记住汉字。如横一杠，竖一杠，胳肢窝里打一棒——"下"；

大雨下在横山上——"雪";二十个太阳一个月亮——"朝"等等,通过这些字谜,让小学生们产生无限的学习兴趣和乐趣。

3. 中学阶段的创造性教学策略

中学生在经历了以学习文化基础知识为主的小学教育后,基本上已脱离了儿时的天真和幼稚。开始由被动学习、兴趣学习向主动学习转变。随着社会阅历的日益增多,与人交往也日趋频繁,思考问题、处理问题的方法也越来越复杂。因此,应当充分注意到中学生这一时期的内在变化,及时地对他们进行切实可行的创造教育。例如,语文、历史、地理等课程,可以把学生们的思路带到古今中外,使其对未来充满十足的信心和美好的憧憬;物理、化学、生物等课程,能够让学生在理解客观世界的自然规律的基础上,再增加一份对大自然深入探索的好奇心。文科教师可以通过在课堂上展示图画、图表或实物等,启发他们去想象和联想;理科教师则可以充分利用一些自制或现成的辅助教具,通过随堂演示实验,把课堂教学变得更加形象、直观,甚至鼓励学生在课后模仿,以验证或感受课本上的理论知识。

当然,对中学生进行创造教育的方式还有很多,如校外写生、实地考察、采集标本,指导学生自己动手的小制作、小发明等;甚至还可以组织学生到工厂或农场参观、到外地旅游、参加夏令营等。特别是要结合当前基础教育课程改革与高中课程改革的具体方案,在诸如信息技术、通用技术、社区劳动、研究性学习等课程中融入一系列的活动课程,开启中学生善于动手动脑的创新精神和创造能力。

4. 大学阶段的创造性教学策略

大学生在经历了十几年"寒窗苦读"的磨炼后,思想更加成熟,行为更加稳重,思维更加灵活,对各种知识的认知能力,人际交往能力,与社会各界沟通的能力等都在逐步提高。针对大学生具有较强的认知能力、理解能力、易于接受新生事物以及学习压力较轻等特点,完全有必要对他们进行深入细致、全面系统的创造教育。其中,可将创造教育学作为一门公共必修课程引入大学的课堂,进行创造教育的普及。下面,介绍几种较为典型的大学生创造性教学策略。

第一,举办各种学科竞赛,培养大学生的创造能力。上大学是人生重要的转折点,在这一阶段,大学生们占据着大量自由支配的学习时间和空间。因此,大学教师完全可以给大学生们搭建培养创造力的平台,以各种学科竞赛为切入点,通过参加外语、物理、化学、软件等竞赛,训练大学生们的思维,发挥他们的创新意识,发展他们的创造能力。

第二,开展科学研究或发明专利,培养大学生的创造能力。大学生经过系统的学习,已经初步掌握了科研方法并具备了科研能力,在此基础上,可通过他们自主申报相关科研项目或是参加科研项目研究工作,开发他们的创新能力;同时,发明专利也是大学生创新思维的具体表现,利用大学生们分析、综合、推理、判断、演绎、归纳等能力,通过自主研发、合作探究的形式,鼓励他们发明创造并申报专利,从而帮助他们搭建产学研平台,促成专利成果转化为社会效益。

第三,举办各种体育竞技赛、音乐会、画展,培养大学生的创造能力。大学阶段,根据专业性质特点,音体美学生更容易产生创造性成果。譬如,对于各种体育特长生,可通过一些体育竞技性比赛,挖掘他们的潜能,发挥其创造积极性,打破各项体育运动纪录;对于音乐与表演专业的学生,可发挥他们的创造性思维,创作一些原创音乐或表演作品;对于美术与艺术设计专业学生,则可通过开办画展、艺术设计作品展览形式,促进他们创造出更多别具匠心、丰富多彩的成果。

除此之外,还可针对当前的就业形势,开展形式多样的就业创业大赛,提高当代大学生就业创业的能力,这其实也是培养他们创造力的重要体现。通过就业创业教育,提高他们未来就业创业的核心竞争力。

二、与个性化发展相结合的创造性教学策略

世界上没有两个完全一样的人,生理上如此,心理上更是这样。每个人的心理状态及特征都是独一无二的,这在心理学上叫做个性。个性是独特而稳定的,它影响着人的生活和社会行为反映。但是,个性也是可变的,可以根据社会的需求和自己的意愿,通过不断实践来重新培养与塑造。所以,下面我们结合智力、气质、性格论述创造性教学策略如何与个性化发展相适应[①]。

1. 智力及其开发的创造性教学策略

谈到智力,人们普遍都会引申出两个词眼,即"聪明"与"愚蠢",其实聪明意味着智力水平较高,而笨拙则意味着智力水平偏低。那么如何定

---

① 谭小宏:《创造教育学导论》,北京师范大学出版社2012年版,第209-213页。

义智力呢？心理学一般将智力定义为人认识、理解客观事物并运用知识、经验等解决问题的能力，包括记忆、观察、想象、思考、判断等。这个能力包括以下几点：理解、计划、解决问题，抽象思维，表达意念以及语言和学习的能力。具体而言，智力的开发涉及五个方面因素的创造性教学策略：

第一，有关注意力的创造性教学策略。注意力是指智力活动集中指向某一事物或问题的能力。因此，在课堂教学活动中，教师应善于引导学生的注意力，一旦学生注意力不集中，就要及时强调注意听讲，其目的就是调动学生的注意力。当然，诱使学生注意力集中的最佳策略则在于教师语言的生动性、情节的连贯性、内容的丰富性以及事例的典型性、代表性等等，以此才能更好地提高教师的教学质量和学生的学习效果。

第二，有关观察力的创造性教学策略。观察力是一种有意识、有目的、有组织的知觉能力。它是在一般知觉能力的基础上，当儿童心理活动的有意性达到一定水平时产生的高级知觉活动能力。它不只是单纯的知觉问题，而是还包含着理解、思考，是有目的、有计划的知觉，它是人的多种知觉的综合。教师在培养学生观察力方面，可借助达尔文从小热衷于观察动、植物，从而写出了《物种起源》，伽利略从观察教堂吊灯摇曳，发现了摆的定时定律，瓦特从对烧开的水顶动壶盖的观察中琢磨出蒸汽机的基本原理等事例。通过诸如此类、数不胜数的实例，我们可以发现，多听、多看，锻炼感官、积累感性知识，是观察力得以发展的前提。

第三，有关记忆力的创造性教学策略。记忆力是识记、保持、再认识和重现客观事物反映的内容和经验的能力。提高记忆力，实质就是尽量避免和克服遗忘。在学习活动中只要进行有意识的锻炼，掌握记忆规律和方法，就能改善和提高记忆力。譬如，多听音乐帮助记忆，让学生们听着节奏缓慢的音乐，放松全身的肌肉，合着音乐的节拍读出需要记忆的材料；每天坚持10至20分钟，背诵一些名篇、成语、佳句、诗歌短文、数理公式、外文单词和技术要领知识，也能增进记忆力；用脑想，用口念，用手写，在学习中不知不觉地调动更多的记忆"通道"，使自己的记忆痕迹加深。

第四，有关想象力的创造性教学策略。想象力是人在已有形象的基础上，创造出新形象的能力。如何培养学生的想象力，大体可采取如下两方面的策略：一是丰富学生的生活经验，扩展学生表象的存储量。我们鼓励父母或教师经常要带孩子走向大自然，与社会接触，目的就是让孩子有机会丰富生活经验，在头脑中留下更多的表象，为想象的发展打下基础；二是给学生提供适合的环境，激发学生想象的欲望。给学生合适的图书，和学生一起分享故事描述的情景，和学生一起想象情节的变化，鼓励学生想一想结局怎样，都是帮助学生发展想象的好办法。

第五，有关思维力的创造性教学策略。思维力是人脑对客观事物间接的、概括的反映能力。思维力训练的目的不是为了寻找答案，而是要使思维模式由简单向复杂转化，即培养多角度、多层次、多方式看问题、发现问题、分析问题并解决问题的思维习惯。思维方法是人们从无数次思维活动的经验和教训中总结出来的智慧结晶，可分为两大类：一类是怎样提高思维智能的思维方法，例如形象记忆法可以提高记忆力，联想创造法可以提高创造力等等；另一类是怎样科学地分析问题和解决问题的思维方法，例如辩证思维法、逻辑思维法、逆向思维法以及系统思维法等等。在思维训练过程中，大量的训练是重要的，科学的方法也是重要的。

2. 气质及其应用的创造性教学策略

气质是表现为心理活动的强度、速度、灵活性与指向性等方面的一种稳定的心理特征。人的气质差异是先天形成的，受神经系统活动过程特性的制约。教师了解学生的气质特点，对于做好教育工作，使学生适应环境，形成健康人格，具有重要的意义。

首先，教师应当认识到每一个学生都有优点和缺点，都有掌握知识技能，形成健康人格，成为有价值的社会成员的可能。教育工作者的任务就在于根据学生的气质特点在组织教育活动时使他们不断克服自己气质上的缺点，发展其优点。例如，胆汁质的人的优点是热情，积极，精神振奋，但其缺点是急躁，易激动，缺乏自制力；抑郁质的人的优点是敏感，富于同情心，但其缺点是要求不高，易受暗示，优柔寡断等。教师应根据学生气质上的不同特点，采取不同的教育措施，使他们逐步认识和控制自己气质上的缺点，形成健康的人格。这里应当注意，不同气质类型特点在形成某种优良个性品质上的难易程度是不同的。例如，热情大方的个性品质，多血质的学生品质比抑郁质的学生容易形成；稳健坚毅的个性品质，黏液质的学生比胆汁质的学生容易形成。因此，应有区别地提出教育要求。

其次，对于不同气质类型特点占主导的学生应采取不同的教育方式。因为同一种教育方式对于不同气质的学生产生的实际影响可能是很不相同的。例如，尖锐严厉的批评，可能使多血质的学生受到震动，使其改正自己的缺点,但会使抑郁质的学生感到恐惧,更加萎靡不振。又如,胆汁质的学生易激动,易怒,如果粗声大气地同他们讲话,就容易激怒他们,师生之间形成对立;而如果轻声细语地同他们谈话,就会获得好的教育效果。

最后,根据学生的气质特点,进行职业指导。有的职业需要具备某些气质特征,才能有助于活动的顺利进行。但学生的气质特征可能符合,也可能不符合该种职业活动的客观要求。教师应根据学生的气质特征对学生在升学和就业时给予指导。这有助于学生今后的成长发展。

3. 性格及其训练的创造性教学策略

性格是表现在人对现实的态度和相应的行为方式中的比较稳定的、具有核心意义的个性心理特征,是一种与社会最密切相关的人格特征,在性格中包含有许多社会道德含义。性格表现了人们对现实和周围世界的态度,并表现在他的行为举止中。性格主要体现在对自己、对别人、对事物的态度和所采取的言行上。具体而言,良好性格的培养和训练可通过以下教学策略来达成:

一、确定生活目标。教师应引导学生明确生活目标,并集中精力为此不懈努力奋斗。

二、放弃要做完人的想法。教师应引导学生要勇敢地接受自己的缺点,信任别人,并相信别人也能做好各项工作。

三、尽量淡化荣誉、成就。对于荣誉、成就的获得不能过度地宣扬和夸大,而应指导学生注意学习、生活、工作的和谐,注重生活质量与生活体验。

四、培养多种兴趣爱好。增强学生的生活情调,培养他们常听音乐、看电影等兴趣爱好,提高艺术修养。

五、时间安排井然有序又留有余地。教师要引导学生踏实稳健地去做每件事,不以数量衡量成绩,讲究学习和工作质量。

六、主动调节自己的情绪。教师要指导学生避免争论和冲突,以幽默态度化解生活中的波折,培养宽容、广博的胸怀。

七、善于倾听别人的意见。教师要引导学生建立归属感和安全感,多体会与朋友交流交心的真切感受,多交知心朋友。

三、与课堂教学相结合的创造性教学策略

课堂教学是教与学的交往互动,是师生双方相互交流、相互沟通、相

互启发和相互补充的共同活动，是一个动态而复杂的发展过程，具有许多不确定性因素。因此，教学既要有一定的组织性和计划性，同时又要密切关注课堂中的"创生性"。教师不可能让学生完全按照事先设计好的教学过程参与学习，应真实地感受学生的所作所为、所思所想，随时掌握课堂上的各种变化，充分利用创造性教学策略，发挥教学机智，达成课堂教学效果的最优化。①

1. 讨论式创造性教学策略

讨论式教学策略早在19世纪中期的德国就试行了。随后，这种教学策略被传播到美国。1904年，哈佛大学已将课堂讨论作为课堂教学的一种有效的补充方法。而在我国，由于讲授教学仍然占据绝对地位，故讨论式教学策略还很少采用，推广起来也存在很大阻力。讨论式教学策略的最大特点是民主性和双向性。

开展讨论式教学，必须具备一定的条件：一是选择恰当的课程。一般而论，理论课比实践课、推理性比陈述性课、专业课比基础课更具有讨论性。二是选择恰当的时机。课堂讨论不是随意的，贯穿于课堂教学始终的，而是需要在恰当的时机切入讨论环节，达成教学效果的最优化；三是创设宽松、民主的讨论氛围。在讨论中，师生之间和同学之间，都是平等的；在真理面前，人人平等，求同存异，达成"思想自由，兼容并包"；在讨论中，教师既要指导，又不能包办代替。

2. 程序式创造性教学策略

程序式教学策略是由美国实验心理学家斯金纳发明的，在20世纪60年代曾风靡一时。所谓程序教学，是指学生按照一定目标，根据自身的学习能力，独自钻研程序化自学教材的一种教学策略。那么，一位教师要实施程序教学必须考虑哪些问题呢？首先，要仔细地考虑在特定的时间里计划教学的内容是什么，这些教学内容最终是要通过学生的行为的获得来表示的。其次，要考虑有哪些可以利用的强化物。这种强化物包括两种：一种是学习者在学习过程中对所操纵的材料具有强烈的兴趣；另一种是在学习过程中给予学生奖励，譬如教师的一个善意的微笑、一句肯定的赞语、一件奖品等等。第三，强化最有效的安排，即教师要把

---

① 谭小宏：《创造教育学导论》，北京师范大学出版社2012年版，第213-216页。

非常复杂的行为模式逐渐精致地做成小的单位或步骤，也就是把教学目标进行具体分解，确定每个步骤所保持行为的强度，以使强化的效果能提高到最大限度。

程序性教学要求：在3小时教学过程中，课前5分钟教师进行导入，明确本节学习的目标；然后教师采用较难的知识点讲述10分钟，学生做相应练习7~10道题，是学校训练量的7~12倍。在一个半小时的时候进行课堂阶段性测试，进行及时反馈，最后有20分钟时间进行当堂测试与反馈。采取讲、练、测、评一体完成。教师给予有解答步骤的例题和足够数量的练习，学生就能根据例题形成适当的假设，并在解决问题的过程中不断地得到反馈，有效地获取知识。在学生练习过程当中，教师的任务就是针对不同学生的不同问题加以个别辅导，同时发现带共性的问题，在小结时解决。这种课堂模式充分体现了学生的主体作用和教师的主导作用，教师的角色变知识的传授者为学生学习的引导者、促进者、合作者；让学生掌握学习的方法，培养终身学习的愿望和能力。

3.范例式创造性教学策略

范例式教学策略最早是由德国教育实践家瓦根舍因提出的，现在已被广泛推广应用。范例教学策略的特点是根据教学目的需要，选择一个或几个有代表的问题，以它为范例进行讲授或讨论，使学生掌握有关这一类问题的知识和方法，同时提高他们思考问题、分析问题和解决问题的能力。在教学要求上，范例教学有四个统一，即教学与教育统一；解决问题的学习与系统知识的学习相统一；掌握知识与培养能力相一致；学生与教材相统一。

范例教学分四个步骤：一是范例地学习"个"，即通过范例的、典型的、具体的、单个实例来说明事物的特征；二是范例地学习"类"，在第一步学习的基础上进行归纳、推断，认识这一类事物的特征；三是范例地掌握规律和范畴，要求在前面学习的基础上，进一步归纳事物发展的规律性。四是范例地获得关于世界关系和切身经验的知识，使学生不仅了解客观世界，也认识自己，提高行为的自觉性。因此，一个好的范例，就是一个研究课题，它可带动全书或部分内容的教学。范例的选择很重要，可以是推理型、计算型的，也可以为实例型、题材型的。进行范例教学，可以讲授，也可以采取讨论或辩论的方式。

4.发现式创造性教学策略

发现式教学策略是由美国"结构教育"学派代表人物布鲁纳倡导的，至今已在全世界试行。发现式教学策略正是按照以学生为主体的思想组织教学，设置创造的情境，使他们处于最佳的创造状态之中。例如，以美国大学教学活动为例，首先，全国没有统一的教材，教授们提供给学生们实际的、形象的东西，阅读的都是最新的第一手研究报告、调查和采访报告，并介绍各种相冲突的学术观点，以使学生了解到最新知识信息。其次，美国大学教授很少一本正经地从头讲到尾，而是将各种观点分类、整理，抽取部分有代表性的内容进行启发式讲解，穿插着不拘形式的课堂讨论。最后，在讨论中即使是错误或愚蠢的意见，也不会遭受到讥笑，教授们都会从学生的意见中尽量找出某些合理的成分。所以，这样的课堂不仅是传授知识的场所，也是培养学生创造能力的过程。

第四章
职前教师创造素质的调查研究

创造素质是在先天遗传素质的基础上，个体通过后天的环境和教育影响所获得的，在创新创造活动中必备的、稳定的基本心理品质与特征。在理论构想上，创造素质包括创造动机、创造能力和创造人格三个方面。在本章，我们采用实证调查的研究方法，系统考察职前教师创造素质的水平和存在的问题。总体来讲，职前教师的创造素质偏低。但是，通过采用适当的教育策略，职前教师的创造素质能够有效提高。

第一节　问题提出

一、引言

胡锦涛同志曾在十七大报告中指出"提高自主创造能力，建设创新型国家。这是国家发展战略的核心，是提高综合国力的关键"。近年来，党和国家也一直在朝着这个目标不断努力。要建设创新型国家，培养一大批具有创造素质的人才是根本。因此，实施创造素质教育、加强青少年创造素质的培养刻不容缓。

创造素质就是指运用一切已知的信息，产生出某种新颖、独特、有社会价值的、产品的、内在的、相对稳定的基本品质或素养，它是基于各种素质协调发展而形成的一种综合能力[1]。就其本质而言，创造素质指个体在先天遗传素质的质基础上，后天通过环境影响和教育所获得的稳定的在创新创造活动中必备的基本心理品质与特征。燕良轼从心理学的视角将教师

---

[1] 王琪琪：《大学生创新素质现状特征及创新意识培养开发的探索性研究》，重庆大学硕士学位论文，2012年。

的创新心理素质区分为：教师的创新意识（动力系统）、教师的知识结构（能源系统）、教师的能力结构（操作系统）、教师的人格结构（保障系统）、教师的创新行为（实施系统）。[1]在高校中，人们认识到了大学生创造素质培养的重要性。[2]基于当前的研究现实，我们将创造素质划分为三个主要方面：创造动机、创造能力和创造人格。

尽管国内基础教育长期以来实施素质教育，但我国当前的教育仍以教学内容的稳定和系统性为基本出发点，对教学计划的规范性要求过于严格；仍以填鸭式、灌输式的教学方法为基本教学模式；仍以知识的记忆和复现为教学的基本目标。片面强调对知识的系统掌握，对创新素质的培养在教学计划中没有目标性的体现。而职前教师作为今后的教育工作者，对学生的综合素质发展影响很大。因此要培养一批创新型人才，具备高创新素质的教师队伍尤为重要。

因此，本研究拟采用职前教师创造素质问卷开展实证性调查研究，运用心理学相关研究范式及统计分析方法，对职前教师创造素质的特点进行实证调查，从而了解职前教师创造素质的现状及其影响因素，并结合调查结果以及相关理论，提出有利于培养职前教师创造素质的教育策略。

二、文献综述

1. 创造动机的相关研究

人的行为受到动机的驱动，创造性动机是指驱使个体产生创造性行为的动机，这种动力能够促使个体的创造力从潜在状态转化为现实状态。概言之，创造性动机是激发创造者从事创造活动的内部动力，它直接影响创造者对创造活动的期待、对创造结果的评价与体验，并进一步影响创造者的创造性发展和从事创造活动的积极性。[3]

与人类的其他动机一样，创造动机在创造活动中具有三种功能：一是激发功能，推动创造者产生创造活动；二是指向功能，促使创造者朝着既

---

[1] 燕良轼：《教师创新心理素质的约定》，《湖南师范大学社会科学学报》2002年第1期，第73-80页。
[2] 姚剑英：《陶行知创造教育思想与大学生创新素质培养研究》，《思想政治教育研究》2009年第5期，第119-122页。
[3] 俞文钊，刘建荣：《创新与创造力：开发与教育》，东北财经大学出版社2008年版，第127页。

定目标前进；三是维持和调节功能，创造者在创造活动中的坚持与否、作何调整，都受到创造动机的支配。

根据创造动机的来源，可以将创造动机分为内部动机和外部动机两种类型。创造的外部动机是指个人在外界要求、压力或激励下产生的创造动机。这些外部的影响因素通过个人内在的需要和价值判断之后，可能会对个人的创造行为产生推动作用。虽然大量研究发现，外部动机不利于创造性的产生，但另一方面，在某些情况下，外部动机对创造性有积极的促进作用。例如，告诉活动者在某种特殊任务中怎样获得成功和产生创造性，并且在创造性行为增加时给予奖励。创造的内部动机是指由个人内在需要引发的创造动机。内部动机以集中于工作本身的挑战性和愉悦性为标志。常见的内部创造动机有求知欲和好奇心、成就动机、喜爱挑战性、强烈的情感体验等。例如，当代物理学家玻恩曾经说过："我一开始就觉得搞科研工作是很大的乐事，直到今天仍旧是一种享受。"

要想在创造活动中取得理想效果，个人需要迸发创造性，创造动机的激发在当中显得非常重要，因为创造动机将对个人的创造行为起到极大的推动作用。如何激发创造者个人的创造动机呢？首先，应该重视激发和培养自己的工作兴趣，包括培养对所从事事业的兴趣，培养更为广泛的兴趣、保持健康的心态等等。其次，不要过多地关注外部评价[①]。研究结果发现，创造者不应过于关注外部评价，不要过于在乎创造性行为的最后结果给个人带来什么，因为那样的话容易产生从众心理，受到思维定势和行为定势的消极影响。

创造者的动机水平将影响创造者对创造活动的投入程度。根据动机强度理论，创造性动机能够预测个体的创造性成就。[②]职前教师的创造性动机不仅影响他们自身的创造力发展，而且对他们未来从事教师职业时的创造性教学活动有着积极的影响。

2. 创造能力的相关研究

从国内研究者对创造能力含义的界定来看，人们对创造能力的理解各不相同。研究者们对创造能力内涵的阐述基本上可以划分为以下三种观点。[③]

[①] 张庆林，曹贵康：《创造性心理学》，高等教育出版社2004年版，第60-62页。
[②] Silvia, P., Beaty, R., Nusbaum, E., Eddington, K., & Kwapil, T. Creative motivation: creative achievement predicts cardiac autonomic markers of effort during divergent thinking[J]. Biological Psychology, 2014 (5): 30.
[③] 王琪琪：《大学生创新素质现状特征及创新意识培养开发的探索性研究》，重庆大学硕士学位论文，2012年。

第一种观点以张宝臣、李燕、张鹏等为代表，认为创造能力是指个体运用一切已知信息，包括已有的知识和经验等，产生某种独特、新颖、有社会或个人价值的产品的能力。它包括创新意识、创新思维和创新技能三部分，核心是创新思维。

第二种观点以安江英、田慧云等为代表，认为创造能力表现为两个相互关联的部分，一部分是对已有知识的获取、改组和运用；另一部分是对新思想、新技术、新产品的研究与发明。

第三种观点从创造能力应具备的知识结构着手，以宋彬、庄寿强、彭宗祥、殷石龙等为代表，认为创造能力应具备的知识结构包括基础知识、专业知识、工具性知识或方法论知识以及综合性知识四类。

3. 创造人格的相关研究

创造性人格是一个颇具概括性的术语，它是美国心理学家 Guilford（1950）首次提出和使用的一个概念，指高创造性个体在创造性行为中表现出的那些品质类型，其中，创造性行为包括像发明、设计、策划、创作和计划等活动。只有那些表现出这些行为，而且达到一定程度的人才可以称为高创造力者。创造性人格指的是与个体创造性活动有关的个性倾向性（如需要、动机、兴趣、信念、理想等）、自我意识以及个性心理特征（如气质、性格、能力等）的总和。[1]创造性人格在个体创造性活动当中起着非常重要的作用[2]，有关研究已证实创造性人格与个体的创造力之间存在着密切关系[3]，因而创造性人格成为一个重要的研究课题[4]。

创造型教师是开展创新教育和开发儿童青少年创造力的关键要素之一，创造型教师的人格特征也成为培养未来创新型人才的重要影响因素[5]。从另一个角度来看，创造性人格也是教师能否成为创造型教师的关键标准

---

[1] 石国兴：《创造精神、创造性人格及其培养》，《河北师范大学学报（教育科学版）》2002 年第 3 期，第 72-75 页。

[2] 邹枝玲，施建农：《创造性人格的研究模式及其问题》，《北京工业大学学报（社会科学版）》2003 年第 2 期，第 93-96 页。

[3] 李西营，刘小先，申继亮：《青少年创造性人格和创造性的关系：来自中美比较的证据》，《心理学探新》2014 年第 2 期，第 186-192 页。

[4] 贾绪计，林崇德，李艳玲：《独立自我建构、创造性人格、创意自我效能感与创造力的关系》，《北京师范大学学报（社会科学版）》2016 年第 1 期，第 60-67 页。

[5] 黎兵，李大维：《创造型教师的人格特征及其培养》，《中小学教师培训》2004 年第 11 期，第 24-25 页。

之一。因此,在创造型教师的理论研究与培养实践当中,创造性人格受到研究者们足够的重视。

职前教师是基础教育师资的主要来源,他们的创造性人格不仅影响自身的创造力发展,而且将直接影响他们未来所执教的学生。了解职前教师创造性人格的特点及其影响因素,将有助于促进职前教师创造人格的培养。

第二节 研究方法

一、研究对象

本研究随机选取绵阳师范学院、西华师范大学、四川师范大学等多所高校的在校职前教师[①]进行调查,共发放调查问卷 750 份,回收有效问卷 692 份,有效回收率为 92.3%。被试年龄在 18~23 岁,其中大一学生 261 人,大二学生 271 人,大三学生 160 人。在被试性别方面,男生 127 人,女生 565 人。在专业类别上,理工科类 205 人,人文社科类 404 人,艺术体育类 83 人。

二、研究工具

本研究使用的职前教师创新素质调查问卷主要包含三个:创造动机分问卷、创造能力分问卷和创造人格分问卷(详见附录1)。

1.创造动机分问卷

创造动机分问卷采用的是西南大学心理学院李艾丽莎和张庆林修订的工作倾向问卷(WPI)。[②]该问卷被专门用于测量创造性动机,其理论依据是创造性动机的四维度结构模型,原版英文问卷是由 Amabile,Hill 和 Hennessey 于 1994 年编制。该问卷认为创造性动机包括 4 个维度,分别是愉悦感、挑战性、社会性和报酬。

[①] 广义的"职前教师"包含师范专业大学生和非师范专业大学生。本章的调查对象是在广义上使用"职前教师"这一概念,调查对象包括在师范院校学习的师范专业大学生和非师范专业大学生。

[②] 李艾丽莎、张庆林:《研究生创造性动机的研究》,《心理科学》2006 年第 4 期,第 857-860 页。

修订后的正式问卷由 26 个题项构成，其中第 1、6、10、12、18 题是反向记分题，正反配对题目是 2~13，6~22，12~15，14~25。问卷采用 Likert 四点记分方法，A 表示完全不符合，B 表示少数时候符合，C 表示多数时候符合，D 表示完全符合，从选项 A 到选项 D 依次记为 1、2、3、4 分。反向题的记分相反。各维度得分为本维度所有题项得分的平均分，中数为 2.15，分数越高表示在该维度上的创造性动机越强。修订后的问卷具有较好的内部一致性信度和重测信度，结构效度较佳。[①]

2. 创造能力分问卷

创造能力分问卷采用的是王琪琪编制的《大学生创造能力调查问卷》。该问卷采用 Likert 5 点量表的形式，从"很不符合"到"非常符合"，依次记 1~5 分。该问卷共包含 21 个题项。

该问卷包含三个维度，分别是创造思维能力、创造学习能力和创造实践能力。创造思维能力维度包含 9 个题项，反映的是创新思维方面的内容；创造学习能力维度包含 6 个题项，反映的是获取创新知识、主动吸收新知识等内容；创造实践能力维度包含 6 个题项，反映的是动手操作能力、与人交流、处理问题等内容。经验证性因素分析及内部一致性信度系数检验，该问卷具有较高的信度和效度。[②]

3. 创造人格分问卷

创造人格分问卷采用的是宋慧俐编制的《大学生创造性人格评定量表》。该量表采用人格特质词汇进行工具编制，总共包含 24 个题项。量表采用 Likert 5 点量表法，从"完全不符合"到"完全符合"，分别记 1~5 分。

该量表包含想象力、坚持性、洞察力和探索性等四个维度。其中，想象力维度反映的是大学生的想象能力以及创造能力；坚持性维度反映的是大学生持之以恒、坚持到底的特质；洞察力维度反映的是大学生的洞察力、判断力和推理能力；而探索性维度反映的则是是否善于探索、是否具有冒险精神。该量表具有良好的信度和效度，重测信度系数为 0.872，分半信

[①] 李艾丽莎：《重庆地区高校研究生创造性动机及其特征的初步研究》，西南师范大学硕士学位论文，2004 年。

[②] 王琪琪：《大学生创新素质现状特征及创新意识培养开发的探索性研究》，重庆大学硕士学位论文，2012 年。

度系数为 0.899，Cronbach's α 系数为 0.898；经检验，该量表的结构效度和效标关联效度较佳。[①]

此外，在调查问卷中还根据研究的需要设计了性别、年级以及专业类别等人口统计学变量。

三、研究过程与统计分析

在调查过程中，使用统一的指导语，由经过培训的心理学专业主试进行问卷调查。被试现场作答，问卷填写完毕之后被当场收回。调查问卷收回之后研究者剔除其中的无效问卷，其中回答不全或具有明显反应倾向性的问卷也被剔除。然后，将有效问卷的数据录入电脑，运用 SPSS 17.0 统计软件进行数据的统计处理与分析。

第三节 结果与分析

一、职前教师创造动机分析

1. 职前教师创造动机整体情况分析

首先，对职前教师创造动机及各维度进行描述性统计分析，数据处理的结果见表 4-1。从表 4-1 中可以看出，职前教师创造动机各维度中挑战性维度的平均得分最高（M = 2.512），报酬的离散型最高（SD = 0.508）。创造动机总问卷的得分居中（M = 2.341），离散型最小（SD = 0.231）。由于创造动机分问卷的中数为 2.15[②]，因此，从总体上来说，职前教师的创造动机处于中等偏上的水平。

表 4-1 职前教师创造动机的描述统计

	愉悦感	挑战性	社会性	报酬	创造动机
M	2.157	2.512	2.385	2.479	2.341
SD	0.371	0.353	0.334	0.508	0.231

[①] 宋慧俐：《大学生创造性人格结构的探讨及其评定量表的编制》，郑州大学硕士学位论文，2012 年。

[②] 李艾丽莎：《重庆地区高校研究生创造性动机及其特征的初步研究》，西南师范大学硕士学位论文，2004 年。

2. 职前教师创造动机差异分析

对调查数据进行创造性动机的差异显著性分析，考察职前教师创造性动机在性别、年级、专业类别上的差异，结果见表 4-2。

表 4-2　职前教师创造动机在性别、年级、专业类别方面的差异

	愉悦感	挑战性	社会性	报酬	创造动机
男	2.193±0.351	2.515±0.404	2.371±0.376	2.465±0.506	2.348±0.245
女	2.149±0.374	2.511±0.340	2.388±0.324	2.483±0.510	2.340±0.228
t	1.214	0.106	-0.46	-0.36	0.384
大一	2.115±0.381	2.523±0.373	2.421±0.335	2.469±0.517	2.340±0.237
大二	2.173±0.358	2.507±0.350	2.352±0.338	2.483±0.532	2.335±0.228
大三	2.197±0.370	2.503±0.325	2.382±0.318	2.490±0.453	2.354±0.228
F	2.827	0.207	2.861	0.099	0.332
多重比较	大三>大一*		大一>大二*		
理工科类	2.145±0.341	2.512±0.328	2.370±0.337	2.454±0.476	2.329±0.213
人文社科类	2.166±0.376	2.522±0.358	2.380±0.314	2.483±0.520	2.345±0.231
艺术体育类	2.139±0.415	2.465±0.384	2.443±0.410	2.526±0.531	2.352±0.271
F	0.342	0.881	1.515	0.621	0.442

注：*表示 $p<0.05$，**表示 $p<0.01$，***表示 $p<0.001$，下文同。

从表 4-2 可以看出，师范大学男生和女生在创造动机各维度及总问卷上的得分均未达到显著水平（$p>0.05$），即职前教师的创造动机在性别方面不存在差异。不同年级的职前教师在创造动机各维度及其总问卷上均不存在显著差异（$p>0.05$），进行事后多重比较发现，在愉悦感维度上，大三学生的分数显著高于大一的学生（$p<0.05$）；在社会性维度上，大一的学生显著高于大二的学生（$p<0.05$）。不同专业的职前教师在创造动机各维度及其总问卷上均不存在显著差异（$p>0.05$），进行事后多重比较发现，任意两个专业类别在创造动机各维度上均无显著差异。

二、职前教师创造能力分析

1. 职前教师创造能力整体情况分析

首先，对职前教师创造能力进行描述性统计分析，结果见表 4-3。统

计结果表明，在职前教师创造能力的各个维度中，创造学习能力得分相对较高（$M = 2.798$），创造思维能力得分相对较低（$M = 2.579$），离散型上创造能力总问卷最低（$SD = 0.547$）。由于创造能力分问卷采用的是 Likert 5 点量表的形式[①]，而职前教师创造能力各个维度及问卷总均分都低于3，因此，总体而言，职前教师的创造能力处于中等偏低的水平。

表 4-3 职前教师创造能力的描述统计

	创造思维能力	创造学习能力	创造实践能力	创造能力总均分
M	2.579	2.798	2.717	2.681
SD	0.6	0.645	0.678	0.547

2. 职前教师创造能力差异分析

对问卷调查数据进行差异性检验，以考察职前教师创造能力在性别、年级和专业类型上的差异，结果见表4-4。

表 4-4 职前教师创造能力在性别、年级、专业类别方面的差异

	创造思维能力	创造学习能力	创造实践能力	创造能力
男	2.546±0.581	2.668±0.656	2.607±0.650	2.598±0.520
女	2.586±0.604	2.828±0.639	2.741±0.683	2.700±0.552
t	−0.686	−2.525*	−2.026*	−1.889
大一	2.193±0.351	2.515±0.404	2.371±0.376	2.465±0.506
大二	2.149±0.374	2.511±0.340	2.388±0.324	2.483±0.510
大三	2.149±0.374	2.511±0.340	2.388±0.324	2.483±0.510
F	1.214	0.106	−0.46	−0.36
理工科类	2.560±0.572	2.808±0.616	2.678±0.631	2.664±0.496
人文社科类	2.594±0.595	2.825±0.641	2.780±0.680	2.713±0.553
艺术体育类	2.554±0.688	2.641±0.715	2.507±0.740	2.566±0.625
F	0.313	2.852	6.112*	2.649
多重比较		理工科类>艺术体育类*、人文社科类>艺术体育类	人文社科类>艺术体育类*	

---

① 王琪琪：《大学生创新素质现状特征及创新意识培养开发的探索性研究》，重庆大学硕士学位论文，2012年。

从表 4-4 可以看出，不同性别的职前教师在创造学习能力和创造实践能力上均存在显著差异（$p<0.05$），女生的分数均显著高于男生；而职前教师在创造思维能力方面并不存在性别差异。这表明，女生在日常学习、生活中更注重对自身创新学习和实践能力的培养，而在创造思维能力方面男女则相当。总而言之，职前教师当中女生的创造能力相对于男生更为突出。此外，数据分析的结果还表明，不同年级的职前教师在创造能力各维度及其总问卷上均不存在显著差异（$p>0.05$），进行事后多重比较发现，两两之间差异也不显著。

创造实践能力在专业类别上存在显著性差异（$p<0.01$），得分由高到低依次为人文社科类、理工科类、艺术体育类。两两比较后发现，理工科类和人文社科类职前教师的创造学习能力均显著高于艺术体育类学生（$p<0.05$）；在创造实践能力上，人文社科类专业职前教师显著高于艺术体育类专业学生（$p<0.001$）。

三、职前教师创造人格分析

1. 职前教师创造人格整体特点分析

为考察职前教师创造人格的整体特点，对调查数据进行描述性统计分析，结果见表 4-5。

表 4-5 职前教师创造人格的描述统计

	想象力	坚持性	洞察力	探索性	创造人格
M	2.771	2.771	2.751	2.582	2.735
SD	0.582	0.661	0.691	0.673	0.586

从表 4-5 可以看出，在创造人格的各个维度上，想象力和坚持性两个维度的平均分最高（$M=2.771$），而洞察力维度的平均分居中（$M=2.751$），探索性维度的平均分相对最低（$M=3.490$），创造人格分问卷的平均分为 2.735。由于五级计分的调查问卷的理论中值为 3，因此，职前教师创造人格各维度及问卷总均分都低于 3 的话，表明师范生创造人格在整体上处于中等偏低的水平。通过问卷调查数据的统计分析，我们可以说，当前职前教师创造人格主要表现为个性独特、持之以恒，但在积极发现、主动探索方面则较为欠缺。

2. 职前教师创造人格的差异检验

接下来，对调查数据进一步进行分析处理，以考察职前教师创造性人格在人口统计学变量上的差异，统计结果见表4-6。

表4-6 职前教师创造人格在性别、年级、专业类型方面的差异

	想象力	坚持性	洞察力	探索性	创造人格
男	2.642±0.602	2.659±0.673	2.601±0.684	2.466±0.710	2.609±0.587
女	2.801±0.574	2.796±0.656	2.784±0.689	2.608±0.662	2.764±0.583
t	-2.795^{**}	-2.119^{*}	-2.717^{**}	-2.151^{*}	-2.702^{**}
大一	2.702±0.595	2.716±0.678	2.686±0.731	2.510±0.661	2.671±0.609
大二	2.782±0.568	2.780±0.654	2.767±0.669	2.615±0.689	2.751±0.579
大三	2.865±0.575	2.846±0.639	2.828±0.658	2.643±0.659	2.815±0.552
F	4.009^{*}	1.947	2.236	2.473	3.156^{*}
多重比较	大三>大一**	大三>大一*	大三>大一*	大三>大一*	大三>大一*
理工科类	2.752±0.525	2.783±0.614	2.741±0.649	2.554±0.663	2.726±0.527
人文社科类	2.794±0.609	2.792±0.682	2.777±0.698	2.621±0.675	2.761±0.611
艺术体育类	2.708±0.587	2.639±0.661	2.647±0.756	2.461±0.676	2.634±0.597
F	0.906	1.896	1.25	2.207	1.657
多重比较				人文社科类>艺术体育类*	

（1）在性别差异方面，数据分析的结果表明，不同性别的职前教师在创造人格各维度及总问卷上均存在显著性差异（$p<0.05$），并且均表现为女生的得分显著高于男生。

（2）在年级差异方面，不同年级的职前教师在想象力及创造人格总问卷总分上差异显著（$p<0.05$），得分由高到低依次为大三、大二、大一。进行两两比较后发现，大三学生在创造人格各维度及其总问卷上的得分均显著高于大一学生。这可能与学生在大学学习生活中所积累的各方面经验有关。

（3）在专业类型差异方面，不同专业类型的职前教师在创造人格各维度及其总问卷上均不存在显著性差异（$p>0.05$），两两比较发现人文社科类专业在探索性这一维度上的得分显著高于艺术体育类（$p<0.05$）。

第四节 结论与建议

一、主要结论

创造素质是由多种心理因素构成的，具有复杂的结构。本研究认为创造素质主要包含创造动机、创造能力、创造人格三个方面。通过对692名职前教师的调查，统计分析的结果显示，当前职前教师的创造动机、创造能力和创造人格都处于中等水平或中等偏低的水平。从培养创造型教师的角度来说，职前教师的创造素质还有待提升。

在创造动机方面，职前教师在"挑战性"维度上平均分最高，说明职前教师在从事创造性活动时，最主要的动力是追求活动本身带来的刺激体验及对自我完善的满足感，即追求挑战的心理。不同性别、不同年级、不同专业类型的职前教师的创造动机水平并不存在显著性差异，这说明性别、年级、专业类型对职前教师的创造动机影响不大。

在创造能力方面，职前教师在创造学习能力和创造实践能力两个维度上存在显著的性别差异，女生的得分明显高于男生。这一结果与王琪琪[1]的研究结果（男大学生的创造能力高于女大学生）正好相反。这可能是由样本数量不一致所致，王琪琪的调查被试以普通大学生为主，而本研究的调查对象是职前教师。同时，不同专业类型的职前教师在创造实践能力上存在显著性差异，得分由高到低依次为人文社科类、理工科类、艺术体育类；在创造学习能力维度上，理工科类的学生得分也显著高于艺术体育类，其原因可能是理工科类大学生的课程设置中实践操作环节更多，更有助于创造能力的提升和培养。

在创造人格方面，职前教师的创造人格主要表现为想象力和坚持性的特点较为突出。聂衍刚和郑雪2005年的研究发现，男生和女生在创造性人格方面存在显著性差异。[2]本研究也得出了一致的结果，即职前教师在创造人格各维度及总问卷上均存在性别差异，女生得分显著高于男生，尤其是在想象力和洞察力两方面。这一结论说明师范专业女大学生心思细腻，

---

[1] 王琪琪：《大学生创新素质现状特征及创新意识培养开发的探索性研究》，重庆大学硕士学位论文，2012年。

[2] 聂衍刚，郑雪：《儿童青少年的创造性人格发展特点的研究》，《心理科学》2005年第28卷第2期，第356-361页。

更注重对周围环境、生活细节的观察，善于发现环境的改变，同时更具想象力，注重自身独特性。

二、主要建议

创造素质是个体在先天遗传素质的基础上，后天通过环境影响和教育获得的稳定的在创新创造活动中必备的基本心理品质与特征。可见，创造素质是可以通过教育、培养、训练而改变的。孙波和杨欣虎指出，要培养大学生的创造素质，应当构建大学生创造素养培养的评价体系。[1]本研究的调查结果表明，职前教师的创造素质整体上处于中等水平或中等偏低水平，其中创造动机相对较高，而创造能力、创造人格则处于较低水平。

在创造动机方面，挑战性在创造动机中的得分最高，因此学校在组织学生参加活动时，要针对当代职前教师的特点，选择一些具有一定的挑战性、冒险性的创造活动，鼓励职前教师去接受具有挑战性的任务，并使其产生相应的心理体验。

在创造能力方面，当前学生们在创造学习能力方面已表现得比较突出，应该多注重对职前教师创造思维能力、创造实践能力的提升。对此，师范院校应该多鼓励职前教师参与各类创新实践活动，承担各种创新实践项目，同时培养职前教师的自学能力，并加强创新实践教育，为职前教师创造更多实践锻炼的机会。罗晓路根据大学生创造力的特点，还提出了应该针对专业类型进行不同类型的创造性思维能力训练的观点。[2]蒋晓虹和卢永嘉认为，从广义上来说，创造能力的培养是创新人才、创新体制和创新文化三者有机结合的结果。[3]

在创造人格方面，创造人格与创造素质关系密切[4]，一直以来也都受到研究者的重视[5]。职前教师比较缺乏洞察力和探索性。因此，师范院校要

---

[1] 孙波，杨欣虎：《大学生创新素质培养的评价体系研究》，《中国青年研究》2007年第1期，第35-38页。
[2] 罗晓路：《大学生创造力特点的研究》，《心理科学》2006年第29卷第1期，第168-172页。
[3] 蒋晓虹，卢永嘉：《大学生创造能力的学理分析和培养要素》，《苏州大学学报（哲学社会科学版）》2009年第6期，第117-118页。
[4] 林悦，王玲：《大学生创新素质与人格特征的相关研究》，《中国健康心理学杂志》2010年第18卷第11期，第1367-1368页。
[5] 刘邦惠，张庆林，谢光辉：《创造型大学生人格特征的研究》，《西南师范大学学报（自然科学版）》1994年第5期，第18-22页。

注重对职前教师个性的培养,鼓励师范生自己成立社团、组织各类活动,激发学生自主创新的欲望。此外,师范院校还应该从高校教师入手,挖掘、发挥高校创造型教师在职前教师创造人格培养中人格示范的作用。①

总的来说,当前职前教师的创造素质处于中等水平或中等偏低水平,性别、年级、专业类型均对职前教师的创造素质具有不同程度的影响。同时,创造素质是可以培养的,职前教师的创造素质可以通过适当的教育策略而得到提升。

---

① 叶清:《大学生创造人格特征及其培养》,《教育学术月刊》2010年11期,第73-74、77页。

第五章
职前教师创造效能感的调查研究

从教师培养过程来看,职前教师的学习投入是提高教师培养质量的前提条件。增强职前教师学习投入的切入点在哪里?除了专业承诺,创造效能感究竟发挥了一种什么样的作用?在本章,我们通过调查研究发现,职前教师的创造效能感、专业承诺与学习投入在总体上均处于中等水平。职前教师的创造效能感、专业承诺与学习投入三种之间存在着两两正相关关系,专业承诺和创造效能感对学习投入有良好的正向预测的作用。创造效能感作为中介变量,在专业承诺与学习投入的关系中中介作用显著。

第一节 研究背景

一、引 言

近年来,随着高等教育发展重心转移,人们更加重视大学生的学习质量,怎样才能尽可能地提高大学生的学习品质已成为教育研究的重点。同时,近年发展起来的积极心理学,着重探讨影响学生学习的各种积极因素,以此作为教育改革、提升教育质量的基础。学习倦怠[①]是学生身上出现的一种较为严重的学习问题。它会使学生对学习产生消极的情感体验和行为模式,这也是近年来研究较多的学生问题之一。一般而言,学习投入被看作是学习倦怠的对立面,它是伴随着"工作投入"逐渐进入人们视野的,成为新的教育研究热点。学习投入是与学习倦怠相反的一种学习状态,学习投入在学生身上体现为一种积极、热情、完满的状态,使学生对学习有

---

① 段陆生,李永鑫:《大学生专业承诺、学习倦怠与学习投入的关系》,《中国健康心理学杂志》2008年第4期,第407-409页。

了更深一层的认识。学习投入能够使学生更好地认同学习，保持一种沉浸学习的状态。①

专业承诺是从专业认同中发展起来的，它更强调学生对所学专业的情感和行为的偏好，不仅是对专业的认同，而且还要喜爱所学专业，愿意在专业学习的过程中付出努力。在国外，研究者们更多关注的是职业承诺②，研究对象主要是事业单位、教师以及护士等人员，而很少有以大学生为研究对象的职业承诺研究。这或许与国家的教育政策有关，中国的大学里学生的专业选择无法像国外高校那样自由，限制条件比较多，对专业的选择要考虑父母的意愿、自己的兴趣、工作的前景等种种问题。所以中国大学生的专业承诺是一个很值得研究的问题，对提高大学生学习质量有很重要的现实意义。

班杜拉提出自我效能感这一概念之后，无数研究者围绕自我效能感展开了数不胜数的研究，从中也延伸出了创造效能感的概念③。创造效能感也被称为创意效能感。创造效能感主要与创造性、新颖性有关，它使人们对事物产生新的想法，并且在这个过程中获得愉悦的心理体验。创新是民族进步的灵魂，创新的民族必定是进步的民族。培养人们的创造效能感就是在培养人们的创新意识，让人们喜爱创新，乐于创新。创造效能感对个人创造力的积极影响已经得到了证实。④从积极心理学的内涵来看，创造效能感是积极的心理变量，对人们的行为能够起到促进作用。

职前教师是基础教育教师队伍强大的后备力量，为了适应未来教师职业的要求，提高其综合素质和培养质量，将是非常有价值的工作。在职前师范教育期间，职前教师必须以饱满的学习热情积极主动地学习专业知识，掌握专业技能，提高专业素质，全面发展和完善个性。这也是职前教师未来从事教育工作的专业精神和职业素养。⑤

基于以上分析，学习投入与大学生的学习、生活、健康成长等存在着

---

① 安晓镜，程诚，孙娇娇：《关于学生学习投入的研究综述》，《人力资源管理》2009年第5期，第210-212页。
② 凌文拴，张治灿，方俐洛：《中国职工组织承诺研究》，《中国社会科学》2001年第2期，第90-102页。
③ Bandura A. Self-efficacy: toward a unifying theory of behavioral change. Psychologist Review, 1977, 1(4): 139-161.
④ 陈玫锜：《组织创新气候、创意效能感与创新行为之——关系以服装产品开发人员为例》，辅仁大学硕士学位论文，2003年。
⑤ 刘里里：《免费师范生入学动机、学习自我效能感和专业承诺的现状及其关系研究》，西南大学硕士学位论文，2009年。

十分密切的关系。关注大学生的学习投入是教育过程中的重点。此外，职前教师对所学专业的热爱和积极奉献，有利于我国教育事业向更高水平发展。了解并开发大学生的创造性思维，也有利于学生学习品质的提高。因此，本研究旨在探讨专业承诺、创造效能感与学习投入的关系，并探讨专业承诺对学习投入的预测作用，这有助于了解职前教师学习的状况，而且从这两方面研究职前教师的学习现状，为以后学习策略或教学策略提供了前提条件，对正进行的教育改革和教育创新有良好的促进作用。

二、文献综述

1. 创造效能感的相关研究

与创造力研究相比，国内关于创造效能感的研究还基本处于起步阶段。班杜拉认为，自我效能感是具有情境与领域特定性的，也就是说个体在从事不同的学习活动或实践活动时，往往会产生不同的自我效能感。基于此，Tiernery 与 Farmer 于 2002 年在班杜拉自我效能感理论的基础上进行了进一步的拓展，提出了"创造效能感"这一概念。

创造效能感与创造力关系的研究近年来受到了越来越多学者的关注。Tierney 和 Farmer 早在 2002 年就已经对二者之间的关系进行了研究，并取得了显著的成就。2006 年，Beghetto 在研究学生的创造效能感时发现，具有较高创造效能感信念的学生往往比创造效能感信念低的学生对自己的能力有着更积极的信心，他们对学习的兴趣更高，也愿意更多地参加到各种实践活动中去，有着良好的人际沟通能力，对自己的未来充满信心。同时，国内研究者也在关注不同领域、不同群体创造效能感与创意的表现，陈玟锜 2003 年的一项研究就已发现，创造效能感较高的个体，其创新的水平也比较高。国内学者阳莉华于 2007 年对我国大学生创造效能感现状进行了调查，从创造效能感的敏感性、灵活性、独创性和流畅性四个角度对大学生效能感的水平进行了描述。[1]

在创造效能感的测量方面，国内外研究者针对不同的研究群体编制了相应的心理测量量表。在国内，我国台湾学者洪素苹和林珊如在 2004 年采用李克特式测量法编制了适合小学生的创造性自我效能感表。2008 年新加

---

[1] 阳莉华：《大学生创新自我效能感现状的调查》，《成都师范学院学报》2007 年第 5 期，第 9-10 页。

坡学者 Alan Hill 在班杜拉的自我效能感理论基础上,编制了高中生的创造效能感量表,该量表从能力效能,认知效能和任务效能三个角度考查学生创造效能感的表现。王艳芳在 Alan Hill 的基础上结合中国大学生的实际,修订出了符合中国大学生的创造效能感量表,该量表经过验证,有良好的信度和效度。[①]

2. 学习投入的相关研究

积极心理学是近年才发展起来的心理学研究热点,而在这之前,心理学界的研究者们往往更倾向于研究人类心理的消极面。而积极心理学让人们将视线转到了自身优点和积极的情绪状态上来。因此,随着学习倦怠研究的深入,越来越多的研究者开始去关注学习投入,并在这个领域开展了大量理论研究,此外还开展应用研究,探索提高人们学习投入水平的策略[②]。Maslach 等最先从工作投入与工作倦怠关系的角度来对工作投入进行了两极观的定义。[③]随后,Schaufeli 将工作投入定义为一种完满的状态,个体情绪饱满,耐性持久,有积极向上的行为动机。后来 Schaufeli 将有关工作投入的研究范围扩大,研究对象扩展到大学生。Schaufeli 认为,对大学生而言,学习投入是一种与学习相关的、积极、充实的精神状态,包括活力、奉献和专注三个维度。其中,活力维度是指学生在学习当中精力充沛,有韧性,对学习能达到废寝忘食的地步,有不撞南墙不回头的坚持;奉献维度是指学生有很强的使命感,能认识到自己的责任,并以此为荣,以饱满的学习热情,全身心地投入到学习中,勇敢地接受各种挑战;专注维度则是一种完全的投入,将所有的身心全投入到学习中,并乐在其中的状态。[④]在国内,张莹于 2005 年以大学生为对象的研究中,发现了学习投入同样的特点。[⑤]

Schaufeli 等人早期开发了"Utrecht 工作投入量表"(the Utrecht Work

[①] 王艳芳:《大学生认知风格、创意效能感与创造力的关系》,济南大学硕士学位论文,2012 年。

[②] 方来坛,时勘,张风华:《中文版学习投入量表的信效度研究》,《中国临床心理学杂志》2008 年第 6 期,第 618-620 页。

[③] Maslach C., Schaufeli W. B., Leiter M. P. & Utrecht U. Job burnout. Annual Review of Psychology, 2001, 52 (1): 397-422.

[④] Schaufeli W. B., Martinez I. M., Pinto A. M., Salanova M., Bakker A. B. Burnout and engagement in university students: A cross-national study. Journal of Cross-Cultural Psychology, 2002, 33 (5): 464-481.

[⑤] 张莹:《大学生的学业倦怠、学业投入及其影响因素》,北京大学硕士学位论文,2005 年。

Engagement Scale，UWES），该量表包括活力、奉献和专注三个分量表。这个量表很快便成了应用最广泛的工作投入测量工具。随后，Schaufeli 等在工作投入量表（UWES）的基础上，针对学生编制了学生学习投入量表（Utrecht Work Engage ment Scale-Student）。我国学者对 UWES-S 量表进行了修订，形成了中文版的大学生学习投入量表，并对学习投入的三因素模型进行了验证。①另一个学习投入的测量工具是美国"全国学生学习投入调查"（National Survey of student Engagement，NSSE），它是从学生投入各项有效学习活动的程度来体现和评估大学教学质量。NSSE 的测量工具是"大学生报告"，从学校的做法和要求、学生行为、学生对学校的满意度等三个方面来了解大学生在校学习期间参与项目和活动的情况②。

在学习投入的相关研究中，从个体内部因素出发开展的研究比较多，其中研究较多的是学习自我效能感。有研究表明，学习自我效能感在成就目标和学习投入上起到了中介作用。也就是说，如果一个学生有明确的目标，那么在各类学习活动中，他会表现得更为积极，喜欢挑战。在获得成功时，学生的学习自我效能感还会得到加强，在稍后的学习中会更加投入。即使遇到困境，他也不会轻易放弃，他会很快地调整自己的状态，对出现的问题进行反思，直到搞清楚、弄明白为止。③

学习自我效能感和学习价值观对学习投入同样具有重要的影响作用，高学习自我效能感和高学习价值观与学习投入呈正相关，即大学生学习自我价值观越高，他们对学习行为的认知和评价就越高，而高的学习自我效能感使得学生在学习行为上表现得更为积极主动，产生较高水平的学习投入。④大学生的应对效能是大学生在应对情景中的反应与表现，能影响人们的应对方式和预测应对心理的态度。学习投入和学习倦怠是两个相对的变量，因而应对效能在学习投入和学习倦怠上的影响是不一样的，应对效能高的学生有较高的自信，在应对情景中能有效判断情景，正确评估自己的

---

① 李西营，黄荣：《大学生学习投入量表（UWES-S）的修订报告》，《心理研究》2010 年第 1 期，第 84-88 页。
② Ewell P. T. The US National Survey of Student Engagement（NSSE）. Higher Education Dynamics, 2010, 30: 83-97.
③ 王学坚：《大学生成就目标定向、学业自我效能感与学习投入关系研究》，哈尔滨师范大学硕士学位论文，2011 年。
④ 廖友国：《大学生自我效能感对学习价值观与学习投入关系的调节作用》，《宁波大学学报（教育科学版）》2011 年第 5 期，第 50-54 页。

应对能力，具有较高的胜任力，因此应对效能对学习投入有正向预测作用。①

3. 专业承诺的相关研究

专业承诺是组织承诺和职业承诺衍生概念，都属于组织行为学概念，是随着积极心理学的发展才进入教育研究的。组织承诺（简称 OC）最早由美国社会学家贝克（Becker，H.S.）于 1960 年提出。他认为，组织承诺是指员工在组织中长时间的工作而随之产生的一种全身心投入组织工作的情感，也就是员工对组织有了归属感、认同感。但是当时贝克的观点并没有引起研究者们的重视。直到 20 世纪 70 年代，组织行为学家布坎南（Buchanan，B.，1974）、波特（Porter，L.W.，1976）等经过多项研究，重新对员工组织承诺进行了界定，认为"承诺"更多地表现为员工对组织的一种感情依赖。此后，更多的学者从不同的研究方面对组织承诺进行定义，观点不一，各有所长。②在国内外学者研究的基础上，我国心理学家凌文辁等人对组织承诺做如下概括，即组织承诺是员工对组织的一种态度，解释员工为什么要留在某企业，也是检验职工对企业忠诚程度的一种指标。它除了受契约法规的制约和工资福利等经济因素的影响外，还受到价值观念、道德规范、理想追求、感情因素及个人能力、兴趣和人格特点的影响，而且这些文化心理因素对员工的承诺行为起着决定作用。③

专业承诺由组织承诺发展而来，从组织承诺的定义可以看出，专业承诺指的是学生对所学专业的情感依赖和行为态度。专业学习是大学生学习的主要任务，也是在校期间的重要活动，对专业学习的承诺反映了大学生对所学专业的认同、喜爱、愿意付出的努力和良好的行为表现等积极的学习心理。④因此本研究中，我们将大学生的专业承诺定义为大学生认同、喜爱所学专业，并愿意在专业学习过程中付出努力的态度和意愿。⑤

加拿大学者梅约（Meyer，J.P.）与阿伦（Allen，N.J.）综合前人的研

---

① 张智，陈镇雄，乔粉，倪安琪：《大学生应对效能、学习倦怠与学习投入的关系》，《中国健康心理学杂志》2009 年第 17 卷第 3 期，第 282-284 页。
② 刘小平：《组织承诺研究综述》，《心理科学进展》1999 年第 17 卷第 4 期，第 31-37 页。
③ 凌文辁，张治灿，方俐洛：《中国职工组织承诺研究》，《中国社会科学》2001 年第 2 期，第 90-102 页。
④ 吴兰花，连榕：《当代大学生专业承诺与学习风格的研究》，《心理科学》2005 年第 28 卷第 4 期，第 872-876 页。
⑤ 连榕，杨丽娴，吴兰花：《大学生的专业承诺、学习倦怠的关系与量表编制》，《心理学报》2005 年第 37 卷第 5 期，第 632-636 页。

究成果，编制了专业承诺量表，另外，他们还提出了组织承诺的三因素理论模型，编制了有用的组织承诺测量工具。国内学者张勉等人对组织承诺三因素模型进行了验证。[①]连榕教授结合组织承诺三因素模型及中国大学生的特点，认为大学生专业承诺除了感情承诺、继续承诺和规范承诺外，还存在理想承诺。理想承诺是大学生所特有的，是对未来的憧憬和抱负。因此连榕教授编制了中国大学生专业承诺量表，此量表具有良好的信效度，是研究大学生专业承诺的首选工具。

目前，国内对专业承诺的研究主要有三个方向：一是对专业承诺本身结构维度的研究，二是对专业承诺现状的调查，三是涉及专业承诺的相关研究。这三个方面的研究在实际研究中有一定的交叉。

专业承诺结构维度的研究具有代表性的是福建师范大学连榕教授及其研究团队成员开展的研究工作，他们的研究发现，大学生专业承诺的心理结构包括四个方面：情感承诺、继续承诺、规范承诺和理想承诺。

现状研究主要涉及了大学生的专业承诺现状、影响因素等基本情况，其中填报高考志愿时的自主程度、填报的志愿与录取的符合程度、入学前对所学专业的了解程度这三个方面影响较大，这就要求高校针对这些采取相应措施，为提出有效教育政策或措施提供理论和实践依据。

研究较多的是专业承诺的相关研究，研究重点在于学生的专业发展、职业发展领域，但研究范围目前并不广泛，当前涉及较多的有学习风格、学习倦怠、职业生涯管理、就业压力、自我效能感等方面。[②]研究对象大多是大学生，显得过于笼统，而师范生由于其专业的特殊性，使得人们对师范生的专业要求更为严格，这不仅是对师范学生未来职业的挑战，而且也是对未来教育事业的负责和发展。

4. 专业承诺、创造效能感与学习投入关系的研究

Demerouti 等人 2001 年的研究表明，工作投入与正性工作情感、组织承诺均存在显著的正相关。[③]国内学者的研究结果显示，专业承诺与学习

[①] 张勉，张德，王颖：《企业雇员组织承诺三因素模型实证研究》，《南开管理评论》2002年第5卷第5期，第70-75页。
[②] 连榕，杨丽娴，吴兰花：《大学生专业承诺、学习倦怠的状况及其关系》，《心理科学》2006年第29卷第1期，第47-51页。
[③] Demerouti E., Bakker A. B., De Jonge J., Janseen P. P. M., & Schaufeli W. B. Burnout and engagement at work as a function of demands and control. Scandinavian Journal of Work Environment and Health, 2001, 27（4）: 279-286.

投入呈显著正相关,这与前人研究结果相吻合。在专业承诺中,情感承诺与规范承诺对学习投入的正向预测很明显,这就说明当代的大学生对专业学习有很高的期望,希望通过专业学习来实现自己的人生理想。以往的研究表明大学生的专业承诺状况不佳,学习的积极性和主动性不强。大学生专业承诺不强,相应的学习投入就不高,这不但浪费了国家教育资源,而且不利于大学生成才。因此,优化学科指导、提高专业教学水平、提升大学生学习质量就成为该领域研究的重点。

学习投入是学生对学业的基本要求,学生学业优秀除了外在环境因素和内在的智力因素之外,学习投入状况也是重要的影响因素。只有全身心地投入学习、想要学习、热爱学习,学习才能发挥最大的效果。而大学生由于其特殊性,大学学习是专业学习,因此对所学专业的热爱及愿意为之努力的程度,是衡量学习品质的重要指标。[①]大学是个体创造性思维发展的重要阶段,也是个体身心发展趋近真正成熟的阶段,个体在应对各种情景时能够灵活应变,在面对困难时也能够及时地调整心态。由此可见创造效能感可以帮助学生更加有效、有创造性、有毅力地选择应对方式。学习投入是大学生在校期间主要任务的重要影响因素,而创造效能感是一个积极的促进因素,能够帮助学生更有效地学习,更热爱学习。因此,专业承诺可以帮助大学生认清自己的职业定位和前进方向,而创造效能感则促使大学生更加优秀,有更高的起点。

三、研究述评

专业承诺和创造效能感都是从其他专业术语衍生而来的,因此这些概念所界定的范围相对而言有一定的限制。专业承诺更多出现在高校与企业组织的研究中,创造效能感则多出现在创造力领域的研究中。从意义与使用范围来看,它们都有着广泛的社会价值。职前教师是一个特殊的群体,他们在即将步入社会成为教师的同时也做着最后的知识与技能的储备,专业承诺和创造效能感是影响其准备品质的重要因素,对它们的进行研究有着重要的社会价值。

以往学习投入的研究在概念界定、测量工具、影响因素等方面取得

---

① 王艳芳:《大学生认知风格、创意效能感与创造力的关系》,济南大学硕士学位论文,2012年。

了一些有意义的成果，并初步证实了其对个体的学习绩效、学习态度等方面的正面影响，系统的实证研究也是最近几年才刚刚开始，目前的研究还存在一些问题，有待进一步地探讨和完善。[①]学习投入是学生学习的一种态度和状态，对职前教师的学习有非常重要的作用，它不仅影响着学生学习本身，还影响未来一代教师队伍的水平，有着重要的社会意义。

专业承诺、创造效能感和学习投入都与学生学习有关系，但从目前的研究文献来看，还没有见到三者之间关系的实证性研究。因此，本研究旨在探讨专业承诺、创造效能感和学习投入三者间的关系，并试图建立三者的关系模型。

四、研究构想

1. 研究价值

本研究的目的是通过调查职前教师专业承诺、创造效能感与学习投入的状况，了解职前教师在这三方面的特征，分析三者之间的关系，并尝试建立三者之间的关系模型，以便引起学校与大学生对学习投入的关注，为开展相关的实践活动提供理论支持。

从研究理论的价值方面来看，国内关于学习投入的研究还很少，本研究结合了国内外已有研究，提出了新的研究方向，为以后关于大学生学习投入的研究提供参考。从专业承诺和创造效能感两方面来分析与学习投入的关系，是研究大学生有效学习的新的切入点，为大学生学习策略的有效干预提供了实证依据和新的视角。学习投入作为大学生学习心理积极面的重要指标，能够反映学生积极健康的心理状态，有利于激发大学生乐观主义、抗逆力、意义感和创造力等积极的品质，从而有效地促进学生的成熟和发展，为其走向社会打下坚实的基础。

从现实价值方面来看，在当前深化高等教育教学改革的背景下，重视大学生的学习投入已成为重点。只有加大大学生的学习投入，才能真正有效地提高教育教学质量，而且要深化教育教学改革，就应以遵循大学生学习的内部规律为基础。职前教师由于受学习压力和社会压力的双重

---

① 罗亚莉，刘衍玲，刘云波：《大学生专业承诺现状的调查研究》，《高教探索》2008年第2期，第120-123页。

影响，在学习上很容易产生倦怠，从专业承诺和创造效能感两方面，可以分析不同学生学习投入的状况，对自己所学专业的态度影响着学生学习的积极性，从而产生不同的学习投入效果。而且创造效能感可以在一定程度上激发学生的学习热情，改进学习策略、坚定学习信念。因此本研究不仅给学生提供了学习的动力源泉，同样也重视创造性、探究性的教学方式和学习方式，对教育过程的良好运行和学生身心健康的发展都有重要的现实意义。

2. 研究假设

第一，人口统计学变量对学习投入、专业承诺、创造效能感有重要的影响，如性别、年级、居住地、专业类型等。专业承诺在性别、年级、专业类型上存在主效应。创造效能感在居住地、专业类型、年级上可能存在明显差异。

第二，专业承诺对学习投入有明显的预测作用，专业承诺高的学生其学习投入的水平也更高，其中的情感承诺对大学生的学习可能有明显的正向作用。

第三，创造效能感对学生的学习投入有积极促进作用，与学习投入成正相关关系。

第四，创造效能感在专业承诺与学习投入间起着中介作用，专业承诺可通过创造效能感影响学习投入。

第二节　研究方法

一、研究对象

本研究的被试选对象是四川省内多所师范院校的职前教师[①]，共发放了300份调查问卷，回收有效问卷279份，有效回收率达93%。被试的具体情况见表5-1。

[①] 广义的"职前教师"包含师范专业大学生和非师范专业大学生。本章的调查对象是在狭义上使用了"职前教师"这一概念，调查对象只包括在师范院校学习的师范专业的大学生。

表 5-1　被试人口学变量分布（$n=279$）

	基本情况	人数	百分比	合计
性别	男	68	24.40%	279
	女	211	75.60%	
年级	大一	63	22.60%	279
	大二	74	26.50%	
	大三	85	30.50%	
	大四	57	20.40%	
专业	文科	158	56.60%	279
	理科	63	22.60%	
	艺体	58	20.80%	
居住地	城市	71	25.40%	279
	乡镇	66	23.70%	
	农村	142	50.90%	
是否独生	是	119	42.70%	279
	否	160	57.30%	

二、研究工具

1. 创造效能感量表

采用《大学生创意效能感量表》作为创造效能感的测量工具。该量表是国内研究者根据新加坡学者 Alan Hill 编制的英文版《学生创意效能感量表》修订而成。《大学生创意效能感量表》符合我国大学生的特点，可以作为大学生创造效能感的测量工具。该量表总共包含 12 个题项，由能力效能、认知效能、任务效能三个维度组成。量表的计分采用 Likert 五点计分法，有"非常不符合""比较不符合""说不清楚""比较符合"和"非常符合"五个等级。《大学生创意效能感量表》的能力效能维度 α 系数为 0.535，认知效能维度的 α 系数为 0.617，任务效能维度的 α 系数为 0.778，总量表的 α 系数为 0.865，该量表的信度良好。

2. 专业承诺量表

采用连榕教授等人根据 Meyer 和 Allen 的《组织承诺量表》编制的《大学生专业承诺量表》，该量表符合中国大学生的特点，是研究专业承诺的常用工具。该量表一共包含 27 个题项，由情感承诺、理想承诺、规范承诺、继续承诺四个维度组成。量表采用 Likert 五点计分法,有"非常不符合""比较不符合""说不清楚""比较符合"和"非常符合"五个等级。《大学生专业承诺量表》的内部一致性信度系数 α 系数为 0.927,情感承诺、继续承诺、规范承诺、理想承诺维度的 α 系数分别为 0.843、0.676、0.821、0.791。同时,该量表具有较好的效度[①]。

3. 学习投入的量表

采用《大学生学习投入量表》作为学习投入的测量工具。该量表是李西营和黄荣基于 Schaufeli 等人开发的《学习投入量表 UWES-S》修订而成的[②],适合我国大学生使用。《大学生学习投入量表》一共有 17 个题项,采用了 Likert 五点计分法。该量表由活力、奉献、专注三个维度组成。活力、奉献、专注的内部一致性信度分别为 0.857、0.826、0.815,总量表的内部一致性信度为 0.919。信度分析表明了该量表在总体上有较好的稳定性和内部一致性。此外,该量表符合三维度分布,结构效度较好(本章调查工具详见附录 2)。

三、研究过程

1. 文献搜集与整理

查阅国内外有关专业承诺、创造效能感和学习投入的各类研究文献,以及专业承诺或创造效能感对学习投入产生影响的著作、论文等文献资料,并对搜集到的文献进行整理和分析,为研究奠定理论基础。

2. 问卷调查

采用《大学生专业承诺量表》《大学生创意效能感量表》《大学生学习投入量表》三个量表对研究对象进行问卷调查,获取数据材料。主要在绵阳、成都两个城市的师范院校进行问卷调查。

采用统一的指导语,问卷采取匿名方式,由此避免被试者由于顾虑而影响到答卷的客观性和真实性。

在请被试者正式填写问卷之前,简单明了地向被试者说明调查目的,并讲解答题方法。确定所有被试者都了解有关的要求之后,让被试者开始

---

① 连榕,杨丽娴,吴兰花:《大学生的专业承诺、学习倦怠的关系与量表编制》,《心理学报》2005 年第 37 卷第 5 期,第 632-636 页。
② 李西营,黄荣:《大学生学习投入量表(UWES-S)的修订报告》,《心理研究》2010 年第 1 期,第 84-88 页。

填写问卷。问卷填答完成后，由主试收回调查问卷。

3. 数据收集与统计分析

对所收集的调查问卷进行初步整理，对漏填、未填答完整、答题具有明显倾向性的问卷进行剔除，最终收回有效调查问卷 279 份。将调查所得到的数据录入 Excel 2003，并运用 SPSS 17.0 统计分析软件包进行数据的统计处理。

第三节 结果与分析

一、职前教师创造效能感、专业承诺和学习投入的描述性统计分析

首先，为了了解职前教师创造效能感、专业承诺和学习投入的特征，对调查数据进行描述性统计分析。结果显示：从整体上来看，职前教师创造效能感、专业承诺和学习投入的平均分分别为 41.943、88.821、54.860，都高于中等水平；各维度的平均水平也都处于中等水平。这说明职前教师的创造效能感、专业承诺和学习投入都不是很高（见表 5-2）。

表 5-2 职前教师专业承诺、创造效能感及学习投入各个维度的描述统计

	最小值	最大值	平均数	标准差
能力效能	4	20	13.652	2.707
认知效能	4	20	13.756	2.514
任务效能	4	20	14.534	2.79
创造效能感	12	60	41.943	6.697
情感承诺	12	43	29.470	5.419
理想承诺	7	35	22.280	4.812
规范承诺	5	25	18.835	3.783
继续承诺	7	27	18.237	3.332
专业承诺	31	115	88.821	14.641
活力维度	6	30	18.566	4.305
奉献维度	5	25	17.416	3.67
专注维度	6	30	18.878	4.829
学习投入	17	85	54.860	11.32

二、职前教师专业承诺、创造效能感和学习投入方面的差异分析

1. 职前教师创造效能感、专业承诺和学习投入在性别上的差异检验

为进一步了解职前教师创造效能感、专业承诺和学习投入在性别上是否存在差异，以性别为自变量，专业承诺、创造效能感和学习投入总分及其各维度为因变量作独立样本 T 检验，结果见表 5-3。

表 5-3　职前教师专业承诺、创造效能感和学习投入在性别上的差异

项目	性别	M	SD	T	p
创造效能感	男	43.18	8.155	1.518	0.133
	女	41.55	6.124		
能力效能	男	14.57	3.014	3.283**	0.010
	女	13.36	2.538		
认知效能	男	14.10	2.829	1.309	0.192
	女	13.64	2.401		
任务效能	男	14.50	3.317	-1.116	0.908
	女	14.55	2.606		
专业承诺	男	88.28	17.720	-0.306	0.761
	女	89.00	13.544		
情感承诺	男	29.53	5.929	0.105	0.917
	女	29.45	5.259		
理想承诺	男	22.51	5.934	0.398	0.691
	女	22.2	4.404		
规范承诺	男	18.22	4.350	-1.544	0.124
	女	19.03	3.570		
继续承诺	男	18.01	4.028	-0.631	0.529
	女	18.31	3.082		
学习投入	男	55.25	12.08	0.223	0.745
	女	54.73	11.092		
活力维度	男	18.99	4.331	0.923	0.357
	女	18.43	4.298		
奉献维度	男	17.78	3.996	0.939	0.348
	女	17.3	3.560		
专注维度	男	18.49	5.535	0.771	0.442
	女	19	4.586		

注：*表示 $p<0.05$，**表示 $p<0.01$，***表示 $p<0.001$，下文同。

由表 5-3 可以看出，职前教师创造效能感、专业承诺和学习投入总分在性别上均无显著差异。在各个维度上，只有能力效能维度存在极为大的差异，男生显著高于女生；而在其他维度上，均无显著性差异。

2. 职前教师创造效能感、专业承诺和学习投入在年级上的差异检验

对职前教师创造效能感、专业承诺和学习投入在年级上是否存在差异进行差异检验，以年级为自变量，专业承诺、创造效能感和学习投入总分及其各维度得分为因变量作单因素方差分析，结果见表 5-4。

表 5-4 职前教师专业承诺、创造效能感和学习投入在年级的差异

	年级	M	SD	F	p
专业承诺	大一	90.03	15.817	1.525	0.208
	大二	91.20	14.501		
	大三	86.79	14.290		
	大四	87.42	13.757		
情感承诺	大一	30.03	5.594	3.339	0.120
	大二	30.64	5.802		
	大三	28.07	5.329		
	大四	29.42	4.420		
理想承诺	大一	22.68	5.105	0.993	0.397
	大二	22.85	4.799		
	大三	21.91	4.350		
	大四	21.65	5.143		
规范承诺	大一	19.16	4.240	1.816	0.144
	大二	19.42	3.331		
	大三	18.67	3.856		
	大四	17.96	3.605		
继续承诺	大一	18.16	3.163	0.080	0.971
	大二	18.30	3.338		
	大三	18.14	3.091		
	大四	18.39	3.890		

续表

	年级	*M*	*SD*	*F*	*p*
创造效能感	大一	41.33	7.462	1.550	0.202
	大二	41.62	6.808		
	大三	41.54	5.997		
	大四	43.63	6.554		
能力效能	大一	13.51	2.923	1.835	0.141
	大二	13.35	2.619		
	大三	13.53	2.702		
	大四	14.39	2.513		
认知效能	大一	13.32	2.481	1.709	0.165
	大二	13.92	2.708		
	大三	13.59	2.295		
	大四	14.28	2.555		
任务效能	大一	14.51	3.207	0.603	0.614
	大二	14.35	2.821		
	大三	14.42	2.382		
	大四	14.96	2.847		
学习投入	大一	55.49	11.939	1.457	0.227
	大二	55.51	12.644		
	大三	52.79	10.134		
	大四	56.40	10.294		
活力维度	大一	18.68	4.215	1.739	0.159
	大二	18.38	5.128		
	大三	17.95	3.801		
	大四	19.60	3.831		
奉献维度	大一	17.52	4.299	1.520	0.210
	大二	17.69	3.756		
	大三	16.74	3.256		
	大四	17.95	3.319		

续表

	年级	M	SD	F	p
专注维度	大一	19.29	4.524	1.241	0.295
	大二	19.45	5.094		
	大三	18.09	4.500		
	大四	18.86	5.232		

从表 5-4 中可以看出，职前教师创造效能感、专业承诺和学习投入总分在年级上无显著差异。各个维度在年级上也没有显著性差异。

3. 职前教师创造效能感、专业承诺和学习投入在专业上的差异

对职前教师创造效能感、专业承诺和学习投入在专业上是否存在差异进行差异检验，以专业为自变量，以创造效能感、专业承诺和学习投入总分及其各维度为因变量作单因素方差分析，结果见表 5-5。

表 5-5 职前教师专业承诺、创造效能感和学习投入在专业上的差异

项目	专业	M	SD	F	p
专业承诺	文科	88.45	14.223	0.553	0.576
	理科	88.11	15.401		
	艺体	90.60	15.034		
情感承诺	文科	29.48	5.212	1.026	0.360
	理科	28.78	5.687		
	艺体	30.19	5.671		
理想承诺	文科	22.02	4.733	1.226	0.295
	理科	22.13	4.801		
	艺体	23.16	5.015		
规范承诺	文科	18.72	3.824	0.220	0.802
	理科	19.10	3.979		
	艺体	18.86	3.492		
继续承诺	文科	18.23	3.150	0.111	0.895
	理科	18.11	3.566		
	艺体	18.40	3.598		

续表

项目	专业	M	SD	F	p
创造效能感	文科	41.89	6.430	0.345	0.709
	理科	41.54	7.725		
	艺体	42.53	6.278		
能力效能	文科	13.57	2.648	2.209	0.112
	理科	13.29	2.837		
	艺体	14.28	2.668		
认知效能	文科	13.65	2.452	0.411	0.664
	理科	13.83	2.667		
	艺体	13.98	2.537		
任务效能	文科	14.67	2.592	0.482	0.618
	理科	14.43	3.453		
	艺体	14.28	2.519		
学习投入	文科	54.60	10.777	0.338	0.713
	理科	54.51	11.552		
	艺体	55.95	12.587		
活力维度	文科	18.48	4.180	0.571	0.565
	理科	18.30	4.237		
	艺体	19.09	4.729		
奉献维度	文科	17.43	3.355	0.151	0.860
	理科	17.22	3.924		
	艺体	17.59	4.226		
专注维度	文科	18.69	4.808	0.330	0.719
	理科	18.98	4.702		
	艺体	19.28	5.074		

从表5-5中可以看出，职前教师创造效能感、专业承诺和学习投入总分在专业类型上无显著差异。各个维度在专业类型上也没有显著性差异。

4. 职前教师创造效能感、专业承诺和学习投入在居住地的差异

对职前教师创造效能感、专业承诺和学习投入在居住地上是否存在差

异进行差异检验,以居住地为自变量,创造效能感、专业承诺和学习投入总分及其各个维度为因变量作单因素方差分析,结果见表 5-6。

表 5-6 职前教师专业承诺、创造效能感和学习投入在居住地的差异

项目	居住地	M	SD	F	p
专业承诺	城市	88.80	15.806	0.562	1.102
	乡镇	88.83	15.586		
	农村	88.82	13.661		
情感承诺	城市	29.27	5.747	0.067	0.936
	乡镇	29.52	5.647		
	农村	29.55	5.174		
理想承诺	城市	22.75	5.101	0.447	0.640
	乡镇	22.14	4.762		
	农村	22.11	4.704		
规范承诺	城市	19.06	3.953	0.339	0.713
	乡镇	18.53	3.840		
	农村	18.87	3.687		
继续承诺	城市	17.73	3.476	1.350	0.261
	乡镇	18.65	3.265		
	农村	18.30	3.281		
创造效能感	城市	42.34	7.065	0.257	0.774
	乡镇	41.52	7.095		
	农村	41.94	6.347		
能力效能	城市	14.06	2.823	2.361	0.096
	乡镇	13.95	2.575		
	农村	13.31	2.682		
认知效能	城市	13.59	2.718	1.271	0.282
	乡镇	13.44	2.500		
	农村	13.99	2.409		

续表

项目	居住地	M	SD	F	p
任务效能	城市	14.69	2.718	0.952	0.387
	乡镇	14.12	3.061		
	农村	14.65	2.693		
学习投入	城市	53.55	13.598	0.764	0.467
	乡镇	54.73	11.574		
	农村	55.58	9.885		
活力维度	城市	17.76	4.848	1.731	0.179
	乡镇	18.70	4.475		
	农村	18.91	3.897		
奉献维度	城市	16.99	4.515	1.456	0.235
	乡镇	17.09	3.585		
	农村	17.78	3.198		
专注维度	城市	18.80	5.445	0.014	0.986
	乡镇	18.94	4.758		
	农村	18.89	4.563		

从表 5-6 中可以看出，职前教师创造效能感、专业承诺和学习投入总分以及各个维度得分都是城市得分最高，城镇次之，农村最低，但是，差异检验的结果表明，在居住地上均无显著性差异。

5. 职前教师创造效能感、专业承诺和学习投入在是否独生上的差异

为了解职前教师创造效能感、专业承诺和学习投入在独生上是否存在差异，以是否是独生子女为自变量，创造效能感、专业承诺和学习投入总分及其各维度为因变量作独立样本 T 检验，结果见表 5-7。

表 5-7 职前教师专业承诺、创造效能感和学习投入在是否独生上的差异

项目	是否独生	M	SD	t	p
专业承诺	是	90.83	15.279	1.997*	0.047
	否	87.31	13.999		

续表

项目	是否独生	M	SD	t	p
情感承诺	是	30.13	5.519	1.762	0.079
	否	28.97	5.306		
理想承诺	是	23.07	5.216	2.338*	0.020
	否	21.69	4.407		
规范承诺	是	18.98	3.762	0.568	0.571
	否	18.72	3.807		
继续承诺	是	18.65	3.357	1.808	0.072
	否	17.92	3.289		
创造效能感	是	42.33	6.732	0.828	0.408
	否	41.65	6.678		
能力效能	是	14.07	2.643	2.237*	0.026
	否	13.34	2.721		
认知效能	是	13.73	2.628	−0.180	0.857
	否	13.78	2.433		
任务效能	是	14.53	2.852	−0.004	0.997
	否	14.53	2.751		
学习投入	是	54.47	12.736	−0.504	0.615
	否	55.16	10.154		
活力维度	是	18.42	4.874	−0.504	0.615
	否	18.68	3.832		
奉献维度	是	17.33	4.036	−0.325	0.745
	否	17.48	3.379		
专注维度	是	18.72	5.319	−0.484	0.628
	否	19.00	4.438		

由表 5-7 可以看出，职前教师专业承诺总分在是否独生上差异显著，独生子女的职前教师专业承诺问卷总均分显著高于非独生子女的职前教师；创造效能感与学习投入总均分在是否独生上不存在显著差异。进一步分析专业承诺、创造效能感与学习投入各个维度可以得知，理想承诺和能

力效能在是否独生上有显著差异,并且均为独生子女的职前教师显著高于非独生子女职前教师。

三、职前教师创造效能感、专业承诺、学习投入关系的研究

1. 职前教师创造效能感、专业承诺、学习投入的相关研究

将职前教师创造效能感、专业承诺、学习投入进行 Pearson 相关检验,分析专业承诺与创造效能感、专业承诺与学习投入以及创造效能感与学习投入的相关情况,得到的相关系数如表 5-8 所示。

表 5-8 职前教师专业承诺、创造效能感、学习投入相关分析矩阵表

	专业承诺	创造效能感	学习投入
专业承诺	1		
创造效能感	0.584**	1	
学习投入	0.669**	0.696**	1

由表 5-8 可以看出,专业承诺与创造效能感的相关系数为 0.584($P<0.01$),达到了极为显著的水平;专业承诺与学习投入的相关系数为 0.669($P<0.01$),达到了极为显著的水平;创造效能感与学习投入相关系数为 0.696($P<0.01$),也达到了极为显著的水平。这三者之间两两都成显著正相关,说明三者之间的确存在正向预测作用。进一步对专业承诺、创造效能感与学习投入的各个维度进行相关分析,见表 5-9。

表 5-9 职前教师专业承诺、创造效能感与学习投入各个维度的相关矩阵

	情感承诺	理想承诺	规范承诺	继续承诺	能力效能	认知效能	任务效能	活力维度	奉献维度	专注维度
情感承诺	1									
理想承诺	0.73**	1								
规范承诺	0.64**	0.58**	1							
继续承诺	0.57**	0.62**	0.42**	1						

续表

	情感承诺	理想承诺	规范承诺	继续承诺	能力效能	认知效能	任务效能	活力维度	奉献维度	专注维度
能力效能	0.48**	0.44**	0.30**	0.31**	1					
认知效能	0.45**	0.36**	0.40**	0.31**	0.51**	1				
任务效能	0.56**	0.40**	0.47**	0.32**	0.56**	0.57**	1			
活力维度	0.58**	0.51**	0.38**	0.44**	0.55**	0.50**	0.56**	1		
奉献维度	0.60**	0.54**	0.47**	0.36**	0.57**	0.55**	0.66**	0.69**	1	
专注维度	0.55**	0.53**	0.45**	0.44**	0.39**	0.45**	0.46**	0.68**	0.64**	1

从表 5-9 中可以看出，创造效能感、专业承诺和学习投入的各个维度之间都存在着极为显著的相关关系，而且都是正相关。

2. 职前教师专业承诺、创造效能感对学习投入的回归分析

通过回归分析，可以进一步探讨职前教师专业承诺、创造效能感对学习投入的影响。以专业承诺和创造效能感为自变量，学习投入为因变量进行回归分析，得出的结果如表 5-10 所示。

表 5-10　以学习投入为因变量的回归分析表

	相关系数 R	决定系数 R^2	增加解释量 R^2	回归系数 β	F	p
创造效能感	0.696	0.485	0.483	0.463	9.748***	0.000
专业承诺	0.767	0.589	0.586	0.398	8.375***	0.000

由表 5-10 可知，以逐步进入的方式进行回归分析，创造效能感、专业承诺与创造效能感在预测学习投入时都是显著变量，表明创造效能感和专业承诺均进入回归方程。并且，多元相关系为 0.767；创造效能感对学习投入的解释量为 48.3%，专业承诺对学习投入的解释量为 58.6%，两个变量的联合预测力为 58.9%，说明两个变量对学习投入的预测力都非常好。

从回归方差分析对回归方程的检验结果来看，F 值达到了极显著的水

平（$p<0.001$），说明回归方程是有意义的。回归系数显著性检验 T 检验表明，两个变量对学习投入都起着显著的正向预测作用，由此可得出回归方程：学习投入 = 0.463×创造效能感 + 0.398×专业承诺。

3. 职前教师专业承诺、创造效能感、学习投入的路径分析

由上述相关分析和回归分析的结果中可以看出，职前教师专业承诺、创造效能感与学习投入三个变量之间存在着显著的正相关，且以学习投入为因变量，专业承诺和创造效能感为自变量，得到的回归方程中回归系数均达到了显著的水平，但是每个变量发挥作用的机制是不一样的，本研究将借助于结构方程来进一步明确三个变量之间的关系。

温忠麟、侯杰泰等人在《调价效应与中介效应的比较与应用》一文中指出，在考虑自变量 X 与因变量 Y 的关系时，当 X 通过影响 M 来影响 Y 时，称 M 为中介变量。[①] 为了检测创造效能感在专业承诺和学习投入之间起的中介作用，根据以上的相关分析以及中介效应检验程序，以学习投入为因变量，专业承诺为自变量，以创造效能感为中介变量进行中介效益检验。采用同时回归的方法对三个变量进行三个方程的回归分析。

第一个回归方程考察专业承诺对学习投入的预测作用；第二个回归方程考察专业承诺对创造效能感的预测作用；第三个回归方程考察专业承诺与创造效能感对学习投入的预测作用。为了确定创造效能感的中介作用，三个方程必须满足以下几个条件：①第一个方程中专业承诺必须影响学习投入；②第二个方程中专业承诺必须影响创造效能感；③第三个方程中专业承诺与创造效能感必须影响学习投入。

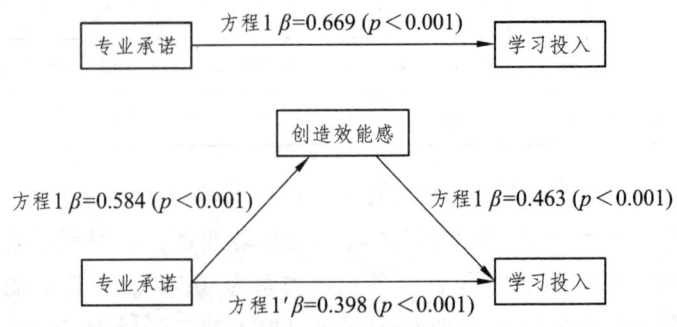

图 5-1 创造效能感作为专业承诺与学习投入的中介模型检验

---

① 温忠麟，侯杰泰，张雷：《调节效应与中介效应的比较和应用》，《心理学报》2005年第 37 卷第 2 期，第 268-274 页。

由图 5-1 可知，从路径系数上看，所有路径系数在 0.001 水平上都显著，这说明中介变量的中介效应显著。在加入创造效能感变量后，专业承诺对学习投入的标准化回归系数 β 由 0.669 降为 0.398，但仍达到显著性水平，说明中介效应显著。因此，可以认为，创造效能感是专业承诺对学习投入的一个中介变量，中介效应大小为：$0.584 \times 0.463 = 0.2704$。

第四节 结论与反思

一、职前教师在创造效能感、专业承诺与学习投入方面的差异分析

1. 创造效能感的情况

本研究发现，创造效能感在性别差异上总体并不显著，这与传统观点认为男生的创造效能感应该明显高于女生是不符的。其中的原因，可能与当今社会的环境有关。如今社会提倡男女平等，男女在社会、经济、政治上拥有相同的机会和权利。而且随着独生子女的增多，父母在女儿身上倾注了不下于儿子的期望，使得女孩子越来越自强。本研究的对象是大学生，同样是受过高等教育的学生，其智力水平相当，在某些方面缩小了男女性别的差异，因此创造效能感在性别上不显著也能理解，至于能力效能在性别上差异显著，这可能与男女天生存在的性别差异有关。

在年级上创造效能感并不存在显著差异，其中大四的平均分得分最高，大一次之，大三最低。大一新生刚刚经历了高考的洗礼，进入大学，对新的学习和生活环境满怀憧憬，往往会存在着一种盲目的乐观和自信，此时的效能感水平高也是可以理解的，这时的大一新生应该多参加一些社团活动和社会实践，通过对榜样的观察以及亲身经历等来增加对自身的了解，掌握社会发展的脉搏，寻找适合自己的发展道路；在大二、大三经历了一些挫折和碰壁之后，大学生们逐渐认识到了自己的缺点和不足，激情逐渐消退，从大二开始效能感水平开始下降，而到大三则面临着未来发展道路的选择，焦虑越来越显著，年轻人对自己的未来感到迷茫、困惑，此时效能感水平最低也是情有可原的。而大四，在经历三年的磨砺后，通过自我反思、借鉴他人经验等，明确了自己以后的发展方向，自我效能感水平在理想与现实的平衡中逐渐上升。在考研或找工作的道路上并不会是一帆风

顺的，同学们要做好充分的准备，积极地迎接挑战。

创造效能感在专业上并不显著，平均得分上理科得分最高，艺体次之，文科最低。由于我国的教育体制，从高中开始文理分科，文科生善于在错综复杂的环境中凭借直觉和感性认识把握事物本质，而理科生则擅长动手实践，他们对自身的实践能力常常充满自信。而艺体生兼具文理的特点，将感性与理性相结合，因此创造效能感得分排第二也能理解。

在居住地上和是否独生上，创造效能感与专业承诺的情况是一样的，都与环境有很大关系。这与其他研究结果基本吻合。

2. 专业承诺的情况

本研究表明，职前教师的专业承诺总分在性别、年级、专业、居住地上并不存在显著差异，在是否独生上存在显著差异，从专业承诺的维度上分析，理想承诺在是否独生上存在差异显著，其他各个维度在人口统计变量上不存在差异显著。根据以往的研究，大学生专业承诺在性别上存在显著差异，男生得分明显高于女生。这与本研究的结果基本吻合。这种差异可能与传统的性别观念及男女两性对自身的社会角色扮演意识有关，一般来说，社会对男性提出了更高的要求并寄予了更高的期望，这种角色观念在个体成长中逐渐被内化，因而男大学生专业承诺水平显著高于女大学生[①]。

在年级上专业承诺并没有显著差异，专业承诺上的平均分大一学生最高，大二次之，大三学生最低。可以是因为刚进入大学校园的大一新生，将大学视为其人生历程中的一个崭新开端，对大学生活充满信心。同时，学校对新生专业的思想教育颇为重视，往往进行了各种不同形式的专业思想教育。大三的学生经过几年的大学生活，产生了厌倦感的同时学校也放松了对他们的专业思想教育。到了大四，因为面对着毕业和就业的压力，使得学生想在毕业前狠抓专业。

在专业上专业承诺并不存在显著差异，在平均分上艺体学生最高，理科学生次之，而文科学生最低。这可能与不同专业类别的专业性高低有关，艺体学生的专业学习直接与之将从事的职业相联系，实践操作性较强，职业专业性较高，而文科大学生的专业学习，其职业专业性则低得多，更多偏重的是理论上的东西。

---

① 谭雪晴：《师范院校大学生专业承诺及学习倦怠影响》，《中国公共卫生》2009年第9期，第1055-1056页。

专业承诺在居住地上并没有显著差异,与创造效能感和学习投入一样在平均分上都是城市得分最高,城镇次之,农村最低。我们认为这与学生从小生活的学习环境有关,城市里的可利用资源远丰富于城镇和农村,这使得城市里的学生更能清晰地认识到自己想要的是什么,目的更为明确,而农村的学生更多的是考虑考上好大学,选个好专业,更注重结果。

专业承诺在是否独生上有显著差异,独生子女的得分明显高于非独生子女。独生子女得到的社会支持如家庭、朋友,远多于非独生子女,这与众多的研究结果是一致的。

3. 学习投入的情况

在学习投入方面,不存在显著的性别和年级主效应。大学生学习投入是否有性别主效应和年级主效应,以往研究结果存在着不一致。在性别方面,多数研究认为女生的学习投入水平高于男生,但也有研究者发现在学习投入总分上,并不存在显著的性别差异。

在年级方面,大二最高,大一次之,大三最低,但也有研究表明大一最高,大四次之,大三最低。出现这种差异,有可能是被试选取不同导致的,也可能是由于研究者所使用的学习投入测量工具不同引起的。

在专业类别方面,艺体学生在学习投入上明显高于文理科的学生,这可能与所学专业有关,文理科的学生学习有特殊的规律,艺体学生除了理论的学习,还需要技能的练习,比如练琴、唱歌、练舞等,这都是需要投入很多精力的。由此看来,艺体生学习投入水平更高些也是可以理解的。

在居住地和是否独生上面,学习投入与专业承诺和创造效能感结果显示一致,解释原因可以从环境和社会支持入手。

二、职前教师创造效能感、专业承诺与学习投入相关分析

本研究通过对职前教师专业承诺、创造效能感和学习投入做相关分析表明这三者之间两两成正相关,专业承诺和创造效能感对学习投入都有显著的正向预测作用,而且通过对学习投入、专业承诺和创造效能感的各个维度进行相关分析,结果都是正相关,各个维度对学习投入都有良好的促进作用,表明专业承诺和创造效能感都是影响学习投入的重要因素。

在学习投入的相关研究中,积极因素往往会对学习投入产生正向作用,这与本研究的结果是相符的。职前教师肩负着教育下一代的重大责任,因

此大学生自身的知识和技能水平严重影响着下一代教育质量的问题。众多研究表明，当前大学生的学习投入水平明显不高，这与当今社会的现实离不开，很多大学生毕业后并非从事专业对口的工作，这就放松了大学生对自身专业的要求。但师范专业不同，从事教师行业成为师范专业学生百分之九十的选择，这不仅要求学生认可所学专业，学好本专业，还要求学生将教师职业作为自己的信仰，践行教师教书育人的职责。因此社会对师范专业学生的要求格外严格，如何促进师范专业学生的学习也就成了最重要的问题。

三、职前教师创造效能感、专业承诺对学习投入的回归分析

为进一步考察专业承诺、创造效能感与学习投入三者之间的关系，以专业承诺和创造效能感作为学习投入的预测校标变量，以逐步方式进行回归分析。结果表明创造效能感先进入回归方程，这说明创造效能感对学习投入的影响最大。专业承诺随后进入回归方程，说明专业承诺和创造效能感在预测学习投入时都是显著变量，都有良好的预测力。而回归系数显著性检验 T 检验表明，专业承诺和创造效能感都可以正向预测学习投入。这与前人的研究结果是一致的。本研究还发现，专业承诺和创造效能感的联合预测力也达到了较好的水平。对回归方程的检验结果表明回归方程是有意义的。

四、职前教师创造效能感、专业承诺与学习投入的路径分析

从专业承诺、创造效能感影响学习投入的中介关系模型可以看出，所有的路径系数都在 0.001 水平上显著，说明专业承诺和创造效能感都是学习投入显著的预测变量，创造效能感作为中介变量其效果也很显著。这主要体现在：一方面，专业承诺可以直接预测学习投入；另一方面，专业承诺还可以通过创造效能感间接影响学习投入。

综合以上结果，职前教师专业承诺、创造效能感和学习投入三者之间存在显著的正相关，对学习投入有良好的预测作用。这就表明若想提高师范专业学生学习投入的状况和学习质量，专业承诺和创造效能感是两个很好的切入点。同时，创造效能感在专业承诺和学习投入之间起着中介作用，这一方面是说在以后的学习投入研究中，可以通过创造效能感的中介作用

来探讨，另一方面指出要加强职前教师的创新意识教育，提高职前教师创造效能感水平。

五、对本研究的反思

本研究还存在一些不足之处，主要体现在：第一，限于人力、物力等方面的原因，本次抽样稍显不足，无法做到随机取样；由于师范院校男女生比例的问题，本研究的被试者当中，女生偏多而男生较少；在调查的学校当中，问卷调查的被试样本主要是四川师范大学、绵阳师范学院和成都师范学院等几所师范院校，调查范围不够广，如果将范围扩大到更多的师范院校，结果可能更有说服力。第二，理论与实践相结合的水平有限，在数据处理和分析上还存在欠缺。由于研究方法的局限，对职前教师创造效能感、专业承诺和学习投入的内在心理机制研究不够透彻；调查研究的结果有限，没能结合师范院校的工作实际提出更具操作性的对策和建议；此外，研究深度还需进一步加强。

第六章
创造型教师培养的价值与反思

近年来,"创造型教师"这一概念已经逐渐被教育界接受。有学者认为,"创造型教师这一称谓具有概念的准确性、概括性、可接受性与流行性,用这一术语可以准确反映当今社会及教育对教师素养提出的新要求"。[1]创造教学能力成为中小学教师专业发展的重要维度,开发中小学生的创造力成为中小学教师的重要使命。何谓创造型教师?主要不是依据教师的教育科研能力来衡量,而是要看教师能否有效地促进了中小学生创造力的开发。这不是要否定中小学教师开展教育科学研究的价值,而是要摆正"谁是目的、谁是手段"的问题——促进学生创造力的开发是目的,教师的教育科学研究是手段。学生创造力开发水平是衡量创造型教师最重要的标准和依据。因此,创造型教师就是那些自身具有一定创造力,并能够培养学生创造力的教师。这一定义提出了两个基本问题:一是教师的创造力从哪里来?二是教师的创造教育能力从哪里来?只有解决好这两个问题,创造型教师才能源源不断地涌现出来。

第一节 创造型教师培养的价值

当前,中国经济社会发展进入了转型升级的战略关键期,对人才需要规格提出了新要求。其中,最核心的内容是对创新精神和创新能力的迫切需求。当建设创新型国家上升为国家发展战略以后,学校教育承担的使命就不仅仅是文化的传承,更重要的则是培养儿童的创造力。教师是儿童创造力开发的关键影响变量,时代呼唤创造型教师,以师范院校为主体的教

---

[1] 季诚钧:《创造型教师:一个值得推广的概念》,《教师教育研究》2006年第2期,第44页。

师教育机构需要对传统教师教育模式进行改革创新。

一、国家战略：创新人才

纵观人类从原始社会、农业社会、工业社会到信息社会的发展史，正是一部人类的创造史。时至今日，创新在社会发展中居于核心地位，建设创新型国家成为众多国家的战略选择。所谓创新型国家，就是"把科技进步和创新作为经济社会发展的首要推动力量，把提高自主创新能力作为调整经济结构、转变增长方式、提高国家竞争力的中心环节"，从而"大幅度提高科技创新能力，以形成日益强大的竞争优势"的国家。[①]当创新成为国际竞争的核心资源，越来越多的国家希望跻身创新型国家之列，通过自主创新来提升国家的综合实力和国际竞争力。到 21 世纪初，中国在国民经济社会发展的诸多领域都已然成为当之无愧的"大国"，但难以称得上"强国"。之所以不强，其根本原因在于自主创新能力不强。2005 年 3 月 28 日，温家宝同志在国家科学技术奖励大会上强调："必须把增强自主创新能力作为国家战略，贯彻到现代化建设的各个方面，努力将我国建设成为具有国际影响力的创新型国家。"2006 年 1 月 9 日，在新世纪的第一次科学技术大会上，胡锦涛同志作了"坚持走中国特色自主创新道路，为建设创新型国家而努力奋斗"的重要讲话。之后的一系列方针政策逐步确立起了建设创新型国家的发展战略。

国家战略是一个国家在未来相当长的一段历史时期内，建设与发展的基本方向，具有方向性、全局性和根本性的特征。建设创新型国家战略的根本依靠是人，是人才，是创新人才。中国是一个人力资源大国，自然不缺少人，所缺少的是人才，尤其是具有创新精神、创新思维和创新能力的创新人才。

二、教育责任：传承与创新

从国家战略到创新人才，这就找到了国家战略与教育发展之间的契合点，因为教育的根本职能就是培养人才，问题的关键是培养什么样的人才。从教育的起源上讲，教育产生于人类社会传递生产生活经验的需要，其目

[①] 卢裕家：《什么是"创新型国家"》，《四川统一战线》2006 年第 2 期，第 12 页。

的是为了让后辈不再从头摸索、少走一些弯路。由前学校教育形态到学校教育形态，经验的组织化程度越来越高，但其基本的传承责任没有改变。在前现代社会，人类社会的生产与生活方式发展得非常缓慢，经验被不断复制，而且其往往被实践证明是有效的。数千年沿袭下来，人们一般将教育等同于传承，这也完全符合了传统社会的感性直观。到了现代社会，尤其是知识经济社会，科技创新将人类社会向前推进的速度和力度空前提高，真可谓一日千里、瞬息万变。在教育领域中占据主导地位的经验复制模式的有效性受到持续的挑战，前人经验可能在极短暂的时间里被新出现的问题所证伪。从现代科学哲学的观点来看，"科学史也像人类思想史一样，只不过是一些靠不住的梦幻史、顽固不化史、错误史。"[①]在教育领域里所传承的经验可能会是"错误"的，并且其保持正确性或恰当性的周期越来越短。社会发展的客观现实给教育提出了新的责任诉求：创新。

教育在适应与引领的张力中，保持着与社会之间的平衡。对于社会的大变革，教育不应当、也不可能视而不见，这是教育社会学的基本原理。当国家和社会发展产生了创新人才的需求，教育唯有顺应历史潮流，才能走上科学发展的道路。这并不意味着否定教育的传承责任，而是要在传承的基础上增加创新的责任。传承与创新本身就是一对辩证统一的矛盾，现在要做的就是在二者之间寻求新的均衡点。传统教育过分强调传承而相对忽视了创新，现代教育则要将二者的均衡点向创新一方移动。面对快速变化的复杂世界，教育需要引导人们掌握解决新问题的能力即创新能力。从某种意义上讲，传承的目的是为了创新。

三、教师教育：创造型教师

自从教育诞生之日始，必有人扮演着教育者的角色，但是，难以称得上现代意义上的教师。在漫长的人类历史上，以长者为师、以吏为师是教师队伍的显著特征。即使到了19世纪初期的美国，小学教师还几乎是人人都可以从事的工作。自近代以来，学校教育规模急剧扩张，教师职业逐步稳定并走上专业化道路。但是，"学者必为良师"的观念依旧根深蒂固。这实际上蕴含着这样的逻辑：物理学家是天然的物理教师、生物学家是最好

[①] [英]波普尔：《猜想与反驳：科学知识的增长》，傅季重等译，中国美术学院出版社2003年版，第227页。

的生物教师，以此类推。直到今天，在中国的教师教育体系中，教师教育仍然基本等同于学科教育，物理专业师范生学物理学、生物专业师范生学生物学，等等。尽管在当前的教师教育培养方案中也有教师教育课程，但是，其课程比例和课程有效性都小到几乎可以忽略不计的地步。如果说这也是教师教育，那么，它带有鲜明的传承型教师教育模式。如此培养出来的教师主要起到一个"传话筒"的作用，把教学计划、教学大纲和指定教材上的内容给学生们讲出来。如果说传承型教师教育模式在趋于稳定的传统社会还具有其存在的价值合理性的话，那么，由于当今社会的变动性、复杂性、不确定性和风险性，传统经验的有效性必然面临挑战。学生在学校、在教师那里学到的知识或经验遭遇到现实的挫败，进而对学校教育失去信任感。

如果我们的教师教育体系培养出来的是传承型或称经验依赖型教师，那么，这样的教师是难以培养出富有创造力的学生的。因为这样的教师不但无助于学生创造力的开发，反而会设置若干约束条件压制学生创造力的开发。如此的教师培养出来的学生断然难以成为创新人才，又谈何服务于创新型国家发展战略？因此，师范院校培养创造型教师是创新型国家发展战略的需要，是教育履行自身责任的需要，也是促进人的全面发展的需要。

第二节 创造型教师培养的困境

毫无疑问，创造型教师是具有创造力的。创造力是可以培养的吗？一些教师教育者们对此存有怀疑。他们坚持一种神秘主义的观点去审视人的创造力，把创造力说得玄而又玄。如果创造力可以培养，那么，创造力应该如何培养呢？显然，创造力的培养离不开实践，创造型教师需要深入中小学课堂进行教学实践。但是，教师教育大学化和师范院校综合化拉大了高校与中小学的距离。在高校学术部落文化的影响之下，教师教育实践性的缺失亟待改善。

一、教师教育者对创造力开发的怀疑

培养创造型教师的根本目的是使他们在将来走上中小学工作岗位时，能够有效地开发中小学生的创造潜力，培养中小学生的创造能力，在基础教育阶段奠定创新人才成长的坚实基础。创造型教师教育模式不但要开发教师的创造力，更要开发教师的创造教育能力。

在这里就产生了一个根本性的问题：创造力是能够开发的吗？如果不解决这个问题，那么，创新人才和创造型教师的培养就失去了立足之本。尽管中国学术界在20世纪80年代就开始引进和建设创造学学科，开展创造教育实践以培养创新人才。但时至今日，有一部分人仍然对此深表怀疑。"不知道未来的创新人才是什么样，我们又如何能培养出来呢？我们不是说他们不会脱颖而出，而是说，那大约不是我们刻意培养的结果。"①

在师范院校中，同样有大量的教师教育者并不了解、理解、认同创造教育的理念。有人认为，创新人才就是搞那些"高、大、上"的发明创造的专家学者；有人认为，创新人才是天才人物，并不是所有的人都具有创造力；有人认为，创新人才是可遇不可求的、是天生的；也有人认为，创新人才是"选"出来的而不是"教"出来的；还有人认为，培养创新人才是重点大学考虑的事情，与普通高校没有什么关系。一句话，他们是创造神秘论者，他们不相信创造力能够开发，更不相信教育能够在创造力开发上有所作为。教师教育者们在理念上的这些质疑或困惑直接影响到教育实践，阻碍着创造型教师的培养。

二、高校学术部落文化难以形成合力

四年混合制的教师教育方案包含三个主要的构成部分：通识教育、学科教育和专业教育。

通识教育是全校所有师范专业和非师范专业共同的必修课程，如"两课"、计算机、大学英语、大学体育等；学科教育是涉及中小学任教学科内容的课程如数学、英语、生物、化学等，它要解决的是"教什么"的问题；专业教育是教育专业类课程，如教师教育学、教育心理学、学科教学论、实践教学等，它要解决的是"如何教"的问题。

任何一名本科师范生都要在四年时间内完成上述三个部分的学习任务。有两点情况是显而易见的：一是这些教育内容必须由学校内的不同院系部门共同来完成；二是创造教育的内容无法归于任何一个类别或院系部门。我们姑且不论这些教师教育课程通过简单地做加法是否是有效的，创造型教师的培养断然不能在现有教师教育课程之外再加上一两门创造教育课程来实现。

这意味着，创造型教师的培养应当贯穿教师教育的全过程、全方位，

---

① 郑也夫：《吾国教育病理》，中信出版社2013年版，第197页。

尤其是要与学科教育和专业教育有机结合。可现实是，在科层制、官僚化的现代高校里，学校是按不同学科、院系组织起来的，各个学科院系形成了一个独立的学术部落，彼此之间似有"老死不相往来"的旨趣。在这样的高校文化氛围里，难以形成培养创造型教师的合力。

三、远离中小学现场导致的问题真空

顾名思义，创造型教师就应当有所创造。这种"创造"体现为两个方面的能力：一般创造力和创造教育能力。创造型教师就是要通过创造性的教育教学策略来开发学生的创造力。教师自身的创造力是基础，创造教育能力是目标，衡量创造型教师的根本依据在于创造教育能力，在于学生的创造力水平。在创造过程中，"问题"居于核心地位。这里的问题不是一个缺陷（Problem），而是一个需要做出回答的疑问（Question）。在这个意义上讲，没有"问题"，就没有创造，也就没有创造力的开发。

在传统的教育模式中，教师也会在课堂上提出问题，但大多是假问题而非真问题。那些所谓的"问题"实际上早就解决了，学生要做的事情只是找到一个让教师满意的答案。虽然我们不能否认这类"问题"在教育过程中的价值，但是，对于培养创新人才而言，其有效性自然会大打折扣。就开发创造力来讲，教育所需要的是学生自己去发现问题而不是教师设置问题，需要的是学生自己想办法解决问题而不是记住教师所讲的解决策略。

只有在实践中遭遇问题、认识问题、明确问题、分析问题并富于创造性地解决问题，才谈得上有所创造。在师范院校四年的本科培养过程中，实习被集中在大三或大四的某个阶段，见习难以落到实处。实际上，深居"象牙塔"之中的教师教育者和师范生都远离了中小学课堂教学现场，严重缺乏有关中小学课堂教学的体验和经验，更难以遇到真正具有创造性的问题。连问题都没有遇到，又谈何创造力呢？

第三节 创造型教师培养的构想

面对实践中的种种困境，培养创造型教师是高师院校面临的新课题。在此，我们对如何培养创造型教师提出四个方面的基本构想：开展教师教

育者创造力培训，确立科学的创造力开发理念；完善师范院校内部治理机制，院系参与和学校统筹相结合；建立健全创造教育课程体系，夯实人才培养的课程主渠道；统筹校内校外实践教学资源，搭建师范生的创造实践平台。

一、开展教师教育者创造力培训，确立科学的创造力开发理念

实际上，创造并不神秘，人人都有创造潜力，并且这种潜力能够通过教育与训练得到培养和开发。"创造神秘论者把创造看成是高不可攀的事，认为只有少量天才人物才有创造力；不赞成创造神秘论者认为，创造力是一个多层次的思维心理现象。"①

国内外的大量实证研究都论证了创造力开发的有效性。国外学者奥特瑞（Auteri）、科洛古·惠特（Clague-Tweet）、哈寇（Harkow）、安娜瑞拉（Annarella）等的实验研究表明，通过教师有意识地培养与环境创设，能够有效地提高学生的创造力。

贾馥茗、陈龙安、林崇德、张景焕等中国学者的实验研究结果表明，"无论是结合学科教学的还是专门的创造策略训练都能有效地培养学生的创造性思维能力、创造态度及创造性解决问题的能力。"②诚然，现实中，学校教育与创造力开发之间的关系是非常微妙的。在历史上，也不乏一些极富创造力的天才人物却是学校教育的逃避者。这表明，在实然状态上，学校教育往往会损害创造力开发。但是，在应然状态上，学校教育理应肩负起开发学生创造力的责任。

美国当代著名创造学家基思·索耶（Sawyer，R.K.）给出的建议是，"创造性研究并不认为，只要摆脱学校教育，每个人都将更具有创造性！但是，如果学校教育能进行调整，以便更好地与创造性研究相一致，学校教育将能更好地培养创造性。"③毫无疑问，学校教育的这种"调整"需要创造型教师。

如果教师教育者们对创造力开发没有形成正确的理念，创造型教师的

---

① 刘道玉：《创造教育概论（第三版）》，武汉大学出版社2009年版，第39页。
② 张景焕，申燕：《创造型教师的心理素质与课堂教学行为》，《山东师范大学学报（人文社会科学版）》2008年第2期，第134-138页。
③ [美]索耶：《创造性：人类创新的科学》，师保国译，华东师范大学出版社2013年版，第103页。

成长就只能依靠教师们自主发展，而这势必是对教师教育的极大讽刺。因此，师范院校应当建设教师教育者专业发展平台，加强教师教育者培训，引导教师教育者树立科学的创造力开发理念。

二、完善师范院校内部治理机制，院系参与和学校统筹相结合

创造力并不必然是一种普遍可迁移的能力，创造教育并不完全是具有普遍性的通识教育。"我们不能期待一位具有创造性的科学家同时还是一位具有天赋的画家，一位具有创造性的小提琴手也可能并不是一位具有创造性的指挥，而一位具有创造性的指挥或许并不擅长创作新的曲子。大量的证据表明，众多的创造力都具有领域特殊性。"[1] 因此，创造教育的实施不能是在学科专业和教育专业之外加上一张创造教育的"皮"，而是要将创造教育融入到学科专业教育的过程中。

教师教育专业最重要的特殊性在于，其人才培养过程需要师范院校多个院系机构的协同配合。这缘于，在目前四年制混合模式下，教师教育专业至少要涵盖学科专业和教育专业，而这两个专业又分别属于不同的一级学科。如果说非师范专业的创造型人才培养，可以比较便利地实现学科教育与创造教育的结合，那么，教师教育专业则增加了这种复杂性。它既要与学科专业结合，也要与教育专业结合。

从一定意义上讲，创造教育与学科结合的根本目的是与教育专业的结合，因为教师教育的目的不是要把师范生培养成学科专家，而是要将其培养为教育专家。为培养创造型教师，有师范院校成立了类似创新学院这样的教学兼行政机构。它面向全校学生，旨在培养和开发大学生的创造力。应当说，建立这样的机构是近年来高等教育改革的一大亮点。但是，在实践中又面临着诸多掣肘。除了前文所述的教师教育者观念导致的部分同行的不理解，最重要的是，在创造教育实践运作上也存在着诸多制度方面的阻力。

因此，学校应当从制度层面完善内部治理机制，在创新教育专门机构与学科专业院系之间建立起良性互动、协调配合的运行机制，既发挥创新教育机构的引领作用，又能充分调动学科专业院系的主观能动性，保证创造型教师教育工作的可持续发展。

---

[1] [美]索耶：《创造性：人类创新的科学》，师保国译，华东师范大学出版社2013年版，第69页。

三、建立健全创造教育课程体系，夯实人才培养的课程主渠道

尽管理论学习代替不了亲身实践，但并不能因此而否定课程学习的价值。况且课程学习并不等于理论学习，传统课程学习过于偏重理论的弊端是显而易见的。创造教育课程体系既不否定理论，也不轻视实践，而是要将两者结合起来，真正发挥课程作为高校人才培养的主渠道作用。

以培养创造型教师为目标的创造教育课程体系应当包括以下三个主要部分：其一，普通创造学课程。该类课程主要介绍创造过程、创造环境、创造心理、创造思维、创造技法等创造学的基本理论。其二，教育创造学课程。该类课程主要是运用创造学理论改造传统的教育学课程，对原有教育学的理论体系中的教育目的、教育功能、教育价值、教育原则、教育方法等进行创造学的阐释。其三，学科教育创造学课程。该类课程主要结合具体学科如语文、数学、物理、生物、化学等的实际教学问题，引导师范生从开发学生创造力、培养创新人才的立场，进行教学目标、教学方案和教学策略的重新设计，从而提高师范生的创造性教育教学能力。

四、统筹校内校外实践教学资源，搭建师范生的创造实践平台

问题是培养创造型教师的必要条件。在基思·索耶的"八阶段创造过程模型"中，居于首位的是"发现并形成问题。第一步是确定一个好问题，并以一种更可能引发创造性解决方法的方式来陈述问题"[1]。应该说，在定义问题之前，首先会陷入一种困惑状态，美国教育家杜威的"五步思维模型"的第一步就是"感受到困难，难题"，"对于一个孩子（或是一个成年人），不顾他是否曾经体会过让他烦恼和心绪不定的困难，就一般性地要求他思维，那就像是建议他靠自身力气把他身体举起来一样，会是徒劳的。"[2] 这些"问题"或者"困惑"都应当来自实践而不是书斋，否则，对"困惑"的体验就不够真切，提出的"问题"也可能只是个假问题。因此，培养创造型教师的首要工作是给学生提供实践平台，提供发现问题进而解决问题的机会。

对师范院校来说，培养创造型教师的实践平台主要有四种：一是院系

---

[1] [美] 索耶：《创造性：人类创新的科学》，师保国译，华东师范大学出版社2013年版，第445页。
[2] [美] 杜威：《我们如何思维》，伍中友译，新华出版社2010年版，第11页。

创新实践班。各个学科院系应当设立创新实践班，将创新实践与学科专业教育紧密结合，以提供更好的创新实践指导和更多的学生实践机会。二是创新创业训练项目。构建"校级—省级—国家级"三级创新创业训练体系，大力提倡和鼓励师范生参与创新创业训练，以提高自身的创新意识、创新思维和创新能力。三是学科创新竞赛。学校应当为学生提供更多展示的机会，使学生的创新实践成果能够在更宽广的舞台上得到展示和认可，用学生的成绩来争取更大的成功。四是高校与中小学合作平台。中小学是培养创造型教师的目标指向和服务面向，教师教育全过程都应当与中小学课堂教学紧密结合，让师范生通过见习、实习等途径亲身参与中小学教学实践。在实践现场发现真实的教育问题，从而在分析问题和解决问题的过程中不断提高自身的创造性教育教学能力。

第七章
创造型教师培养的模式与实践

培养千百万创新型人才已成为 21 世纪提升国家核心竞争力和建设创新型国家的重要保障。教育是创新型人才培养的关键，培养创新型人才离不开具有创新精神和创新教育能力的教师。创新教育融入高等师范教育教学系统，培养大批具有创新能力的教师，既是当前教师教育改革的紧迫任务，又是实现素质教育的必要条件。从这个意义上讲，高师院校的创新教育是一项建设创新型国家的基础性工程。本章将以绵阳师范学院为例，介绍创造型教师职前培养的基本思路、模式构建、实践检验。

第一节 人才培养模式创新的历程与经验

人才培养模式是教育的核心问题之一。它在相当大的程度上决定了人才培养的质量。将职前教师培养成为创造型教师，需要构建一套培养模式。为了建构具有适应性和有效性的创造型教师培养模式，可以借鉴现有的、相对成熟的创新育人模式。

一、人才培养模式概念

关于人才培养模式概念，学术界众说纷纭。所谓模式，是指一种科学认识手段和思维方式，它是连接理论与实践的中介，兼有理论与指导培养实践的两种价值。[①]对高校而言，人才培养模式是教育质量的首要问题，改革人才培养模式是高校教学改革的核心内容。[②]

---

① 董泽芳：《高校人才培养模式的概念界定与要素解析》，《大学教育科学》2012 年第 3 期，第 30-36 页。
② 王伟廉：《人才培养模式：教育质量的首要问题》，《中国高等教育》2009 年第 8 期，第 24-26 页。

在我国的教育理论界,刘明浚等人于1993年首次明确地对这一概念作出界定。他在其主编的《大学教育环境论要》中指出,"人才培养模式是指在一定的办学条件下,为实现一定的教育目标而选择或构思的教育、教学式样。"[①]同时,他还正式阐述了人才培养模式所应涉及的诸要素,包括"课程体系、教育途径、教学方法、教学手段、教学组织手段等"。其中"课程体系是人才培养的核心要素,而其他要素则是为了使课程体系正确而有效的安排和施教从而使培养目标得以落到实处。"[②]上述观点主要从内容层面和操作层面,对人才培养模式进行了阐释。

在我国的高等教育管理层面,教育部于1998年召开的第一次全国普通高校教学工作会议的主文件《关于深化教学改革,培养适应21世纪需要的高质量人才的意见》中提到,"人才培养模式是学校为学生构建的知识、能力、素质结构,以及实现这种结构的方式,它从根本上规定了人才特征并集中体现了教育思想和教育观念",这是我国政府高等教育管理层首次对这一概念所做的陈述。

二、国内人才培养模式创新历程

人才培养是高等学校三大基本任务之一,人才培养模式的改革是深化高等学校教育教学改革的重要环节。从近代开始,我国的本科人才培养模式改革经历了"近代学习欧美模式"——"现代照搬苏联模式"——"当代既受苏联模式影响,又正在向欧美模式回归"的三个阶段[③]。

近代大学以培养知识宽广深厚且深刻的人为宗旨,"通才教育"作为大学办学的核心理念和培养模式被提出来。通才教育(General Education)又称"普通教育"或"一般教育",与"自由教育(Liberal Education)"同义,最早是对基础教育的概括性称谓,如今是面向所有大学生的一种非专业性教育或专业基础性教育。

19世纪初,以哈佛大学为代表的美国部分高校实行选修制,大学课程设置要求所有学生在致力专业学习的同时,对知识的总体状况也要有一个综合的、全面的了解。选修制的主要内容涵盖了跨学科的多专业领域的基

---

① 刘明浚:《大学教育环境论要》,航空工业出版社1993年版。
② 刘明浚:《大学教育环境论要》,航空工业出版社1993年版。
③ 朱曼:《浅议我国本科人才培养模式改革的走向》,《高等农业教育》2005年第5期,第27-29页。

础性知识、技能和态度的教育；其教育方法也必然不能局限于课堂上的知识讲授，还包括积极的教学互动和社会实践；其培养目的旨在培养积极参与社会生活的、有社会责任感的、全面发展的人。

1949年中华人民共和国成立以来，我们全面学习和照搬前苏联的专业教育模式，进行了院系调整，逐步形成了一种与高度集权的计划经济体制相适应的人才培养模式，高等教育人才培养模式发生了巨大的变化，体现出鲜明的"专才"教育特征。专才教育是指为培养胜人一筹的某一特殊技能而进行的个性化教育培训。它以专业教育为核心，以培养专业人才为目标；培养口径相对较窄，培养规格单一，培养过程整齐划一。这种本科人才培养模式文理分割，重专业教育，功利主义倾向明显，使普通高等教育带有很强的职业教育的特征。①然而，在当前的知识经济时代，这种教育模式的弊端引起了越来越多有识之士的关注，要求对教育进行改革的呼声也越来越高。越来越多的人认识到，如果不着手对人才培养模式进行改革，国家的经济和社会发展将会受到严重影响。

三、当代创新实践育人模式述评

20世纪50年代以来，自然科学取得了突飞猛进的发展，科学、技术、生产日益结合为统一的体系，高等教育面临新的形势，实用主义教育逐渐暴露出不足，已不能适应社会发展的新形势。因此，高等教育人才培养模式的改革势在必行。

1. KAQ 模式

随着社会主义市场经济体制的逐步建立，信息时代的到来极大地促进了中西方文化的交流、碰撞和融合。这些都使社会对人才提出了更高的要求。在这一背景下，1995年浙江大学校长潘云鹤院士提出了知识（Knowledge）、能力（Ability）、素质（Quality）并重与并进的人才培养模式，即 KAQ 模式。

KAQ 模式是指在素质教育理念的指导下，学校为学生构建的知识、能力、素质结构，以及实现这种结构的方式。高校通过有计划的教育教学活动使学生获取、积累、整合知识，构建合理的知识结构和能力结构，并在

---

① 文辅相：《我国大学的专业教育模式及其改革》，《高等教育研究》2000年第2期，5-10页。

此基础上，最大限度地发挥大学生自身的智力潜能、创新能力，并通过知识和能力的升华，将其内化为自身素质，培养创新思维和创新能力。

在 KAQ 模式中，知识、能力、素质不是彼此孤立的，而是相辅相成、彼此联系的，并且分别处于不同的层面，通过相互之间的紧密联系构成人全面发展的整体。具体讲，知识是基础，是能力和素质的载体，它包括科学文化基础知识、专业知识、相邻学科知识和实践经验知识。没有丰富的知识，就不可能有较强的能力和较高的素质。能力是在掌握了一定知识的基础上经过培养训练和实践锻炼而形成的，主要包括获取知识的能力、运用知识的能力和创新能力，知识越丰富越有利于能力的增强，而较强的能力又可以促进知识的获取。素质是人在先天生理基础上，受后天教育环境的影响，通过个体的认识和社会实践，把从外界获取的知识、技能内化于人的身心，升华形成的比较稳定的品质和素养，高的素质可以使知识和能力更有效地发挥作用，并进一步促进知识和能力的扩展和增强。

KAQ 模式的倡导者还解释说，虽然从较宽泛的意义上讲，素质也包含着知识和能力，但为了把教给学生具体的知识、技能与教学生"学会学习""学会创造"相区别，这里的素质已不是知识和能力本身，而是知识和能力有效发展的前提和更好地发挥作用的主体内在保障。至于 KAQ 模式的具体构建，则主要是通过通才教育与专才教育相结合、科学教育与人文教育相结合、理论教育与社会实践相结合的途径实现的。①

知识、能力、素质三者之间具有内在的、密不可分的联系。KAQ 模式主张三者并重，缺一不可。KAQ 模式也不是一个静态的概念，它的内涵并不止上面所提到的这些，对它的认识需要随着社会和教育的发展而不断深化。KAQ 模式还不能局限在教育的某个层次，它应当体现在从最基础的小学教育到最高层次的研究生教育的各个层次之中。

2. 成功素质教育模式

20 世纪中叶以后，由于科学技术和经济发展的巨大冲击，大学教育偏重于培养适合经济发展的技术人才，忽略人文素质教育成为世界范围内大学教育普遍存在的问题。新世纪对人才提出了更高的要求，即科学教育和

---

① 张晓鹏：《美国大学创新人才培养模式探析》，《中国大学教学》2006 年第 3 期，第 7-11 页。

人文教育的融合。哈佛大学校长尼尔·陆登庭（Neil L. Rudenstine）认为，大学要重视对"人文"学问的传授。

高等教育作为人才培养的更高层次，应该提供无法用金钱衡量的最佳的教育。这种教育不仅赋予我们较强的专业技能，而且还使我们善于观察、勤于思考、勇于探索，塑造健全完善的人格，特别是通过不同学科知识的渗透，使从事科学研究的人开始懂得鉴赏艺术，从事艺术创造的人逐渐了解科学，使我们每个人的生活都更加丰富多彩。紧随世界教育改革的步伐，我国大学也开始强调素质教育。

成功素质教育是武昌理工学院（原武汉科技大学中南分校）率先提出的一种全新的高等教育理念和人才培养模式。它是以让学生具备成功者所共有的特质即成功素质为培养目标，实行专业素质教育与非专业素质教育有机结合，使学生在学校即具备成功素质，一跨出校门就能适应社会，并能在激烈的竞争中获得成功的一种教育理念和人才培养模式。①

成功素质教育以实用教育理念为指导，实行以"一二三四"为特征的学生培养目标。即学好一个专业、掌握二项基本技能（外语、计算机）、夯实三项基本功（一笔字、一口话、一手文章）、塑造四项基本品质（笃志、博学、崇实、拓新）。根据因材施教的原则，成功素质教育实行大众教育加精英教育的培养模式，99%的学生按高素质劳动者方向培养，1%的学生按企业家、科学家、艺术家、教育家、政治家等拔尖创新人才培养，即"99+1"的培养模式。

成功素质教育强调专业设计和学生生涯设计。在专业设计上主张兼顾社会需要和个人素质基础、素质特长、素质发展要求两个实际，考虑当前和未来两种需要，以培养成功人才为目标，根据"五大成功素质"体系（即观念体系、品格体系、方法体系、能力体系、知识体系）制定科学完整的培养方案，要求围绕成功素质的培养进行专业设计。在学生生涯设计上，分学业生涯设计和职业生涯设计两个方面。

在课程体系的构建上，成功素质教育把专业素质课和非专业素质课放在同等重要的地位，教师负责第一课堂，以培养学生的文化科学素质为主。实行素质导师制，素质导师的职责是负责第二课堂，安排专门课时对学生进行实践、心理等素质训练，然后进行素质测评，培养学生的成功素质；

---

① 赵作斌：《成功素质教育》，《中国教育报》，2004-09-02（4）。

在教学内容的结构上,强调核心课程要加强,基础课程要精干,边缘课程要适度,同时强调突出实践课的地位;在教学方法上,强调教师要讲"课",而不是讲"书",要求教师对教材进行再消化、再创造,教师的讲义才是真正的教材。

在对学生测评方面,成功素质教育首创"素质学分制",包括专业素质学分与非专业素质学分两部分。要求改革传统的考试模式,倡导考试要实现三个转变:从注重测试知识向知识、能力测试并重转变;从注重笔试向笔试、口试并重转变;从注重期末考试成绩向期末、平时成绩并重转变,平时成绩和期末考试成绩各占一半。

成功素质教育是对素质教育的新探索,针对现行大学素质教育的不足,将空泛的素质教育变成系统的、针对性强的、具有可操作性的,构建起全新的以塑造学生成功素质为目的的办学模式、教学模式、训练模式、培养模式、测评模式等,从而形成全新的大学素质教育实践体系。[①]成功素质教育把理论联系实际看成是教育的第一规律,因此,特别重视实践在人才培养中的作用,强调在教学过程的设计上,把理论教学与实践教学结合起来,体现教学过程的实践性。在教学过程中,理论教学与实践教学应该相互交叉、相互渗透、紧密结合。

3. 大类招生培养模式

从 20 世纪 70 年代末到现在的三十余年中,我国高等教育的办学条件、办学内容和办学要求发生了巨大的变化,最主要的是:旧的高等教育体制的基础计划经济逐渐被社会主义市场经济所取代,包含本科生和研究生两个阶段的十年制高等教育体系已经建立并得到完善,创新意识成为优秀人才的必备标志。随着上述变化的发生,一些矛盾开始暴露,因此,各高校开始进行教育体制改革的尝试和试验。

所谓大类招生培养是指在高校招生录取时,不再按专业或专业方向来确定招生计划进行招生,而是按学科(或系或学院)制订招生计划而进行招生录取。在此基础上,低年级时学生在学科(或系或学院)的范围内共同实施基础课程的学习,高年级时学生通过对学科、专业的进一步了解后,结合自己的兴趣、特长,再在学科范围内选择专业。通过学习进行选择,

---

[①] 赵作斌:《成功素质教育——大学教育理念与模式的新突破》,《中国高教研究》2006 年第 3 期,第 52-54 页。

通过选择完成学习直至毕业的一种以学生为本的新型人才培养模式。[①]

现今在100多所"211工程"高校中，已经有超过一半的高校实行了按大类招生，可见大类招生渐成趋势。目前实施的"大类招生培养"的类别可以概括为四种：第一种是不分专业按院系大类招生培养；第二种是一级学科内大类招生培养；第三种是跨学科相近专业大类招生培养；第四种是不分院系也不分专业的大类招生培养。以上四种的共同点是学生在入学学习1~2年后，再确定具体的专业方向。大类招生培养有利于提高人才培养质量，有利于优化基础课平台和建设通识课程群，有利于充分利用高等学校多学科资源，提高办学效益，提高学生的综合素质。

北京大学本科教学改革的基本思路是按"加强基础、淡化专业、因材施教、分流培养"的原则改革培养模式。在低年级实施通识教育，到高年级之后实施宽口径的专业教育，对本科生学习制度进行根本变革。2001年正式开始实施"元培计划"，根据本科教育是基础教育的理念，先按文科和理科学习基础课，然后按专业进行分流，大学二年级下学期才进入专业学习阶段。复旦大学在"通才教育，按类教学"的原则下，按照"厚基础、宽口径、重能力、求创新"的教学理念，注重发挥综合性大学多学科的优势，加强学科间的渗透、交叉、组合，将"普通教育、基础教学、专业教学"三个方面的教学内容有机地结合起来，按文理大类实施全校性基础教育，从源头上改变以专业为核心的培养模式和管理体制，尊重个性发展，鼓励学生积极参与社会实践，培养文理兼备的通才型、复合型的高素质人才。复旦大学还进一步效仿哈佛等世界名校的做法，逐步为低年级本科生成立文理学院，专门负责全校性课程的修读管理。

大类招生有着减少填报志愿的盲目性，有培养复合型创新型高素质人才等诸多优势，是我国本科教育的发展趋势。从世界各国高校发展的经验来看，美国耶鲁大学、斯坦福大学、密歇根大学等世界名校都实行不按专业招生的办法。可以说，大类招生是高等教育的趋势。但是，并不是所有的学校都适合大类招生。拥有相对较齐全的学科，各领域具有完备的师资以及相配套的教学计划是实行大类招生的一个基本要求。一般来说，专业数较多，但招生规模却不是很大的学校，以及师范类、医学类等专业性比较强的特殊专业不适合大类招生。

---

① 林静：《高校学分制比较研究》，《教育育人》2006年第1期，第23页。

第二节　创造型教师培养模式的建构原则

从职前教师开始进行创造型教师的培养，这是一个非常复杂而且见效较慢的人才培养过程，在此过程中需要遵循一些基本的原则。

一、师范性

所谓师范性，是指师范院校的教育专业性和专业特征，是师范院校专业思想、职业道德、行为规范、职业素养和职业技能等方面在学校教育教学和各种活动中的集中反映，是师范院校区别于其他院校的本质属性。

地方高师院校主要为地方基础教育服务，为地方经济建设服务，这是地方高师最根本、最核心的任务。地方高等师范院校大多是在上世纪70、80年代国家大规模开展经济建设的宏观条件下批准成立的，成立时间较短，当时绝大多数为师范类专科学校，而且校址多分布在地市级城市，服务主要面向当地和周边区域的基础教育。

地方高师院校以培养基础教育师资为目标，经过30多年的发展，积累了较为丰富的理论与实践经验，往往具有明显的教师教育特色，是培养基础教育师资的主力军，在基础教育发展中占据着极其重要的地位。许多师范专科学校逐步升格成为师范学院或综合性学院，成为地方高等教育的重要组成部分，承担着地方中小学教师培养、继续教育的重要使命，为当地经济建设和社会发展做出了巨大的贡献。

创造型教师职前培养不仅要坚守教师培养的核心目标，始终牢记创新型师资培养的历史重任；而且要充分发挥地方高师院校在教师教育领域的特色，挖掘各类社会资源，将创新教育融入专业教育，致力于创新教育师资的培养。

二、实践性

大学教育不同于中小学教育，大学生是具有相当知识基础、思维活跃和不甘寂寞、敢于立异创新的潜在人才，他们对教师的素质要求也很高。传统的教学注重知识的传授与灌输，强调教师是主导，学生名义是主体，实际上比较被动。以创新为灵魂的教学必须把学生的主动精神放在首位。

一门好的课程应当是教师和学生共同把一个新概念的引入作为重新发现的过程，把问题的提出，解决的思路和方法，得到的结论及其可能的应用、影响和后果，以及遗留的、有待于进一步解决的问题等等，通过研究式、探究式的讲述与讨论去解决，引导学生去了解科学规律的发现过程，感染科学的创新精神。

教师切忌以师长自居，把课程讲得天衣无缝，毫无漏洞，使学生提不出问题；也不能把学生可能产生的问题、困难和障碍统统提前解决，应当给学生留下充分的空间，让学生自己去克服障碍、解决困难。

科学方法的掌握与学生能力的培养都必须依靠学生自己的实践。对于学生科技创新能力的培养，最重要的是把教学与研究紧密结合，让学生早早参与到科学研究活动中。科研与教学相结合是培养创新人才，尤其是高层次创新人才的根本途径，这是国外一些著名大学的成功经验。学生参与科研，即使是做一些外围的工作，也可以感受科学研究气氛，受到创新意识的熏陶与激励，还可以学到必要的科研方法与能力。

传统教育注重知识的传授，知识传授的过程一般是从书本到书本的理论学习的过程，学生在这一过程中，逻辑思维能力得到加强和锻炼。随着知识时代和信息时代的到来，要完全掌握前人的知识已经是不可能实现的事情了，因此，学会学习成了现如今教育的首要目标。知识获取的一条重要途径就是实践。

在美国福特基金会召开的"21世纪理想大学模式"研讨会上，专家认为，理想的大学生不应整日坐在教室里研读别人的教科书，老师只管"给分"和学生被动接受的现象应彻底改变；学生的毕业成绩不能完全以课堂考试来衡量，而应将学生胜任工作的能力和是否具备创新意识作为考评的重点。

为进一步贯彻教育部加强实践性教学的工作部署，绵阳师范学院构建了创新学院创新实践班、各学院实践基地和中小学实践基地三级创新实践育人模式，把创新实践教育全面融入学校的教学和管理过程中。在课堂教学上，增加实践性环节；在课外活动上，增加实践实习的比重，并把实践成果纳入考核体系。

三、全面性

全面性是指高师院校在进行创造型教师职前培养的过程中，要面向全体职前教师开展创新思维和实践能力的培养，并且要在培养过程中力争做到"三全"，即全员参与、全程渗透和全方位融入。

全员参与是指职前教师人人争取成为具有创新素质的大学生，高校教师人人争取成为具有创新素质的大学教师，全校师生员工人人参与、支持创造型教师培养。

全程渗透是指从职前教师入校到毕业离校的全部环节，都贯穿着创新精神、创新思维和实践能力的培养。无论是通识课程还是专业课程，无论是理论学习还是实践训练，无论是课内学习还是课外专业，职前教师在校期间的所有人才培养环节，创新精神、创新思维、创新方法等方面培养内容都要进行渗透，从而确保我们培养的师范毕业生不仅专业功底扎实，而且具有较高的创新教育理念和创造性教学的能力。

全方位融入是指将创造型教师职前培养渗透到学校人才培养、科学研究、社会服务的每一过程中；在教学、科研、后勤三条战线处处有所体现；在课内、课外双渠道中全面融入理论教学与实践教学，每个方面及要素都导入并推广创造教育的理念、原理以及能力。

四、地方性

所谓地方性，主要是指生源、经费来源和服务对象的本地化，是相对于部属师范院校来说的。地方高等师范院校是师范教育的重要组成部分，在基础教育师资培养中发挥着极其重要的作用，承担着地方在职教师培训的任务，为地方基础教育乃至整个国家教育事业做出了巨大的贡献。

作为地方高师院校，应该牢固树立为所在地区经济社会服务的理念，将办学理念定位在为当地经济建设服务上来。建立和实施地方高师院校面向地方经济社会发展的服务体系。积极争取地方政府加大对地方高师院校的支持力度。以绵阳师范学院为例，学校在培养创造型教师的过程中，应充分挖掘绵阳市的科技创新资源，聘请科研院所、企事业单位的科技人员参与到学校的师范生培养当中来。依托创新学院这一平台，与中小学校深度合作，开展科技实习，建立创新教育实践基地，让职前教师有更多机会、更多平台开展创新教育实践活动。

近年来，创新学院毕业的"综合实践活动"课双栖型师资受到绵阳市中小学校的热聘。他们在走上中小学"创新实践活动"课的教学岗位后，能够有机地指导学生开展丰富多彩的科技实践活动，结合学生的实际体验，获得多种多样优秀的实践成果，实现综合实践活动课的教学目标。绵阳市东辰国际学校的高中部、初中部、小学部的综合实践活动课，全部聘用绵阳师范学院创新学院毕业的学生担任,他们成了该校创新教育的骨干。绵阳市教育局有关领导认为,绵阳师范学院培养的教师为绵阳市中小学的创新教育注入了新的活力。

第三节 创造型教师培养模式的实践探索

在知识经济时代,人类知识的传递模式呈现出多维、非线性的特征。这对学校教育提出了新的挑战:知识重要,还是创造力重要?作为一名新时期的中小学教师,开发儿童和青少年学生的创造力比教会学生特定知识具有更重要的价值。传统师范教育模式将重心放在师范生的学科知识和教学技能上,而相对忽视了教师专业的核心内涵——让学生获得发展(尤其是创造力)。因此,师范院校面临一项重大挑战:如何通过系统化的教师教育改革,将师范生培养成为具有促进儿童创造力开发的知识、能力和情怀的创造型教师。

一、主要工作

为培养高质量创造型教师,绵阳师范学院依托创新学院在实践中探索出"113"创造型教师培养模式,即建构1个培养体系、夯实1个理论基础、搭建3个教育平台。"1个培养体系"指以创新学院为主体,整合高校内外部资源所建构的创造型教师培养体系;"1个理论基础"指以培养创造型教师为目标,以教育质量研究、创造力研究、创造型教师研究为主题的理论体系,从而引领创造型教师的培养;"3个教育平台"指创造课程平台、创造实践平台和创造交流平台。

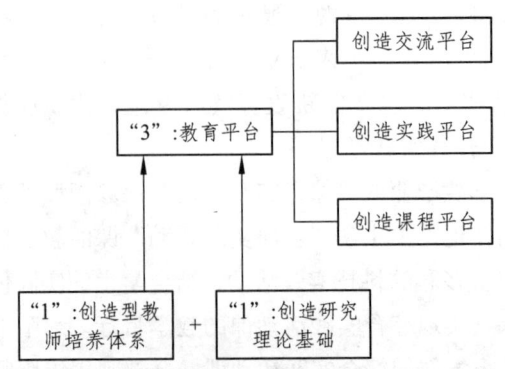

图 7-1 绵阳师范学院高质量创造型教师"113"培养模式

1. 整合资源、完善机制，建构以创新学院为主体的创造型教师培养体系

在以知识创新为鲜明特征的知识经济时代，培养创造型教师是基础教育给师范院校提出的新课题。绵阳师范学院坚持生态系统观的方法论指导，以创新学院为主体，系统整合高校内部系统和高校外部系统的创造教育资源，营造良好的创造型教师成长环境（见图 7-2）。

培养创造型教师既是一项新课题，也是一项系统工程。其为"新课题"，缘于以前少有人尝试，也就难有现成经验可资借鉴。绵阳师范学院自 20 世纪 90 年代末期开始探索师范生科技创新教育实践，2008 年成立创新学院，从学校制度设计的高度确立了培养创造型教师的主阵地。其为"系统工程"，缘于创造型教师的培养需要高校内部与外部教育资源的有机整合。近些年来，绵阳师范学院一方面通过建章立制理顺创新学院与专业学院、职能部门等内部机构的治理机制，另一方面通过互惠合作建立创新学院与中小学校实践教育基地、企业实践教育基地、科技馆、博物馆等实践基地的伙伴关系，逐步建立起了以创新学院为主体、高校内外部关系协调的创造型教师培养平台。

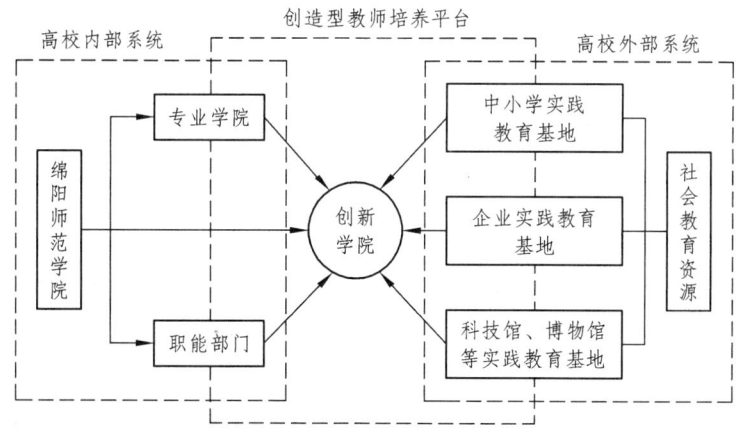

图 7-2　绵阳师范学院高质量创造型教师培养体系

2. 强化研究、夯实基础，运用创造型教师理论研究新成果引领教育实践

理性的实践总是离不开理论思维的。我们要培养高质量的创造型教师，首先需要在理论上展开研究。绵阳师范学院组织了专门的研究队伍来开展

这方面的理论研究，研究主要围绕以下三个方面展开。

第一，教育质量研究。教师教育是连接基础教育与高等教育的桥梁。师范院校身在高等教育，却必须要面向基础教育。《理解与行动：高等教育质量建设研究》(四川人民出版社，2015)一书从实践基础、理论基础、质量观念、质量维度、质量多样性、质量保障、质量改进、质量趋势八个方面对高等教育质量的建设展开了全面而深入地研讨，从而为我们培养高质量创造型教师奠定了重要理论基础。

第二，创造型教师研究。《浅谈创造型教师及其培养》(《教育与职业》2013年第3期)、《师范院校培养创造型教师的价值、困境及对策》(《当代教师教育》2014年第4期)、《青少年创新教育的社会支持体系建构与优化》(《学理论》2015年第29期)、《基于创新能力培养的大学生学业评价体系改革研究》(《教育与职业》2012年第18期)等论文对创造型教师的内涵、价值、现状、培养策略等方面进行了较为深入的探讨。

第三，教师教育改革研究。近年来，教师政策和教师教育环境发生了显著的变化，而这些变化是我们培养创造型教师的客观基础，对这些方面的研究具有重要的价值，有关于这方面的研究很多，如《学校—大学—联盟：教师教育机构转型的基本轨迹》(《中国高教研究》2013年第7期)、《面对教师资格新政 师范院校如何应对》(《光明日报》2014-04-01(13))、《师范院校办学定位的教师教育特色探析》(《黑龙江高教研究》2014年第5期)、《民族地区小学综合实践活动之教师专业发展问题研究》(《教育与教学研究》2014年第6期)、《教师资格新政对师范生不利吗》(《光明日报》2015-07-14(13))，等等。

3. 建设课程、改革教学，培养师范生促进学生创造力开发的知识与理念

课程是人才培养的重要载体，教学是人才培养的重要方式。建设创造课程体系、改革教学实施方式是培养师范生促进学生创造力开发知识与理念的重要渠道。绵阳师范学院建设的创造教育类课程有：《创造学》《创新教育学》《中小学综合实践活动教学设计》《科技创新综合实践》《模拟公司与创业教育》《智能机器人创新设计》《慧鱼创意模型设计》《技术发明实践》《专利实务与开发》《科研论文写作训练》《创新思维训练》等。以《中小学综合实践活动教学设计》为例，该课程是面向全校各专业职前教师的2学

分选修课程，主要培养职前教师指导中小学生开展综合实践活动的能力。新课程改革要求中小学校从小学三年级开始开设"综合实践活动"课程，用以培养学生的创新精神和实践能力，但现实中缺少这样的师资，课程推进难度较大。绵阳师范学院立足师范院校实际，依托以创新学院为主体的创造型教师培养平台，采用多样化教学方式来适应时代变革的需要。

以创造课程建设为契机，大力加强教材建设，绵阳师范学院创新学院先后编写了《创造教育导论》《应用创造学教程》两本教材，取得了良好效果。通过创造类课程的学习，职前教师能够初步具备促进儿童及青少年学生创造力开发的知识体系，并且在观念上逐步认同促进学生创造力开发的价值。这对扭转应试教育困局，推行素质教育改革，培养创新型人才具有基础性的价值。

4. 注重实践、有效指导，培养师范生促进儿童创造力开发的能力与情怀

要培养创造型教师，仅有知识与理念远远不够，还必须具有相应的能力与情怀，而这些能力与情怀只能在实践中得到锻炼和提升。绵阳师范学院以创新学院为主体的创造型教师培养平台注重理论联系实际，为师范生提供广阔的实践操作机会，并为其提供专业的教师指导，极大地提高了创造型教师的培养水平。

创新学院为全校职前教师提供的实践基地主要有：①机器人教育实验室；②专利开发指导工作站；③科技创新与制作工作室；④大学生创新创业俱乐部；⑤慧鱼创意模型实验室；⑥创意畅想俱乐部；⑦绵阳市青少年创新教育重点社科普及基地。

每个实践基地都配备有专职指导教师，学校依托这些基地每年向全校学生发布大学生科研课题申报指南和大学生创新创业训练项目申报指南。"学生项目+实践基地+指导教师"三者有机结合，使职前教师能够有效地将理论与实践联系起来，在创造中学习、在创造中成长、在创造中成为创造型教师，从而培养他们促进学生创造力开发的能力与情怀，切实履行当前提高基础教育质量的历史使命。

5. 加强交流、积极参赛，引导师范生在创造成果展示与分享中不断超越

只有参与创造，才能成为创造型教师，这是学校引导和师范生自主选

择的结果。职前教师们基于各种动机加入到了学校培养创造型教师的项目中来，学校应给予及时、正确的引导和激励，而内在激励是最为有效的。创造实践是培养创造型教师的主要思路，形成创造成果则是激励师范生成为创造型教师最有效的途径。

创新学院积极组织学生开展创造实践，力争形成一批创造成果，并积极争取各种展览、竞赛机会，让职前教师的创造成果能够得到充分地交流与分享。近年来，绵阳师范学院组织职前教师参加师范生教学能力大赛、"挑战杯"大学生课外科技作品竞赛、高校信息技术创新与实践活动（NOC）等各类创新竞赛活动并取得了良好成绩。最重要的是，职前教师在这个过程中获得了高度的自我认同和成就感，进而使个人对成为创造型教师的动机水平、知识水平、能力水平、情感水平都得到了大幅度的提升。

二、主要特点

1. 高校、中小学、社会机构协同创新，打造创造型教师培养新体系

面向创造型教师的培养目标，在加强职前教师学科专业知识教育的同时，需要建构新的人才培养体系，强化他们的创造教育素养。绵阳师范学院在探索创造型教师职前培养的过程中，借鉴了较为成熟的美国教师专业发展学校（PDS）的模式。并在此基础上，整合了师范院校、政府部门、中小学校、社会机构的创新教育资源，建构了以创新学院为主体的网络化、联盟化创造型教师培养新体系。

2. 创造理论研究与教育实践紧密结合，奠定创造型教师培养强基础

培养创造型教师是时代的新要求，也是新课题。它不仅需要教育实践推进改革，更需要理论研究引领改革。绵阳师范学院在充分借鉴吸收国内外创造学领域新成果的基础上，对培养创造型教师的理论问题展开了深入地研讨，并在实践中对如何培养创造型教师进行了诸多有益的探索与尝试，从而在理论与实践之间搭建起了沟通的桥梁。

3. 创造课程、实践、交流全程一体化，拓展创造型教师培养宽平台

绵阳师范学院秉承创造型教师只能在创造中培养的理念，设计了覆盖"课程""实践"到"交流"三环节一体化的人才培养平台。通过创造课程培养职前教师促进儿童及青少年学生创造力开发的知识与理念，通过创造实践锻炼职前教师促进学生创造力开发的能力，通过创造交流提升师范生对成长为创造型教师的坚定信念与自我认同。

三、几点具体做法

1. 成立创新学院

绵阳师范学院从20世纪90年代末开始，在职前教师的教育实习中增加了第三项实习内容——科技教育实习。2002年，学校创立了"校内外专家—职前教师—中小学生"的三级辐射科技创新教育模式。2005年，学校建立了"大学生自主创新设计中心"，2007—2008年先后被批准为"四川省、绵阳市青少年科技创新教育基地"。2008年9月，独立建制的创新学院正式成立。至此，一个以"创新学院为平台，辐射到全校各个院系的创新教育优秀师资培养模式"诞生了。2009年，这一模式被四川省教育厅批准为"西部普通高校创新教育优秀师资培养模式实验区"。

创新学院是在绵阳师范学院党政领导的大力倡导和部署下建立的大学生创新教育和创新实践的基地，面向全校二级学院各个专业中主修专业学有余力、有创新兴趣特长和积极性的学生，创新学院开设创新教育理论和实践课程，并鼓励大学生参与辅导中小学生科技创新竞赛和"挑战杯"大学生课外科技作品大赛等竞赛活动，培养大学生的创新思维、实践能力和合作能力等，探索大学生自主学习和实践相结合的创新实践性人才培养模式。多年的实践表明，创新学院的建立为大学生开展科技创新实践活动提供了一个十分有效的平台，通过学生自我学习和动手实践，逐步培养了学生的实践能力和解决问题的能力。一批优秀的学生在创新实践活动中脱颖而出，这带动了各个二级学院创新教育工作的开展，起到了很好的示范和带头作用。

创新学院为大学生提供了个性化、实践性的培养方案和课程教学大纲。按学生兴趣、研究方向或专题设置系列研究型、实践型强的课程。研究型课程要设计具有创造性思维的课程内容和策略，重视科研方法的训练，课程内容既呈现传统的理论和方法，也呈现各种不同的学术观点，为学生提供广阔的思维空间，加强其扩散性思维和批判性思维的训练。实践型课程与实际项目或课题结合，充分发挥学生的主观能动性，强调知识的整合。

培养学生检索文献的意识和能力，提问题的意识与能力，学习知识的意识和能力，动手解决问题的意识和能力，文字表达能力，等。

2. 校外创新教育实践基地建设

为满足基础教育改革的需求，满足基础教育对师资提出的新要求，高师院校应和基础教育学校保持密切的联系，包括在中小学校建立大学生实习基地和课外活动基地等。

传统的师范教育实习主要包括两个方面的内容：一是以"上课"为主的教学实习，主要训练职前教师的课堂教学能力；二是以"当班主任"为主的教育实习，主要培养职前教师的教学管理能力。绵阳师范学院和绵阳市周边区县中小学校建立了密切的联系，建立了一些职前教师实习基地，供职前教师进行专业实习，以提高其专业技能。

除此之外，绵阳师范学院突破了传统做法，从1998年开始实施科技教育实习。科技教育实习是指职前教师进入中小学校协助组织和实施科技创新活动，以提高基础教育科技创新教育水平，积极协助中小学校开展科技创新教育活动。开展科技教育实习的中小学校主要有包括北川中学、都江堰北街小学、平武县木皮小学、东辰国际学校等在内的20多所中小学。

科技教育实习的内容主要包括：邀请中小学生参与社会调查、科学研究，组织中小学生开展科技创新实践活动，指导中小学生进行小发明、小创作等。青少年创新活动成果可以参加中国科协、教育部等组织的青少年科技创新大赛，10多年来成绩显著，在全国青少年科技创新大赛中取得了国家级奖20余项、省级奖80余项、市级奖200多项。有近百名职前教师被评为国家级、省级、市级"优秀科技辅导员"。对在科技教育实习及青少年科技创新大赛指导中，取得优异成绩的绵阳师范学院职前教师，从2005年起开始评选"科技创新教育优秀大学生""科技教育优秀指导教师"，并进行颁奖鼓励。师范专业大学生在指导中小学生开展科技活动中，自身的创新思维、实践能力也得到了提高和加强，成为能够胜任素质教育的教师，成为许多中小学争相聘请的毕业生。

3. 师范院校创新教育师资队伍建设

为推进全校创新实践教育的开展，绵阳师范学院采取了多种举措大力加强创新教育师资队伍的建设。

在教师教学过程中，积极倡导教师参加创新教育师资培训项目，鼓励教师申报创新实践教改项目。同时,对指导大学生并取得实践成果的教师给予一定的支持和奖励。学校每年投入专项经费聘请著名创新教育学者召开讲座、培训,在实用基础上领悟严谨求实的精神、研究问题的方法和职业成功的真谛。

学校引入竞争机制,对那些观念先进、创新能力强的教师,在职称、职务晋升等方面给以优惠政策,鼓励他们培育出更多更好的人才。明确要求教师除传授知识外,还要承担四个方面的任务:一是教给学生正确的学习方法;二是激发学生的学习兴趣,注重提高学生学习的内动力;三是养成学生的科学精神,培育严谨、求实、探索、创新的学术品格;四是引导学生学会应用知识,将之作为学习的唯一目的。

教师在大学生创新实践活动中起着重大的引导和提升作用。教师在"传道、授业、解惑"过程中,扮演的角色在很大程度上影响着职前教师的未来职业行为。因此,要培养学生的创新思维和实践能力,教师自身必须具备这方面的素质。绵阳师范学院一直在努力建设一支创新型教师队伍,学校与国内外高水平大学积极开展师资交流,先后与德国、美国、澳大利亚、英国等大学签订了人才交流培养协议,每年通过"送出去"和"引进来"的方式,不断扩大学校的师资规模,为学校教师提供经常与高水平老师切磋交流实践创新能力的机会。

为认真贯彻落实 2010 年 4 月 22 日教育部关于"推进高等学校创新创业教育和大学生自主创业工作"视频会议精神,大力推进我校创新教育的工作进程,学校多次举办教师创新能力培训班,并邀请国内创造学和创新领域前沿知名专家授课,分期分批对全校教授、中层干部、在岗专任教师等进行系统培训。

学校已经邀请了中国发明协会名誉副理事长张开逊教授,大连理工大学创新实验学院院长冯林教授,中国创造学会副会长唐殿强教授,中国创造学会常务理事周道生教授等,对全校教师开展创新教育培训。这些培训不光让全校教师了解到全国创新教育发展的趋势,最重要的是,他们的演讲就像一把火,点燃了各位教师心中的火苗,教师们把创新教育的火苗带向了每一位学生。

4. 改变大学生的学习方式

教师与学生是学校实践活动中人的要素,是活动的承担者,因此,从学校实践活动整体结构看，教师与学生都是教育活动的主体，在活动中他们共同作用的客体是教育活动的内容，这三方构成了学校教育活动整体层次上的主客体相互关系。但是，从教与学双边活动的不同方面来看，教师是从事教的活动的主体，在教的活动中，学生是教师教育工作的对象，是教育实践活动中学的任务的承担者，是学的主体，所以，从师生之间的内在关系来看，存在着互为主客体的相互关系。然而长期以来，在我国学校教育实践活动中，过分地强调教师在教学过程中的主体地位，教师怎么教，学生就怎么学，教师处于绝对的统治地位。而教与学是对立统一的关系。如果不承认学生的主体地位，就不能充分发挥学生的"学"，学生的"学"是相对于教师的"教"而言的。通过何种途径，促使学生进行有效学习是教学过程中最关键的因素。

探究性学习指学生通过类似于科学探究活动的方式获取科学知识，并在这个过程中，学会科学的方法和技能、科学的思维方式，形成科学观点和科学精神。如何有效实施探究性学习？探究性学习在教学过程中把学生作为活动的主体，立足于学生的学，以学生的主体活动为中心来展开教学过程。探究性学习是以学生的主体实践活动为主线展开教学过程的。探究性学习追求学习过程和学习结果的和谐统一，接受学习重视学习的结果，探究性学习更加关注学习的过程。探究性学习的目标是灵活的，不像知识目标那样明确具体的要求。探究性学习在内容上是开放的，在探究结果的要求上也是开放的。综上所述，探究性学习具有自主性、实践性、过程性和开发性的特点。这与新课程改革的理念是一致的。因此，教师在教学的过程中，着重展示的是研究者的探究过程，而不仅仅是研究的结果，引导学生掌握探究的方法。

培养问题意识和探索能力。我们知道几乎在所有的事情中，探索是最重要的。因为环境和条件在不断变化，有时令人惊奇，树立经常探索的精神是完全必要的。问题是我们的朋友。问题也是"从做中学"的阀门，而探索是活力和自我更新的发动机。在科技迅速变革的今天，有问题意识和科学的探索精神显得尤为重要。注重学生个性和特长的培养，把它们作为我们整体教育改革的一个重要组成部分。使学生有机会把学到的东西运用于实践，不仅可以更好掌握课堂上的知识，实践中实现认识上的飞跃，还可以开拓知识领域，开阔视野，提高获得知识、驾驭知识和运用知识的能力；理论联系实际和手脑并用的能力；还要培养学生不断追求新知、实事求是、独立思考和勇于创新的精神。

5. 强化创新教育课程建设

开设哪些课程是创新教育的重点，而选择哪些课程是学生个性化发展的关键点。创新教育理论与实践涉及的内容十分广泛，如何针对地方师范院校学生的基础和特点，开设特色化的课程变得尤为重要。为体现实践性、发展性和个性化的原则，创新学院开设了一系列模块课程。其中包括发明创造类、青少年科技教育类、创业教育类等。学生可以根据自己的特长爱好，在教师的指导下，制定个性化的创新教育理论课程和实践课程模块。

发明创造类主要培养学生的创新思维和实践能力，学生经过两到三年的训练，基本能自己撰写专利，并能帮助他人撰写专利，优秀的学生还可以到知识产权和专利代理机构就职。青少年科技教育类主要为培养有志于从事中小学科技教育的学生，使其具备科技创新活动的设计和组织能力。这方面的毕业生在基础教育领域非常受欢迎，尤其是在近年来基础教育"综合实践活动"课程师资比较缺乏的情况下。创业教育类主要针对部分对经商和创业有兴趣的学生，通过一定的理论培训，以及大量的模拟创业实践，学生可以进行创新成果转化或逐步走上创业道路。

在教学目标方面，以《创造学》课程为例，创造学课程的主要任务是开发学生的一般创造力。学校在开设创造学课程时，根据创造学概论面向的对象群不同，每个学期会开两个课堂分层次教学。一个是以全校公选课的形式，课程目标定位为发展一般创造力的平台课程，以此作为全校通识教育的基本课程之一。其教学目标是培养学生的创新意识，使学生了解创造学基本知识，推动学生创造力的开发。另一个是仅面向创新学院的学员开设的必修课，作为创新学院的入学教育。其教学目的除满足全校公选课的基本要求之外，还结合创新实践班的实践活动，鼓励学生将创造性想法付诸实践。

在教学方法方面，传统的课堂教学仍然坚持教师主导的灌输式教学方式。在这种课堂中往往是教师控制整个课堂，学生处于被动接受的状态，教学效果不理想。本课程实行的是大课教师主讲、小课学生讨论的方式。在教学实践中教师采用案例教学、探究式教学，并注重启发学生的创新思维，消除学生对创造发明的恐惧感，让学生感到发明创造就在自己身边；课堂教学采用现代多媒体技术，给学生提供多方位的视听刺激，在轻松愉悦的氛围下完成教学任务；采取小组讨论的形式，让不同专业的学生组成创新小组，共同体验头脑风暴带来的全新的创造感受。

在课程考核方面，创新教育课程不只是一门单纯的理论课程，更多的是一门实践类课程。这就要求我们在学生的评价中，不但要考查学生知识掌握的程度，而且要全方位考查学生创造实践的能力。在教学评价中，主要采取三层次的评价手段。在课堂教学阶段，通过学生的课堂作业了解学生的学习程度；课程结束时，组织课程考试，采取开卷的形式，了解学生知识掌握的程度和学生对创造知识的运用能力；在课程设计阶段，对学生的创新性设计方案进行考察并将其作为课程考核的重要部分；课外活动阶段，学校成立创造发明中心，定期举办创造发明讲座，不同专业的学生自行组织创造发明小组，鼓励参加创新思维大赛，要求上创造学概论课程的学生均参加该项竞赛，参赛成绩计入考核成绩。这种多元化的评价方式避免了片面地以分数评价学生，避免了传统做法扼杀学生创造性的弊端。可以全方位地考察学生的创造力，培养学生的创造兴趣，鼓励学生在课外搞发明创造，激发学生的创造潜能。

学校在进行创新教育理论课程与实践课程的建设方面，遵循以下三个原则。

第一，理论性与实践性相结合原则。理论性与实践性相结合，是创新实践课程设立的基本原则。创新实践课程的理论性是指，课程设置要求为学生普及基本的创新理论、创新思维和创新技法，为学生自由地进行专业交流奠定理论基础；创新实践课程的实践性，不只是在教学方法上强调实践操作，同时也要在课程内容上以实践性理念为指导选择素材，力图增强学生的动手实践能力。理论性与实践性相结合，是教师教育顺应新课程改革的应然举措，是增强学生实践能力和解决问题能力的重要措施。

第二，关注个体发展原则。大学阶段的学生处于人生的关键阶段，是从学校步入社会的转折点，因此，这一阶段的发展关系着学生适应社会的能力。学生从比较单一、简单的基础教育阶段，进入相对自由宽松的大学阶段，个体由被管理阶段走上自我管理阶段，势必出现心理上迷茫、无措等现象。因此，要求教师在教学的过程中应与学生积极互动，要发现和发展学生多方面的潜能，了解学生发展的需求，帮助学生认识自我，建立自信，认清发展的方向。

第三，关注学生个性化发展原则。进入创新学院学习的学生，很多是个性突出，有特长爱好的学生，在培养的过程中，不能按照传统的、统一的标准进行，因此，在课程选择中，我们考虑学生的个性化差异，制定了针对学生个人特点的课程模块，学生可以根据自己的兴趣特长，选择课程。例如，有为擅长动手搞创造发明设计的"大学生专利开发"课程，还有为创业感兴趣设计的模拟公司等形式的实践环节。

6. 创新教育的管理模式

绵阳师范学院为培养创造型教师而开展的创新教育，离不开学校管理部门的大力支持和管理创新。为推进学校创新教育的有效可持续开展，学校特成立了创新教育课程建设领导小组和创新教育专家团，为学校创新教育提供政策和专家支持。

关于学校创新教育领导小组，主要是从政策支持层面来考虑的。为了进一步提高学校的教学水平，全面总结绵阳师范学院多年来在实践教学方面的成果，学校经过研究，决定成立绵阳师范学院创新实践课程建设领导小组。创新实践课程建设领导小组由学校副校长担任组长，各个二级学院的院长担任小组成员，领导小组下设办公室，挂靠创新学院，由创新学院院长担任办公室主任，教务处副处长担任副主任，共同领导，负责相关工作。创新实践课程建设领导小组成立以来，多次组织教改课题"创新实践课课程开发和建设"立项工作，致力于创新实践课程的开发和建设，组织大学生创新实践活动的开展，以及创新实践活动评价工作等。

关于学校创新教育专家团，主要是从智力支持层面来考虑的。科学的评估，是开展好创新教育理论课程和实践课程教学的重要保证。于是"大学生创新教育教育专家团"应运而生。在组建专家团队时，学校领导的指导思想是，尽量让教学第一线、在创新实践教学领域有经验的教师担任。创新学院制定了不分职称、不分年龄，尽量不安排有行政职务人员参与的原则。专家团的成员涵盖了文科、理科和艺术各类各年龄段的教师，他们的共同特点是，对创新实践教育感兴趣，而且在科学研究、创新实践课领域有一定经历和业绩。大学生创新教育专家团不定期召开会议，共同就学校创新实践教育献计献策，同时，评估创新实践教育开展情况。

第四节 创造型教师培养模式的教育成效

绵阳师范学院的大学生在"大学生创新实践基地"的平台上，通过不断实践与探索取得了意想不到的丰硕成果。大学生在教育实习中，积极参与"综合实践活动"课和"通用技术"课教学，在科研论文、发明专利、科学幻想画等多方面辅导中小学生。中央政治局常委李长春同志在绵阳北川中学视察时，在听取综合实践活动课后，与任课的职前教师亲切交谈时指出，职前教师辅导中学生开展青少年科技创新实践活动的思路很好！应继续发扬！济南大学、宜宾学院等学校也纷纷来我院考察、学习、借鉴该模式；中国教育学会、中国创造学会的一些专家学者亲临绵阳师范学院考察、调研指导；学校在 2010 年中国创造学会学术年会上被誉为"创新素质教育领域冒出的一匹黑马"。绵阳师范学院秉承国家教育宗旨和思想，正在继续深化"专业+综合实践"培养模式的探索，希望能够为我国素质教育全面融入高等师范教育提供新思路。

一、全面提升大学生创造力

1. 大学生创新能力显著提升，国家专利成果不断涌现

（1）专利及专利申报概述。

专利是指一项发明创造的首创者所拥有的受保护的独享权益。专利的两个最基本的特征就是"独占"和"公开"，专利制度最基本的核心是以"公开"换取"独占"，这分别代表了权利与义务的两面。"独占"是指法律授予技术发明人在一段时间内享有排他性的独占权利；"公开"是指技术发明人作为对法律授予其独占权的回报而将其技术公之于众，使社会公众可以通过正常渠道获得有关专利信息。

在不同的国家里，专利的种类有所不同。在我国的《专利法》中规定，专利有发明专利、实用新型专利和外观设计专利三种类型。授予专利权的实质条件在《专利法》中有专门的规定：授予专利权的发明和实用新型，应当具备新颖性、创造性和实用性。关于专利申请流程，依据《专利法》的规定，发明专利申请的审批程序包括：受理、初步审查阶段、公布、实质审查以及授权等五个阶段；实用新型和外观设计专利申请的审批程序包括：受理、初步审查阶段以及授权等三个阶段。申请专利时提交的法律文件必须采用书面形式，并按照规定的统一格式填写。申请不同类型的专利，需要准备不同的文件。例如，申请实用新型专利时，申请文件应当包括：实用新型专利请求书、说明书、说明书附图、权利要求书、摘要及其附图各一式一份。如果是个人申请专利，申请文件还应当包括：申请人和发明人的身份证复印件，各

一式一份，并且还应当提交申请地址、邮编、电话等通讯方式。

（2）专利在大学生创新能力培养中的应用。

专利是培养大学生创新能力的重要手段和途径，也是反映大学生创造力的一个重要方面。绵阳师范学院成立了"大学生专利事务指导站"，开设了"专利实务与开发""实体设计"等相关课程，并划拨专利成果申报专项经费，支持、鼓励大学生进行专利申报。

为了促进大学生将被动式、记忆式学习变为主动式、探究式学习，绵阳师范学院不断探索专利教育的有效途径，形成了较为完整的专利申请工作流程。首先，激发大学生进行创新思维，产生创意或创新点子。然后，进行专利检索和查新，了解该创意是否已经被别人注册申请。第三，准备专利的申请材料，撰写7个专利文件。第四，大学生专利事务指导站的专任教师对相关材料进行审核、辅导、修改。第五，按照《专利法》规定的专利申请流程进行专利申请。此过程不仅提高了大学生的创新能力，而且培养了他们在专利文书撰写和专利审查过程中文书处理的能力、专利文献信息的检索和利用能力。

近年来，绵阳师范学院的大学生在专利制作、专利申报方面取得了较为显著的成绩。学校师生获得国家知识产权局的专利受理和专利授权近600项。大学生的创新热情高涨，创新素质也得到了显著提高。

2007年11月，国家知识产权局主办了以"发展知识产权市场，推进创新型国家建设"为主题的"首届中国专利周"。在"首届中国专利周"四川分会活动现场，绵阳师范学院以50个专利项目参加展示交易活动，成为最大的参展单位，成为"首届中国专利周"四川分会场的一大亮点。

2009年11月，绵阳师范学院参加了由国家知识产权局主办的"中国第三届专利技术交易展示周"四川省暨成都地区活动。在此次活动中，绵阳师范学院多个创新项目参与展示。参加活动的人员包括指导老师、设计人员、学习小组共60余人，是此次活动中团体参与规模最大的一个，参展的设计展品也是众多院校中较多的一个。

2. 大学生创新能力的综合展示——高校NOC活动

（1）高校NOC活动简介。

"全国普通高校信息技术创新与实践活动"由中国高等教育学会、中国发明协会和中国教育技术协会联合主办，教育部中国信息技术教育杂志社承办。该活动是以面向专科及专科以上在校大学生（包括留学生）开展的一项普及"知识产权"知识、展示"自主创新"能力信息技术的应用竞赛。活动的英文名称为：NETWORK ORIGINALITY COMPETITION（英文缩写为"NOC"，简称高校 NOC 活动）。

高校 NOC 活动从 2009 年起单独组织实施。高校 NOC 活动启动后，以贴近大学生活，立足大学生就业实际，帮助大学生实习、就业，搭建校企合作平台为重点。活动组委会与众多热心企业进行接洽，为优秀参赛大学生提供了实习与就业的良好条件与机会。在竞赛内容的设置上，2009 年首届高校 NOC 活动设置了包括创意设计类、网络安全类、智能机器人、创业计划、发明创新类五大竞赛，以及中国教育创新与人才就业论坛、全国校园影像交流节、"保护知识产权，我们共同行动"网络竞赛三大主题活动。2012 年高校 NOC 活动的赛项分类包括数字艺术类、设计类、智能机器人类、信息技术综合应用类、发明创新类、创业（商业）计划等六大竞赛。

（2）绵阳师范学院参加高校 NOC 活动的情况。

2010 年 11 月，在江苏省无锡市江南大学举办的第二届"全国高校 NOC 活动"决赛中，绵阳师范学院大学生获得了优异成绩。22 名大学生参赛，获得一等奖 2 项，二等奖 2 项，三等奖 9 项。此外，绵阳师范学院的傅之屏、赵晓江、邵镪钎三位教师还获得第二届"全国高校 NOC 活动"决赛优秀指导教师称号，绵阳师范学院获得了组织工作先进单位的称号。

2011 年 11 月，在江苏省无锡市江南大学举办的第三届"全国高校 NOC 活动"决赛中，绵阳师范学院大学生再次获得优异成绩。绵阳师范学院共有 69 名大学生参加此次决赛，获得一等奖 3 项，二等奖 4 项，三等奖 8 项，优秀专利奖 2 项。值得一提的是，本届全国高校 NOC 活动决赛发明创新类设立了三个"恩欧希教育信息化发明创新奖"，绵阳师范学院大学生在激烈的竞争中获得了其中的一项奖励。这是绵阳师范学院首次获得由科技部批准设立的"恩欧希教育信息化发明创新奖"国家级奖项。此外，在本次高校 NOC 活动决赛中，绵阳师范学院傅之屏、赵晓江、郑直、邱广宏、段守付、王勇、张彬、付莎莎等多位老师参与大学生竞赛指导，最终傅之屏、赵晓江、郑直、邱广宏四位教师获得了第三届"全国高校 NOC 活动"决赛优秀指导教师的称号，绵阳师范学院获得了组织工作先进单位的称号。

第四届全国普通高校信息技术创新与实践活动由教育部科技发展中

心、中国高等教育学会、中国发明协会和中国教育技术协会主办。2012年5月25日至27日在江南大学举行了工业设计和景观设计决赛，绵阳师范学院大学生获得了一等奖1项、二等奖1项、三等奖2项、优秀奖2项的优异成绩。赵晓江老师获得了优秀指导教师的称号，绵阳师范学院获得了组织工作先进单位的称号。

在第五届全国普通信息技术创新与实践活动决赛中，绵阳师范学院参赛作品获得技术发明创新和环境设计一等奖2项，获得"中科招商青少年发明专项奖"1项，环境设计二等奖1项，技术发明创新二等奖2项，创新创业计划赛三等奖1项，学校获得组织工作优秀奖，邵镪钎、韩周林、蒙宇三位老师获得了"优秀指导教师奖"。

在第六届全国普通信息技术创新与实践活动（NOC）决赛中，绵阳师范学院大学生作品获得创新创业计划赛项二等奖3项，三等奖1项。我校学生还参与了优秀创业项目投资价值导师点评会，参加本次投资价值导师点评会的只有4件作品入选，我校则占了其中2件。学校获得"组织工作优秀奖"。

在第七届全国普通信息技术创新与实践活动（NOC）决赛中，绵阳师范学院的《楼道"踩踏"发电式感应灯控系统》等4项学生作品获得技术发明创新赛二等奖,《追创硬币分类计数器》等2项学生作品获得创新创业计划赛二等奖。

在第八届全国普通信息技术创新与实践活动（NOC）决赛中，绵阳师范学院大学生的参赛作品荣获未来创客赛一等奖2项，二等奖4项；技术发明创新赛二等奖2项，三等奖1项。

二、培养应用型创新性人才

1. 绵阳师范学院创造型教师培养的重要意义

"苟日新，日日新，又日新"，创造是人类特有的属性。深化教育改革，注重创新精神和创新人才的培养，是高等教育迎接21世纪挑战的必然选择，也是必须担负的重要历史使命。高师院校作为我国高等教育的重要组成部分，同样肩负着创新人才培养的重任。

对高等师范院校而言，不仅要肩负起创新人才培养的职责，而且要努力实现创造教育优秀师资培养的目标，培养出更多创造型教师。通过这些创造型教师更好地促进创新教育工作,培养广大儿童及青少年的创新精神和创新能力,开发他们的创新潜能,提升他们的创新素质。因此,高师院校的创新教育对创新型国家建设具有十分重要的意义。

2. 绵阳师范学院创造型教师培养的典型案例

高师院校如何培养创新人才成了一个很重要的课题。绵阳师范学院在长期的创新教育过程中,积极开展创新实践教育,构建出颇具特色的创新育人模式,全面提升了大学生的创造力,培养了一批批应用型创新人才。

四川省十佳青年学生——杜贤良。杜贤良,男,四川广安人。2001年9月至2005年7月在绵阳师范学院音乐与表演艺术学院音乐学专业2001级1班学习;现为西南大学育才学院音乐学院声乐教师。杜贤良在校期间,勤奋好学,勇于创新,先后获得校园歌手大赛专业组美声唱法一等奖,第十届全国推新人大赛绵阳赛区青年组美声唱法银奖。2004年出版首张个人专辑《师恩百年情》,被美籍华人歌唱家龚东建评价为"具有中国优秀男高音歌唱家的潜质"。除精于专业外,他还连续申请了五项国家专利,被誉为"师院学生科研第一人"。拥有杰出创新能力的杜贤良于2004年荣获了"四川省十佳青年学生"的称号。2005年6月杜贤良在绵州大剧院成功举办了个人独唱音乐会,毕业后顺利签约了西南大学育才学院的音乐学院,成了一名高校教师。2006年他还参加了重庆市反腐倡廉歌手大赛并获得优秀奖。

2010中国大学生年度人物候选人——潘德洪。潘德洪,男,绵阳师范学院物理与电子工程学院2007级本科学生。潘德洪同学是绵阳师范学院培养的一位热心素质教育、热爱科技创新、能够胜任"综合实践活动"课的新型职前教师。他在大学4年的学习中,除认真学好理论知识外,还注重创新实践,努力追求自身全面发展,不断提高创新能力,先后获得13项国家专利;另一方面,经常到中小学参与指导创新实践的活动,并取得了显著的成绩,受到了中小学广泛的欢迎,先后获得了国际、国家、省市级多项奖励。2010年他获得了"VEX机器人世界锦标赛"大学生组世界冠军。潘德洪学习刻苦努力,成绩优秀。2008年被评为校级优秀学生干部;2009年被评为校级三好学生和优秀团干;2008—2009年连续两年获得创新奖,2010年被评为科技创新青年标兵并获得创新教育特等奖。潘德洪的科技创新成果丰厚,为职前教师树立了创新实践的榜样。他在备战"2010年VEX机器人世界锦标赛"中,作为机器人队4名队员中的核心骨干,与队员一起设计了13种不同结构的机器人,并夜以继日地对机器人的结构和程序进行改进及优化,同时不断对设计的机型进行效率测试,最终选定两台运用了超声波定位、转速传感器等技术,结构最简、效率最高、制作最精的机器人参加了比赛。最终,经过三天的激烈角逐,战胜了包括美国休斯顿大学、新西兰梅西大学在内的来自美国、加拿大、墨西哥、新西兰等著名高校的32支队伍,以17胜2负的成绩夺得大学组世界冠军。在这次比赛中,他充分发扬"团结协作、努力拼搏、自信图强、追求卓越"的精神,为祖国争得了荣誉。潘德洪在努力学好物理学专业知识的同时,还热衷于科技创新实践,充分利用每天的课余时间,联系专业与生活实际,开展专利发明活动。本科四年,他申请国家专利25项,其中等压气体温度计、自动减压和充气轮胎气门、独轮滑板、防溅玩具水枪等共13项专利获得授权;前后换位升降黑板、简易饭菜防馊器、串串香专用筷等12项专利已受理。他为职前教师树立了勇于创新实践的榜样。此外,潘德洪同学还积极参与中小学"综合实践活动"课教学。他在课余时间担任起了绵阳市多所中小学的科技辅导员,辅导中小学生参加科技创新大赛,并取得了良好的成绩。先后辅导北川中学、游仙镇初级中学、绵阳师范学院附中等学校的学生参加青少年科技创新大赛获得各类奖项9项,其中:获得省级三等奖1项,绵阳市二等奖6项,绵阳市三等奖2项。他本人于2010年被评为绵阳市优秀科技辅导员。

绵阳市首届市长创新奖者——罗隆成。罗隆成同学是绵阳师范学院资源环境工程学院地理科学专业的本科学生。他在校读书期间实事求是、刻苦钻研、勇于创新,在学好自身专业的同时,还非常注重创新意识的培养和实践能力的提升,积极参与各类青年大学生科技创新活动。2007年6月,罗隆成同学参加第九届"挑战杯"移动飞信四川省大学生课外学术科技作品竞赛终审决赛,经过现场布展、专家询问、秘密答辩等环节,最终以《中国 2010—2020 年汛期旱涝灰预测研究》获得了自然科学学术论文类二等奖。2006年,罗隆成同学荣获绵阳市首届市长创新奖。

VEX机器人世界锦标赛世界冠军获得者——陈圳尧。陈圳尧,男,汉族,中共党员,绵阳师范学院创新学院2008级学生,曾担任绵阳师范学院大学生创新学会会长、创新学院教学助理、机器人班教学助理等职务,现为宜宾学院培训与创新学院智能机器人的教师。陈圳尧在 VEX 机器人竞赛方面取得了出色的成绩。2009年11月,陈圳尧参加了"全国大学生信息技术大赛",获得 VEX 机器人工程赛大学生全国冠军,并由此取得了参加"2010 年 VEX 机器人世界锦标赛"的资格。2010 年 4 月参加由美国 NASA(美国太空总署)、加利福尼亚州立大学等机构主办的 VEX 机器人世界锦标赛,并获得了世界冠军。2011 年 4 月作为绵阳师范学院机器人代表队队长参加 VEX 机器人世界锦标赛,获得科学技术工程数学(STEM)最高奖。这些成绩的取得与陈圳尧积极参与各类创新实践活动、努力提高自身创新能力是离不开的。陈圳尧同学在校学习期间申请了多项国家专利,获得国家专利受理 6 项,国家专利授权 4 项。此外,他还利用课余时间担任了绵阳市多所中小学校的科技辅导员,积极辅导中小学生参加青少年科技创新大赛,并取得了良好的成绩。他先后辅导北川中学、游仙镇初级中学的中学生参加青少年科技创新大赛,获得绵阳市二等奖 2 项,绵阳市三等奖 2 项。2010 年他被评为绵阳市优秀科技辅导员。

科技创新教育骨干教师——魏开。魏开毕业于绵阳师范学院生命科学与技术学院,现就职于绵阳东辰国际学校中学部,任绵阳东辰国际学校科学技术协会秘书长、学校科学学科组大组长、全国青少年科技辅导员协会会员。魏开在绵阳师范学院学习期间,努力提升自身创新能力,努力学习、实践科技创新教育。通过学习与实践,他深信"激情成就梦想,创新改变命运"。毕业后,魏开从 2006 年开始指导中小学生参加青少年科技创新活动,辅导中小学生参与各类项目和制作近百项,指导学生参加青少年科技创新大赛,获得全国性奖励 5 项,四川省奖励 45 项,绵阳市奖励 90 余项;连续 4 年被评为绵阳市优秀科技辅导员,逐渐成长为绵阳市具有影响力的科技教育骨干教师。

全国优秀科技教师——廖丽。廖丽毕业于绵阳师范学院生命科学与技术学院,现担任云南师范大学附中高新一中科技活动教师、中学生物教师。廖丽在绵阳师范学院学习期间,积极辅导中小学生参与科技实践活动,在全国青少年优秀创新大赛活动中获青少年优秀科技实践活动二等奖;在四川省第十一届青少年科技创新大赛中荣获三等奖,并获得优秀科技辅导员称号。参加工作后,廖丽多次辅导中学生参加青少年科技创新大赛,学生作品多次获"省级二等奖""省级三等奖",被评为"昆明市优秀科技辅导员";组织学生参加"全国宋庆龄少儿发明比赛",取得一银三铜的好成绩,被评为"全国优秀科技教师"。

创新教育青年教师——陈龙。陈龙,绵阳师范学院生命科学与技术学院 2008 届本科毕业生,曾任绵阳师范学院学生科学技术协会主席。现就职于辽宁省沈阳市东北育才外国语学校,担任优才教育研究所执行秘书、创造课课题组教研组长、生物教师。在东北育才外国语学校,陈龙负责学生创造力的开发和科技创新方面的工作,承担全校中学阶段六个年级"中学生创造力开发""研究性学习"课程的开发与教学工作。陈龙在工作中充分发挥自身创新和创造力开发的优势,取得了出色的成绩。他承担了科技部"十一五"规划重点课题的子课题"中小学生创造力教育案例研究",撰写的报告《生物课观察活动培养学生创造力》在"第十二届全国校园校园文化建设优秀成果评选活动"中荣获一等奖;《发生在肺内的气体交换》教学设计(案例)在"2010 年全国中青年骨干教师优秀教学成果征集活动"中荣获二等奖;《初步尝试 TRIZ 理论在生物学科教学中的应用》在"第五届全国中小学教师学术作品年度评选活动中荣获二等奖。此外,他还辅导中小学生进行科技发明与论文写作一百余项,其中辅导学生荣获第九届全国"明天小小科学家"活动全国三等奖 1 项;辅导学生在青少年科幻画国家级比赛入围 1 项;青少年科技创新大赛省级获奖 14 项。

此外,张春波、王刚、李林、余川、张宇文、何飞、彭肖勇等同学经过绵阳师范学院创新学院的系统培养,他们的创新素质得到了提升,创新能力得到了提高,这样的毕业生无论是在工作中,还是继续学习深造,都受到了普遍好评。

三、面向基础教育联合开展科技教育

1. 面向中小学生的科技创新教育

绵阳师范学院从 20 世纪 90 年代开始就将职前教师创造实践能力的开发提到了教师教育的重要地位,在职前教师中开设创造学课程,从 1998 年开始探索开展"科技教育实习"并逐步发展,最终形成了科技创新教育三级辐射模式。

绵阳师范学院从 2003 年起,在绵阳东辰国际学校建立创新教育研究实训基地,带动及服务中小学科技创新。2008 年 9 月 3 日,绵阳师范学院与北川中学签订了"绵阳师范学院北川中学青少年科技创新教育基地"协议,北川中学科技创新教育基地正式成立。目前,绵阳师范学院已在北川中学、绵阳东辰国际学校、北川擂鼓中学、游仙镇中学、仙海中学、

海南白沙中学、平武木皮中心小学等10余所中小学校建立了青少年科技创新教育基地、校外实践教学基地。

绵阳师范学院的教师和职前教师指导中小学生开展青少年科技创新实践活动取得了丰硕成果：获得国家级奖励10余项，省级奖励70余项，市级奖励300余项。这种"职前教师辅导中学生开展科技创新实践活动"的模式，受到中国科协、四川省教育厅、四川省科协、绵阳市教育局和绵阳市科协的一致好评，政治局常委李长春同志、中国科协党组书记邓楠同志等人对此作了高度评价。

2. 中小学校的教师培训

高师院校在教育培训方面有着天然的优势。绵阳师范学院利用创新教育方面的突出优势，面向中小学校开展了多种形式的科技创新教育人才培训活动。

（1）地震灾区科普活动室管理人员培训。

2008年汶川大地震发生后，中国科学技术协会书记处对支持四川灾后重建工作作出了指示。为此，中国科协在四川省5个地震极重县（市）开展科普安置点项目。为了提高项目的实效，中国科协开展了"中国科协援建四川省地震灾区科普活动室管理人员培训"活动。

2008年12月15日—17日，中国科协援建科普活动室管理人员培训班在绵阳师范学院创新学院青少年科学工作室举行。来自都江堰市、什邡市、北川县、青川县、汶川县、三台县的28名科普活动室的管理人员，以及县（市）科协负责科普活动室的同志参加了此次培训。在培训中，徐健俊老师以《壁挂式科技馆展品介绍与拓展》为题，对壁挂式科技馆的内容、作用、原理、维护以及安装使用方法等对学员们进行了详细地讲解。徐玮老师就科普活动室配置科普益智器材的使用、管理、保养等内容为学员们作了全面演示，并就如何开展科技活动，培养兴趣，提高思维能力、动手能力和创造能力等进行了讲解。绵阳师范学院创新学院的赵晓江老师以《科普活动室的活动及管理》为题，就科普活动室开展活动的选题设计、常见形式、在活动中学到和做到什么，科普活动室的管理等几个方面为学员们进行了讲解。北川县民族中学的唐明老师介绍了《羌山学子小手拉大手——带动村民保护白草河实践活动报告》的活动情况。绵阳师范学院创新学院的邵镪钎介绍了论文《保护久违的麻雀》的选题和写作过程。绵阳师范学院创新学院在本次培训当中，充分发挥自身科技创新教育的优势，确保了培训效果。培训结束后，学员们纷纷表示会尽快将活动器材安装到位，充分发挥好科普活动室的作用，积极开展活动，丰富青少年业余文化生活，让孩子们健康成长。

（2）"长江水学校"项目的教师培训。

"长江水学校"是施华洛世奇国际水学校的一个组成部分。"国际水学校"项目最初由施华洛世奇在奥地利启动，目前已经推广至欧洲、非洲、亚洲。在中国，是由施华洛世奇、香格里拉可持续社区学会、中国教育部基础教育课程教材发展中心和联合国教科文组织在长江流域合作开展的水资源可持续管理和保护的教育行动，是联合国教科文组织发起的国际水文计划暨"生命之水国际十年（2005—2015）"的组成部分和联合国"可持续发展教育十年（2005—2014）"在中国的示范项目。"长江水学校"项目于2008年1月正式启动，由香格里拉可持续社区学会负责项目的总体管理和执行。"长江水学校"项目在教育、生态这两个方面的主要目标：一是以保护长江水资源为平台，鼓励青少年走进社区，走进自然，全面发展，在实践中获取真知；二是通过学校和社区的探索、示范、推广，推动公众积极参与，以行动促进长江流域的生态安全和可持续发展。

"长江水学校"项目自2008年3月启动以来，绵阳师范学院作为该项目四川区域协调中心，负责协调、指导四川9所试点水学校开展水教育活动，从环境保护意识教育、人员培训、教材开发、灾后重建项目建设、心理辅导等方面开展工作。在项目负责人傅之屏教授的领导下，绵阳师范学院在项目实施过程中，充分发挥四川区域协调中心的作用，围绕水安全和水资源可持续管理教育，逐步拓展水资源管理、生态教育、教研教改、学生行动研究、教师行动研究、社区和学校互动、资源开发、交流网络建设等内容。参与人员众多，不仅包括学校教师、社区教员和自然保护区人员，而且包括相关政府部门的人员、居委会、媒体、学校领导等。项目实施过程中，共举办了8期水安全和水资源可持续管理教育培训及研讨班，175名水学校教师、社区教员等参与培训，培养了一批项目骨干人员，涌现出了一批从事水教育教学工作的优秀教师。

（3）承担科技教育培训。

加强科学技术教育，提高全民族尤其是青少年的科技素质至关重要，这是保障持续增强我国创新能力和国际竞争力的基础工程。因此，强化青少年科技辅导员教师队伍的业务素质，增强其创新精神和实践能力，引导其树立科学思想及科学态度是高师院校的职责所在。

  2011年6月8日，中国青少年科技辅导员协会主办、绵阳师范学院承办的科技教育培训班在绵阳师范学院正式开班。中国青少年科技辅导员协会秘书长赵建龙表示，希望绵阳师范学院能够以创新教育作为教师教育的引导，疾驰在创新实践之路上，大胆开拓，在创新型培养模式上走出一条与众不同的创新之路，为我国教师教育培养出更多的创新型师资。四川省科协副主席刘进指出，科技交流培训是一项基础交流，要加强创新型科技教师队伍的建设，积极推进和培养创新能力，希望绵阳师范学院能为素质教育培养一批具有创新精神和实践能力的优秀教师。本次培训为期四天，来自上海、北京等地的青少年科技辅导员培训专家曹晓清、李志强、刘国璋、翟立原等为500余名受训学员进行了培训。培训会后，学员们纷纷表示，通过本次培训，他们更新了理念，掌握了方法，在今后的工作中会更好地胜任科技辅导员的工作。

第八章
创造型教师培养的环境与支持

创造型教师的成长不仅与其自身的心理特征密切相关,而且与他所处的社会环境紧密相连。对职前教师而言,在接受师范教育的过程中,高校教师对他们的创新支持行为对其今后的创造性教学行为起着十分重要的作用。此外,学校营造创新气氛,以及鼓励创新创造的社会政治、经济、文化环境等也是创造型教师成长的重要条件。

第一节 创造型教师培养的社会支持体系

21世纪的教育正在出现一系列变革的趋势,世界各国都在大力加强创造力研究,培养和造就高素质的创造性人才已成为人们的共识。但是,目前在培养创造性人才的问题上存在着两大误区:其一,认为创造力不能培养,即使能够培养,那也是高等教育的责任,与基础教育关系不大,甚至没什么关系;其二,认为培养创造性人才是学校的责任,与其他社会主体关系不大,甚至没什么关系。在这里,我们在辨析这两大误区的基础上,以中国科技城——四川绵阳的实践探索为例,对建构与优化青少年科技创新教育社会支持体系的理论与实践问题展开讨论。

一、创新教育社会支持体系的理论思考

1. 青少年创造力开发是建立国家创新体系的基石

青少年是祖国的未来和希望,青少年创造力开发是建立国家创新体系的基础性工程。"开展青少年科技创新教育,培养青少年的创新意识、创新能力,对实施'科教兴国'战略、全面推进素质教育具有重要的意义和作

用。"①然而,人们对于创造力能否培养的问题还存在着广泛的质疑。

有学者认为,"人类创新能力与创新人才的稀缺是基因注定的,不可更改的,至少在基因工程启动之前的历史中是这样的……我们知道怎样摧毁创造力,特别是根据中国的经验;我们不知道怎样判断和促进创新潜力,即使囊括全世界的经验。"②中小学生不能侈谈创新,这种观点在中小学教师中具有广泛的市场,在他们看来,创新成了正常教学活动不必要的负担。

教育观念上的种种迷惘最终必然会反映到人才培养质量上来。教育进展国际评估组织对世界21个国家的调查显示,中国孩子的计算能力世界第一,但创造力在所有参加调查的国家中排名倒数第五。③在被调查的中小学生中,有好奇心和想象力的只占4.7%。这样的教育结果与基础教育领域长期盛行的神秘主义创造观有关,与创造力科普工作不到位也有关,以上种种导致了诸多对青少年创造力开发必要性、可行性的质疑。

事实上,包括创造力在内的人的素质发展是具有明显的连续性的,即使会在某个特定的节点表现出明显的飞跃性特征,也必定离不开一个量的积累。一个人的创造力不会在某个特定的人生节点突然出现,它需要一个累积的过程。

青少年时期是个体创造力发展的重要阶段。有学者的研究发现:青少年是个体科学创造力迅速发展的关键时期;青少年的科学创造力随着年龄的增大而表现出持续上升的趋势,但在14岁时要下降,在17岁时趋于定型。④还有学者的研究表明,青少年的创造力整体呈阶段性发展,在同一阶段内其发展呈连续性。青少年创造力从小学四年级起呈上升发展趋势,六年级到初一时水平明显提升,到初三时达到最高峰,进入高中后,其水平有所下降并呈稳定状态。⑤青少年科技创新教育就是要帮助青少年有意识地去完成个体创造力的累积过程。

当今中国基础教育的重要弊端之一是对创造力培养的重视不够,而青

---

① 陈伟:《构建科技创新教育体系的实践与思考》,《中国教育学刊》2010年第7期,第49-51页。
② 郑也夫:《吾国教育病理》,中信出版社2013年版。
③ 赵永新、王昊魁:《中国儿童想象力太差》,《人民日报》,2009-08-17。
④ 胡卫平、俞国良:《青少年的科学创造力研究》,《教育研究》2002年第1期,第44-48页。
⑤ 沃建中、王烨晖、刘彩梅、林崇德:《青少年创造力的发展研究》,《心理科学》2009年第3期,第535-539页。

少年创造力的开发是必要的，也是可能的。它是培养一大批创造性人才的基础工程，更是建立国家创新体系、建设创新型国家的重要基石。

2. 青少年科技创新教育社会支持体系的理论阐释

当今社会还存在一个较为普遍的认识误区：人才培养即教育是学校的任务，是教师的职责，其他社会主体的教育责任被严重边缘化。就青少年科技创新教育来说，普遍认为这是学校的事情，殊不知学校根本没有强大到可以独自承担如此艰巨的责任。我们从来不曾质疑过的"教育"和"学校"的关系，需要得到理性地检视。

丹尼尔·科顿姆提出了"教育是无用的"[①]这一命题。他说："如果我们打算全面彻底地思考教育的本质，那么，我们就必须想想教育的无用性……如果教育有任何价值可言，那么我们就必须承认教育是无用的。"这种观点无疑挑战了大多数人的教育常识，但也不乏其真知灼见。

同样受到挑战的还有学校，家长们往往认为将孩子送到学校尤其那些所谓"名校"，似乎就给孩子的人生买了一重放心的保险。盖托却提出了"上学真的有用吗"[②]这一质疑，尽管这些是针对美国教育和学校提出的，但是，其独特的视角无疑能够引人深思。根据某研究机构发布的《中国在家上学研究报告（2013）》，国内约有1.8万学生没有在校接受教育，而选择了"在家上学"。[③]学校的教育危机昭然若揭。学校具有其自身的局限性，它难以独自完成其教育使命，以开发青少年创造力为旨归的科技创新教育需要建立和优化全社会共同参与的社会支持体系。

青少年科技创新教育社会支持体系就是从大教育观出发，建立相关组织、制度与机制，形成以学校为基地，社会各类主体协调配合、共同开发青少年创造力的社会系统。它至少包括以下几类重要的构成要素：

① 学校。学校依然是青少年科技创新教育的主阵地。面对青少年创造力开发的问题，学校应当在教师专业素质、课程教学体系、教学设施设备等方面做出相应调整。

② 家庭。家庭是青少年成长的重要场所，一个平等、民主、和谐的家

---

① [美]丹尼尔·科顿姆：《教育为何是无用的》，仇蓓玲、卫鑫译，江苏人民出版社2005年版。
② [美]盖托：《上学真的有用吗？》，汪小英译，生活·读书·新知三联书店2010年版。
③ 常生龙：《在家上学 难说坦途》，《中国教育报》，2013-08-30。

庭氛围能够更加有效地促进孩子创造力的开发。

③ 企业。企业应当肩负起社会公民的责任，承担起促进教育发展的社会义务，尽其最大能力为青少年提供参观与实践的机会。

④ 社区。社区是青少年健康成长的基本环境，社区应当积极创造条件，支持学校开展青少年创新实践活动。

⑤ 地方政府。地方政府最重要的职责是建立机制、搭建平台、统筹协调各类社会主体参与青少年科技创新教育。

⑥ 群团组织。如团委、关工委、科协等组织应当多组织校际之间科技创新实践活动，在区域范围内形成科技创新教育的良好氛围。

⑦ 科研院所。科研院所是地方的智库，应该为青少年创造条件和机会，让他们能够走进实验室、走近专家学者，亲身体验创新过程。

⑧ 科技场馆。科技馆、博物馆等各类展览场馆是人类创新成果的集中展示地，青少年们走进科技场馆，能够从无形之中受到熏陶和感染。

二、创新教育社会支持体系的实践探索

近年来，绵阳市的高校和中小学校，结合青少年的身心特点，开展了课程教学、创新实践、创新竞赛、创业实践等形式多样、丰富多彩的科技创新教育活动，取得了较好的成绩。尤其是在青少年科技创新大赛中，成绩喜人。在科技博物馆建设、创新中心建设、乡村少年宫建设、科技辅导员队伍建设等方面加大了投入，成效显著。

在创新教育机构方面，绵阳师范学院成立了专门开展创新教育的创新学院和国家级青少年科学工作室，西南科技大学设有国家大学科技园和国家级综合性工程训练实验教学示范中心，绵阳市建有以展示中国核科技发展历程和展示"两弹一星"功勋获奖者及感人故事为主题的绵阳科技博物馆，绵阳市有全国科普教育基地的中国工程物理研究院科学技术馆，担当创新策源地和孵化器的绵阳国家科技城创新中心，等等。

在创新实践活动方面，由绵阳市科学技术协会、教育体育局等单位组织开展"青少年科技创新大赛"，每年举办一次，内容主要包括中小学生科技创新成果竞赛、优秀科技辅导员评选、青少年科技实践活动等；此外，2014年还增设了科技城"小发明家"评选活动。由绵阳市教育体育局根据中小学课程组织开展了中小学劳技教育创新作品大赛、"为生活而设计"创

新实践活动成果展、中小学生机器人竞赛等活动。绵阳市团市委为了进一步激发广大青年的创新创业热情和活力，在社会上大力营造青年创新创业的浓厚氛围，组织开展青年"创新创业大赛"。

当然，绵阳市青少年科技创新教育也存在诸多问题，主要表现在以下几个方面：科技创新教育存在多头管理，缺乏必要的协调统合，主要涉及的政府部门有教育体育局、科协、团市委、人力资源与社会保障局等单位；中国科技城的科技人才、科研院所、科教场馆等科教资源的利用效率较低；青少年科技创新实践的积极性有待进一步提升，参与科技创新活动的广度和深度不够；青少年科技创新活动多为业余性质，许多单位缺乏专门的、高水平的指导教师；经费投入需加大，相关政策制度需完善；青少年科技创新实践的层次较低，制作较为粗糙，知识与技术含量偏低。

三、创新教育社会支持体系的对策建议

绵阳市作为中国科技城，在青少年科技创新教育方面取得了较好的成绩，与此同时这方面的工作还大有潜力。根据创造学原理和系统原理等理论，建构科学的创新教育社会支持体系，能够极大地促进青少年科技创新的教育工作。

1. 明确一个目标

中国科技城青少年科技创新教育的总体目标：全面提升青少年创造力，倾力打造科技城创新文化。

系统、科学的科技创新教育社会支持体系的构建与实施，能够促进青少年创新意识、创新思维和创造能力的发展，有助于绵阳市基础教育领域的教学改革，提高教育教学质量，促进中小学的素质教育工作。

作为中国科技城，绵阳市在科技创新方面取得了突出的成就，但在"软实力"方面还有很大的提升空间。通过系统、全面地建设与实施青少年科技创新教育体系，在全市广泛开展科技创新实践活动，在提高青少年创造力的同时，带动中小学校、社区、教育机构的创新氛围，同时影响更多家长和教师，形成更大范围的市民关心、参与的科技创新实践活动，促进绵阳市创新文化的形成和发展，这对中国科技城的建设具有重要作用。

2. 搭建三个平台

青少年科技创新教育是在创新实践活动的基础上开展的，因此，需要

搭建合理的创新实践平台来促进创新教育的实施。创新实践平台主要包括三类：教育培训平台、实践活动平台、展示提升平台。

（1）教育培训平台。

科技创新教育的有效开展，需要对教师、教育管理者、学生开展多种形式的教育培训。从现有的教育体系来看，传统的师范教育没有相应的创新教育师资，高水平的创新教育师资是开展科技创新教育的主要瓶颈之一。

① 在教师培训方面，教师是青少年科技创新教育的主力军，需要组织开展市级、区县级、校级等不同层次的教师培训。教师不仅要学习创新教育的基础知识和方法，而且要掌握如何在校内外有效开展创新实践活动。

② 在学生培训方面，应该在最大范围内开展科技创新的基础知识、基本理论以及基本方法的培训，并结合学生兴趣、需求、知识背景等实际情况，开展不同类型的学生培训。

此外，在家长培训方面，一是可在有条件的学校中开展家长培训；二是可借助"绵州讲坛"等形式，向更广泛的市民进行宣讲、培训。此外，在培训形式方面，可以借助"科技夏令营""智能机器人培训班""创造发明培训班"等多种形式开展教育培训活动，通过喜闻乐见的、生动有趣的、互动式的、体验式的不同方式，激发创新创造的兴趣，吸引更多的人参与创新实践活动。

（2）实践活动平台。

实践活动是青少年科技创新教育的重要载体之一。目前，国内外青少年科技创新教育的实践活动往往是各种类型的创新竞赛，通过竞赛来吸引青少年进行学习和实践，并从中启迪创意思路，培养创新思维，提高创新能力。目前，创新竞赛包括多种类型，尤其是青少年科技创新大赛、青少年智能机器人竞赛、青年创新创业竞赛等。

① 青少年科技创新大赛主要有国家级、省级和市级三类层次。全国青少年科技创新大赛是由中国科协、教育部、科技部、环保总局等联合主办的青少年学生科技竞赛和展示。

② 青少年机器人竞赛活动是一项综合多种学科知识和技能的青少年科技活动，通过计算机编程、工程设计、动手制作与技术构建，结合青少年的日常观察、积累，去寻求自己最完美的解决方案，发展自己的创造力。

③ 青年创新创业大赛是一项更贴近社会、更复杂的创新实践活动。目前，国内有多个创新创业竞赛，例如："挑战杯"全国大学生创业大赛、中国创新创业大赛等。2014 年 5 月，绵阳市启动了首届创新创业大赛。

此外，各类专题创新竞赛活动，例如：创意设计竞赛、航模比赛、劳技创新作品竞赛、"头脑奥林匹克活动"、中小学信息技术创新与实践活动等，都是激发青少年参与创新实践活动的载体。

（3）展示提升平台。

通过教育培训和创新竞赛，将产生较多创新成果。为了营造创新氛围，激励更多的青少年参与创新实践，设置不同类型的展示提升平台，不仅能促进青少年自身的成长，而且能够较好地营造城市创新文化。

① 设立"市长创新奖"，每年评选 2～3 名在创新创造或创新竞赛活动中获得优异成绩、取得突出成果的青少年，颁发市长创新奖。通过对获奖者的宣传报道，营造创新氛围。

② 设立科技城发明奖，每两年进行一次评奖，对突出的青少年创新发明成果进行奖励，并在此基础上，进行"小科学家"评选活动。

此外，还可以利用中国（绵阳）科技城国际科技博览会，在科博会上对绵阳市青少年的优秀创新成果进行展示。在绵阳市的新闻媒体上，开展多种形式的宣传、培训、展示等活动，营造科技城创新文化。

3. 提供四项保障

为了确保中国科技城青少年科技创新活动的有效开展，有力促进绵阳市创新文化的宣传，在青少年科技创新教育体系中，还需要明确保障措施。

（1）人员保障。

人是开展青少年科技创新教育的主体。在绵阳市青少年科技创新教育方面，需要确保三类人员。首先是绵阳市青少年科技创新教育管理委员会，主要负责全市科技创新教育的总体规划、统筹安排。其次是绵阳市青少年科技创新教育专家委员会，聘请国内外科技创新教育领域的专家，由他们进行相关的教育培训、项目评审、指导等工作。最后是各类学校的"种子教师"，从各个学校抽选出骨干教师，进行专门的培训，然后回到原单位对其他教师进行培训，扩大科技创新教育的师资队伍。

（2）条件保障。

青少年在开展科技创新实践活动时，需要实验室、资料室等条件，因此需要必要的条件保障。首先，在绵阳的高校和科研院所中，设立开放实验室，为青少年提供必要的实验条件。其次，遴选科技创新基地，将绵阳科技博物馆、中国工程物理研究院科学技术馆、绵阳国家科技城创新中心等作为基地向青少年开放。此外，借鉴北京、上海等地的经验，成立"绵阳市青少年科技创新学院"，并借鉴北京市的"翱翔计划"、重庆市的"雏鹰计划"，设立专门的、系统的、科学的青少年科技创新人才培养实施方案。

（3）制度保障。

青少年科技创新教育活动的开展，还需要在制度方面跟进，确保工作的有效开展。在明确职责、规范经费使用、调动相关人员的工作积极性等方面建章立制，形成相应的规章制度，确保创新教育工作规范、有序、可持续地发展。

（4）经费保障。

青少年科技创新教育工作的开展，离不开资金的保障。绵阳市在已有的相关资金的基础上，需要增加部分经费开展预算。此外，依托创新教育相关机构，可以以"命名""赞助""资助"等多种方式向社会募集资金。

第二节　高校教师创新支持行为的理论研究

创新是一个民族进步的灵魂，是经济发展和社会进步的决定性因素，而创新的关键是人才。在知识经济高速发展的现在，大到国家、小到社会对人才的要求都在不断地提高，培养高素质的创新人才是我们国家和学校的一项重要任务[1]。从文化层次来看，大学生接受过高等素质教育，更是我国创新人才的重要组成部分，他们为社会的发展注入了新鲜的血液，高校则是培育创新人才的摇篮。很多研究表明，教师对学生的成长和发展有很重要的影响。

一、高校教师创新支持行为的教育价值

随着时代的变化，教师在教学活动中所扮演的角色也发生了重大转换，

---

[1] 任炀：《本科生导师支持行为对大学生创造力倾向影响的实证研究》，电子科技大学硕士学位论文，2013年。

从最早的主导者变为现在的指导者和促进者。现在，大学教师不只教授学生专业理论知识，更多的是培养一批具有创新精神的学生，这就要求教师把自己所积累的创造性经验与学生分享，拓展学生的知识面；营造一个轻松、自由的学习氛围；通过与学生的交流和相处了解每个学生的兴趣和特长，为学生提供必要的创造性学习平台；鼓励学生制定创造性的学习目标并为之努力；当学生在创新活动中遇到困难时，教师能给予指导和帮助。在这个过程中，大学教师对学生的创新支持是激发学生创造力和影响学生创新行为的关键。[1]

在信息化、全球化的现代社会，各个国家都越来越需要综合能力突出、创新能力强的高端人才。但如何在高校里培养出这种创新型人才呢？国内外学者对这个问题进行了理论探讨和实证研究，总结出了一系列激发学生创造力的方法，例如：大学教师在教学中要多运用激发学生辐合和发散思维的教学技巧，注意培养学生举一反三的能力，鼓励学生从多角度思考问题，为学生提供必要的学习信息、资料，鼓励学生开展各种形式的创新活动，设计产生疑问的情境，营造一种平等交流的学术氛围，对于学生提出的疑问，教师进行解答并提出建议，这样能够保持学生的好奇心和对问题的敏感性，激发学生对某一领域进行深入研究的兴趣。教师还可以把自己的创新经历与学生分享，为学生树立榜样，激发学生的创作动机，在学好专业知识的基础上积极参与科研训练，提高自己的创新能力。教师的这些创新支持行为必然会对学生的创造力起到重要影响。

目前，国内开始注重对教师创新教学的研究，探索如何培养学生的创造力，但对于以培养创新人才为目标的高等教育来说，对大学教师创新支持行为的相关研究还很少，甚至在有限的研究中，都是把国外编制的创新支持行为量表中领导对员工的支持行为作为题项进行教师支持行为研究。正是因为理论研究存在缺陷，才给了我们进行此研究的动力。

在国内外关于教师创新支持行为研究的基础上，本研究目的在于明确教师创新支持行为的概念，从学生感知教师创新支持行为的角度出发进行问卷编制，保证问卷有较高的信效度，为创新教学的评估提供借鉴。[2] 这

---

[1] Tobin K. Constructivism Paradigm for the Practice of Science Education. Washington, DC: AAAS Press, 1993.
[2] 张景焕，初玉霞，林崇德：《教师创造性教学行为评价量表的结构》，《心理发展与教育》2008 年第 24 卷第 3 期，第 107-112 页。

样不但可以让我们了解国内大学教师创新支持行为的现状，还可以通过本研究制作的量表发现大学教师哪些方面的创新支持行为对学生的创造力起到较大影响，这对大学教师开展工作的方式方法具有指导意义。[①]

二、创新的概念、影响因素及其研究方法

1. 创新的概念

（1）熊彼特的创新理论。

人们对创新概念的理解最早主要是从技术与经济相结合的角度，探讨技术创新在经济发展过程中的作用，这种观点的代表人物是熊彼特，他把"创新理论"用来解释资本主义的本质特征。

进入21世纪，熊彼特主义得到了进一步发展，在信息技术的推动下知识社会的形成及其对创新的影响进一步被认识，创新被认为是各创新主体、创新要素交互作用下涌现的一种复杂现象。企业家是资本主义的"灵魂"，而企业家必须不断地创新，才能实现资本主义的经济发展，从而最大限度地获取超额利润。也就是说，"创新"是资本主义经济增长和发展的动力，没有"创新"就没有资本主义的发展。[②]

（2）创新的范畴理论。

20世纪60年代以来，创新领域有很多关于创造概念的界定。大多数人是从狭义的范畴理解的，他们认为创造是指名人、伟人或者杰出的人物在某一方面的成就或对整个民族甚至世界作出的巨大贡献。众所周知的，爱迪生发明的电灯、贝尔发明的电话、美国莱特兄弟发明的飞机、梵·高的《星空》等等。人们理解的创新现象只会发生在极少数智力超凡、才能突出的人身上，自己和周围的人难以创新。

这样的一种观点，不仅缩小了创新的内涵，也埋没了许多真正具备创新能力的人才。人本主义心理学家罗杰斯认为，人一生下来就具备一定的创造力，这种创造力取决于主体的创新意识和创造动机。每个人都可以根据自己已有的知识经验和人生阅历对不同的问题产生自己的理解和采取独

[①] 初玉霞，张景焕，苏培然：《创造性教学行为的实行状况及发展策略》，《全球教育展望》2009年第38卷第1期，第33-36页。

[②] 傅世侠：《创新、创造与原发创造性》，《科学技术与辩证法》2002年第19卷第1期，第39-42页。

特的解决办法，这也是广义上的创造。

这种看待问题的方式和解决问题的方法对他人不一定适用，但对自己来说有着不一般的意义和价值，同理，并非教师所有的创新支持行为都能给学生创新启发，不同的学生有不同的理解。所以在这些认识的基础上，我们可以将教师创新支持行为归纳在"广义的创造"里面，教师根据自己的教学经验和阅历在教学活动中通过个人的创新支持行为来激发学生创造潜能和影响学生创造力的行为都是创新。[①]

（3）创新的投资理论。

罗伯特·斯滕伯格（Sternberg）和托德·陆伯特（Todd Lubart）共同提出了创新的投资理论，该理论指出在理念世界里面，有创新的人低买高卖。斯腾伯格还认为已有的知识经验是创新的前提，没有先前的知识作基础就难以实现创新；个体智力是我们顺利完成一切活动的基础，也是创新的必要条件，它在人们分析和解决问题的环节中起着不可或缺的作用；解决问题时我们倾向于的选择方式就是思维方式，能够多角度思考问题，灵活运用思维方式的人具有创新，而墨守成规的人缺乏创新。

心理学家也证实了具有某些人格特征的人善于创新，例如：丰富的想象力、充足的好奇心、耐挫能力强、敢于尝试和挑战新事物。对所进行的事情有浓厚的兴趣也是创新的重要条件之一，感兴趣才会专心致志地做一件事情，从而出现创新；创新还需要在一个自由、轻松的物质环境和精神环境下进行。这几大方面相互依存，相互制约，使得创新得以产生。这种多角度的分析，让我们更容易理解创新是如何产生的。[②]

（4）创新的效果论。

一般认为，创造性是指个体能够产生新颖独特的、有社会价值的产品的心理过程。也就是说，看一个人是否具有创新性，就要看创新的结果是否产生了某种价值，给人们带来方便。如果某一举动并没有起到作用，就不被认为是创新。同理，在评价教师创新支持行为时也要看它是否能激发学生的创造兴趣，提升学生的创造能力，若不能，那教师的创新支持行为

---

① 唐伟伟：《我国中小学教师创新教学行为问卷编制研究》，华东师范大学硕士学位论文，2011年。

② Sternberg J R. The nature of creativity: contemporary psychological perspectives. New York: Cambridge University Press, 1988.

就不具有创新性,也没有意义。在进行教师创新支持行为问卷编制的过程中,需要通过相关题项来探讨教师的哪些创新支持行为对学生的创造力产生影响。①

2. 创新的影响因素

关于创新的影响因素的研究很多,综合国内外学者的观点,可以总结为以下几方面。

(1)环境气氛。

任何事物的产生都离不开环境的影响,无论是一个观点、一个发明,还是一个事物的产生,离开了环境都无法应运而生,创新也是在一定的条件下发生的。而环境气氛又要分为心理气氛和外部环境。

我们可以将心理气氛换成另一种说法来理解,就是心理场(psychological filed)。德裔美国心理学家库尔特·勒温(Kurt Lewin,1890—1947)认为,人就是一个场,人的心理现象具有空间属性,人的心理活动也是在一种心理场或生活空间发生的。也就是说,人的行为是由场决定的,心理场是由个体需要和他的心理环境相互作用所构成的。从勒温对于心理场的研究,我们可以得出创新的过程不是单单靠主体的动机和需要产生的,而是主体的内心体验与外部的心理环境相结合产生的,外部的心理环境就包括别人给予的鼓励,赞赏或认可。

当这些外部的心理环境与我们的心理体验相融合,就能形成创造的心理气氛,在相对自由、轻松、无压力感的氛围下大家相互容纳对方的观点,对自己充满自信,对他人经验开放,有丰富的想象力,能够接纳不同的观点,借鉴他人的好想法为自己所用。

外部环境包括文化环境、物质环境等。创新虽然不是经常发生,但每时每刻都有可能产生,一次偶然的阅读,一次意外的经历,一场激烈的辩论都可能迸发出思想的火花,激发人的创造力。或者是当自己做出一些成果时,别人给我们适当的奖励也会促使我们创新。

总的说来,不管是心理气氛还是外部环境都会影响人们的创新行为。心理气氛更容易激发人的内部动机,让我们自觉地去创造;而外部环境是创新行为产生的重要影响因素。在高等教育领域,大学教师要为学生创造良好的心理氛围和外部环境,多鼓励学生的创新行为,对有想

---

① 黄珊珊:《高校教师创新性教学评价研究》,华中农业大学硕士学位论文,2008年。

法的学生表示肯定，营造一种平等交流的教学环境，适时对学生的创新成果进行奖励[①]。

（2）智力因素。

创新水平高的人一般都有较高的智商，学者们曾对 15 世纪 50 年代到 19 世纪 50 年代间各方面有突出成就的名人进行了深入研究，估算出 300 位大人物的智商是在 160～170。现代社会中，我们根据斯坦福-比内量表对那些从事科学领域的专家进行测试，发现他们的智商普遍在 121 以上，甚至有些科学家智商可以达到 200，从而证实了创新水平高的人智商也高这一观点。

我们知道智商高的人不一定具有很强的创新能力，而创新能力强的人智商一定都很高。也就是说智力因素是创新的一个必要条件，而不是充分条件。有心理学者通过研究调查发现了智商和创新能力的关系，如果将 100 作为智商的划分界限，位于 100 以下的智商分数和创新能力的高低几乎呈正相关，而位于 100 以上的智商分数与创新能力的高低没有明显的相关性。这样我们就可以理解《最强大脑》里的有些选手为何智力、记忆力超群，但创新能力不一定强。[②]

（3）知识经验。

知识是创新的前提和基础，如果没有知识的积累作为铺垫，创新也无从谈起，创新是一个过程，不可能一蹴而就，只有经过很长一段时间经验的积累和反复思索才能得到成果。但是，不一定知识越渊博就越容易创新。很多年长的人虽然人生阅历相当丰富，但有时候思想保守、固执己见、安于现状；有些人学识很高但思维刻板，不能举一反三，从多角度换位思考，一般也没多少创新。所以有时候创新还要与以往的知识和经验分开来，有些创新是不经意间的，刚开始从事某项工作的人往往比在该岗位从事几年甚至十几年的人更能创造奇迹，因为新人不会被太多的条框和原则束缚，他们更容易带来意想不到的成果，为公司或企业注入新鲜的血液。那么把这些结论拿到教育领域来看，我们需要注意的是：首先，学校、教师、家长要意识到对知识的学

---

① Cole D G, Sugioka H L, Yamagata-Lynch L C. Supportive classroom environments for creativity in higher education. Journal of Creative Behavior, 2011, 33（4）: 277-293.
② 李杨帆，朱晓东：《科研训练计划与大学生创新能力培养》，《中国大学教育》2011 年第 4 期，第 24-25 页。

习是开发学生创造能力的必要前提；其次不能单凭学生的学习成绩去判断他的创造力，如果因为学习差、行为习惯差就否定这个学生，那就等于扼杀了他的创新能力，对于那些死抠书本的学生，教师需要与他们多沟通，鼓励他们多角度思考问题；最后，在教学活动中，教师不仅要具备扎实的专业知识，还要多进行创新实践，更新教学理念和方法，带动学生参与创新实践。①

（4）人格特征。

很多研究者发现，具有较强创新能力的人在人格特征上存在一些共同点。著名心理学家 Williams 认为，我们可以从认知成分和情感成分上来分析创新行为。认知上创新行为具有独创性、灵活性、流畅性以及精密性，情感上创新行为具有好奇性、挑战性、冒险性和想象力。结合这两方面，再对心理学家 Guilford、G.A.Davis、格洛弗等学者的结论进行归纳，我们不难发现创新人才身上的 13 个共同特征：有明确的目标、做事情有计划、坚持己见、敢于挑战新事物、进行合理的冒险、不怕吃苦的毅力、强烈的求知欲、浓厚的好奇心、学识渊博、想象力丰富、有幽默感、兴趣爱好广泛、灵活应变能力强。②

从教师的角度看，教师的创新支持行为更多地受到人格特征的影响。具有创新人格特征的教师会不断地反思自己的教学，不断地更新教育观念和教学手段；与其他缺乏创新的老师相比，他们更注重如何通过自己的创新支持行为影响学生；在面对"学困生"的问题上，具有创新特质的教师不只关注他的成绩，还善于发现这些学生身上的闪光点，从而对学生因材施教；对于教学过程中出现的意外突发情况，教师能够灵活处理，能以幽默的方式化解尴尬。

3. 创新的研究方法

（1）资料分析法。

资料分析法是根据已有的文献资料来研究创新与其他方面的关系的一种分析方法。国外学者采用资料分析法对创新与年龄、发明、领导力、音乐等方面的关系做了相关研究，用资料分析法查阅文献资料对创新进行研

---

① 张爽，沙飞：《高校教师创新教学行为与大学生创新能力的关系研究》，《教学研究》2013 年第 36 卷第 3 期，第 15-18 页。
② 王汉清，况志华，王庆生，居里锴：《大学生学习成绩与创新能力相关分析》，《南京理工大学学报（社会科学版）》2008 年第 21 卷第 1 期，第 87-94 页。

究，具有很强的客观性和真实性，但也存在一定的不足，这种方法不利于对创新进行深入研究。

（2）Case Study。

Case Study 即个案研究法，是指选取具有代表性的典型的创新的个体或群体做研究。个案研究法因为它的代表性和典型性，使得它在创新的研究方法中更有说服力和优势，是研究者在研究创新领域中常用的一种研究方法。

（3）心理测量法。

心理测量法是指通过心理测验对个体的创新性进行测试。值得一提的是美国明尼苏达大学教育心理系主任托兰斯教授在吉尔福特"智力三元论"的基础上设计的创新性思维测验，创新性思维测验包括词语测验、画形测验、声音词语测验 3 部分，通过这些题目对人类思维的流畅性、灵活性、原创性和精致性进行测评，托兰斯的这个测验为后人研究创新打下了坚实的基础。

总的说来，本文研究的教师创新支持行为属于创新的范畴，因此环境气氛、智力因素、知识经验以及人格特征等因素也会影响教师创新支持行为。在创新活动中教师对学生的影响占有很重要的地位，教师要不断更新教学观念，提高教学质量，反思自己的创新支持行为。

三、教师创新支持行为的内涵与影响因素

1. 教师创新支持行为的内涵

根据创新理论的介绍以及国外学者 Tierney 和 Farmer 关于企业领导支持行为的研究，我们将教师创新支持行为界定为教师在创新活动中为学生提供相关信息资料，对学生的创新行为进行指导和帮助，鼓励学生不断创新并为其营造宽松的创新环境的行为。[1]教师的这种创新支持行为能够激发学生的创造潜能，提升学生的创新水平。教师的创新支持行为也属于创新的范畴，故会受到环境气氛、知识经验、个体智力、人格特征等各方面的影响，也会产生一定的效果，由此我们推出教师的创新支持行为是既可以被观察，又可以被测量的。结合前文对教师创新支持行为的界定和相关

---

[1] Tierney P, & Farmer S. M. The pygmalion process and employee creative. Journal of Management，2004，30（3）：413-432.

研究，将大学教师创新支持行为划分为资源提供、心理支持、经验指导、能力培养四个维度。

（1）资源提供是指教师为学生提供学习的图书资源和信息，补充课外知识，提供学术建议和咨询服务。

（2）心理支持是指对学生创造性表现给予肯定和支持，耐心倾听学生的意见，鼓励学生去尝试新鲜事物，鼓励学生朝自己感兴趣的方向努力。

（3）经验指导是指当学生在创新活动中遇到困难时能给予其帮助，指导学生不断改进创新成果，鼓励学生从不同角度思考问题，为其强调与他人分享经验的重要性，指导学生开展创新项目。

（4）能力培养是指教师引导学生制定目标、不断发现问题并进行实践，培养学生举一反三、融会贯通的能力。善于设置产生疑问的情境，鼓励学生自己寻找问题的答案。

2. 教师创新支持行为的影响因素

影响教师创新支持行为的因素主要有以下四点：

（1）创新认知。教师要克服创新的心理障碍，创新的心理障碍有这些表现：害怕失败，不敢尝试；喜欢随波逐流，不理性的从众；不自信或认为自己不具有创造力；循规蹈矩，画地为牢；悲观主义。教育者要主动克服这些阻碍创新行为的认知因素，不断调整自己的心态，反思自己在培养学生创造力方面存在的不足，从而采取措施努力为学生的创新活动提供支持和帮助。[①]

（2）内外动机。动机是驱使人从事各种活动的内部原因，有外部动机和内部动机之分。外部动机主要是来自外界的要求或压力，如荣誉、奖励以及社会的要求；而内部动机是由个体的内在需要爱好、兴趣引起的动机。人本主义心理学家马斯诺主要研究个体的内部动机，大多数研究者也认为，大部分杰出人物的创新成果和各种发明都是因为他们喜爱自己所从事的事业才去完成的。

（3）人格特征。人格对创新行为有着重要的影响，对教师自身的发展有着至关重要的作用，国内学者调查发现具有创新人格特质的教师对他人

---

① 李金德，余嘉元：《教师创新支持行为、学生创新自我效能感和创造性思维的关系研究》，《宁波大学学报（教育科学版）》2011年第33卷第2期，第44-48页。

经验开放、不断进行教学反思、敢于挑战各种困难、重视创新人才、自觉性和独立性强、虚心接受他人意见、有幽默感。

（4）创新环境。环境对教师的影响是循序渐进的，如果教师所在的学校倡导学生不断创新，并给教师营造创新的工作氛围，在这样的环境下教师之间经验开放，互相交流，包容不同的观点，从而提升教师的创新意识，使他们不断反思自己的创新支持行为，带动学生创新。

第三节 高校教师创新支持行为的实证研究

高校教师在培养学生创造力方面扮演者着不可或缺的角色，教师的一言一行都会影响学生的创造力，比如给学生提供学习、科研指导，鼓励或表扬学生的创造性行为，为学生营造一种支持创造的氛围，通过这些创新支持行为既达到影响学生创造力的效果，又能提高教师自身的教学能力。因此，编制教师创新支持行为的问卷，检验我国大学教师的哪些创新支持行为对学生创造力产生影响，可以更好地完善和指导大学教师工作的开展。

一、高校教师创新支持行为研究的基本设计

本研究主要根据创新理论的概述通过查阅文献、个案访谈、问卷调查等方法界定了教师创新支持行为的概念，即教师在创新活动中为学生提供相关信息资料，对学生的创新活动进行经验指导和心理支持，从而激发学生的创造动机，培养学生创新能力的一种行为。结合定义，认为教师创新支持行为主要受教师创新认知、内外动机、人格特征以及教学环境的影响。

1. 研究目的

目前，国内外在教师创新支持行为上的研究非常罕见。我们研究的重点是要开发出一套科学合理的测量工具，即编制一份高标准的、高信效度的教师创新支持行为问卷。因此，本研究主要有两个目的。其一，分析和研究教师创新支持行为的内涵并建立基本模型，形成教师创新支持行为的维度。其二，根据心理测量学的相关要求，编制出一份高质量的教师创新

支持行为问卷，通过此问卷了解国内高校教师创新支持行为的情况，分析大学生对教师创新支持行为的评价在性别、年级、专业类别、学科性质、居住地等方面存在的差异。

2. 研究假设

对教师创新支持行为可以进行多维度的结构划分；我国大学生对教师创新支持行为的评价在性别、年级、专业类别、学科性质、居住地等方面存在差异。

3. 研究思路

确定教师创新支持行为的概念及维度。在熊彼特的创新理论、创新的范畴理论、创新的投资理论、创新的效果论基础上，设计编制一份半结构式的访谈题目，根据访谈结果和创新的相关理论，初步确定教师创新支持行为的概念和维度。

对定义进行调整，并确定正式问卷。根据初步的内涵及维度在各维度下编制相关题项，由我校 4 名心理学教授进行评审，将重叠的、与教师创新支持行为实际情况不符的项目进行删除，对有歧义、语词模糊不清的项目进行修改，从而形成预测问卷。在预测基础上，对问卷进行统计分析，包括项目区分度检验、主成分因素分析、内部一致性信度分析。对教师创新支持行为的模型进行调整，确立正式问卷。

检验正式问卷的统计学变量。发放正式问卷并收集数据，再次进行问卷信度、效度检验，确定问卷统计学指标。

问卷运用。利用编制的教师创新支持行为的问卷，探索我国大学教师创新支持行为的现状，分析大学生对教师创新支持行为评价的不同维度在性别、年级、专业、学科性质、居住地等因素上的差异。

二、高校教师创新支持行为问卷的编制过程

1. 半结构式访谈

（1）访谈目的。

先查阅相关的教师创新支持行为的文献，然后对大学的教师和学生进行访谈和深入交流，从而了解学生所在学校教师创新支持行为的现状，搜集大学教师创新支持行为的具体表现，为确定教师创新支持行为的概念、

维度以及编制问卷项目做准备。

（2）访谈对象。

选取绵阳师范学院教育科学学院的教师和学生各 10 人，共计 20 人，作为访谈对象。

（3）访谈过程。

访谈时间是 2014 年 12 月，对每个教师、学生的用时在 20~30 分钟之间。访前准备工作：了解访谈流程、查阅访谈方式和技巧、确定访谈的问题。访中注意事项：让访谈对象尽可能多地描述教师创新支持行为的表现，并做好相应的记录，对表述不清楚的地方进行深入询问。访后任务：整理访谈记录。

（4）访谈结果。

访谈教师、学生关于教师的创新支持行为的情况并整理记录资料，通过访谈我们了解到：大部分学生是赞同"教师在激发学生创新动机和影响学生创造力方面起着非常重要的作用"这个观点的；教师在支持学生创新方面重视不够，虽然经常讲"创新"，但在实际上没有带动学生"创新"；教师为创新营造的环境和机会很少。大学生认为教师的创新支持行为更多的是对自己创新的肯定和赞赏如"赞赏学生的创造性学习方式""当学生有创造力表现时，给予学生鼓励""鼓励学生成立兴趣小组""鼓励学生大胆尝试新事物""包容尊重学生的不同观点""注意保持学生的好奇心和对问题的敏感性"等。

2. 高校教师创新支持行为的初始测试

（1）测试目的。

使用 SPSS15.0 进行统计分析。用决断值（CR）法确定问卷的项目，用探索性因素分析（EFA）的方法确定问卷的结构，构建大学教师创新支持行为的维度。

（2）被试。

随机抽取四川师范大学、西华师范大学、绵阳师范学院三所高校的大一至大四四个年级的大学生为被试对象，专业分布包含了文科、理工科、艺体。共发放问卷 300 份，回收有效问卷 273 份，回收率为 91%。问卷基本信息如下：男性 93 人（34.1%），女性 180 人（65.9%）；专科 88 人（23.2%），本科 185 人（76.8%）；城镇 128 人（46.9%），农村 145 人（53.1%）。初测时间是 2014 年 12 月。

（3）维度的初步构建。

以已知访谈结果和先前的研究资料为基础，由校内创新学院教授、硕士研究生协商修订后，初步构建了 4 个维度：资源提供、心理支持、经验指导、能力培养。

资源提供：是指教师为学生提供学习的图书资源和信息，补充课外知识，提供学术建议和咨询服务。

心理支持：是指对学生创造性表现给予肯定和支持，耐心倾听学生的意见，鼓励学生去尝试新鲜事物，鼓励学生朝自己感兴趣的方向努力。

经验指导：是指当学生创新活动中遇到困难时能给予其帮助，指导学生不断改进创新成果，鼓励学生从不同角度思考问题，为其强调与他人分享经验的重要性，指导学生开展创新项目。

能力培养：是指教师引导学生制定目标、不断发现问题和进行实践，培养学生举一反三、融会贯通的能力，善于设置产生疑问的情境，鼓励学生自己寻找问题的答案。

（4）初测问卷。

根据相关文献、教师创新支持行为的概念和半结构式访谈的记录，我们初步编制了 60 道题目，均为正向计分题。采用 Likert5 级记分，包括"非常不符合""比较符合""说不清楚""比较不符合""非常不符合"5 个等级，让被试者选择符合自己教师实际情况的选项。问卷初稿确定好后，对 15 名大学生进行预测。之后回访被试者的意见，对问卷的项目设置进行了修改和删除。最后邀请校内创新学院的教授、硕士研究生对编制好的问卷进行修订，将 18 道语义重复、表述含糊、不合实际的题目删掉，最终形成 42 道题目的大学教师创新支持行为初测问卷。

3. 教师创新支持行为初始测试的探索性因素分析

（1）项目分析。

项目分析（critical ratio；简称 CR 值），首先将每一位受试者在预测量表上所得分数按由高到低的顺序排列，以得分靠前 27% 的被试者为高分组，得分靠后的 27% 的被试者为低分组。其次，通过独立样本 t 检验分析每道项目在高分组和低分组上的差异，求出高低分组在所有项目得分平均数差异的显著检验，结果项目 3、4、6、9、19、20、21、23、34、38、41 的 t 值都未达到显著水平，即这些题目鉴别度较低，将这 11 道题目删除。

（2）效度检验。

采用探索性因素分析进行效度检验。经项目分析删除 11 道项目后，先对余下的 31 道题采用 SPSS15.0 进行探索性因素分析。在这之前，要对项目做 KMO 检验和 Bartlett 球型检验，考察预测问卷是否适合作因素分析。KMO 即取样适当性量数，KMO 的值越大，表明变量间的共同因子越多，越适合作因素分析。根据凯瑟的观点，KMO 系数在 0.9 以上最适合作因素分析，在 0.80～0.90 之间比较适合，0.50～0.70 之间可以进行，但在 0.5 以下不适合作因素分析。同理，Bartlett 球形的卡方值如果达到显著，表示变量间的相关性越高，越适合作因素分析，否则不适合。在高校教师创新支持行为预测问卷中，KMO 值为 0.943，Bartlett 球形检验的卡方值是 5483.584，df = 465，Sig. = 0.000<0.001，达到了极为显著的水平，这表明适合进行因素分析。

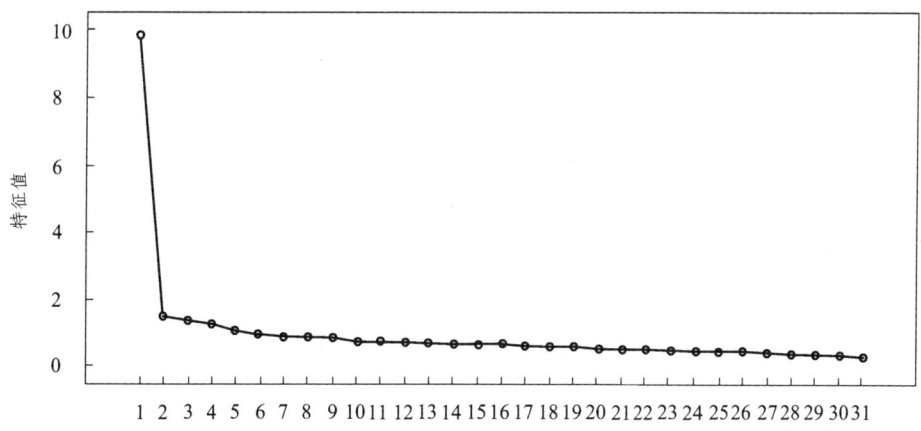

图 8-1　碎石图

利用碎石图进行因素分析，从图 8-1 可以看出，第 1 个因素的特征值最大，第 2、3、4 的因素特征值则次之，第 5 个因素特征值稍缓。之后的进一步平缓下降，这些就是高山下面的碎石，可以选择放弃这些因子。一般在理论构建中习惯四维度，所以第 5 个因子要不要留下，就要看所提取因子数量所显示的因子特征根、方差的累积贡献率，结果见表 8-1。

表 8-1　因子特征值、方差贡献率和方差累积贡献率表

因子数	特征值	方差贡献率	方差累积贡献率
1	9.847	31.763%	31.763%
2	1.500	4.840%	36.603%
3	1.360	4.389%	40.991%
4	1.287	4.150%	45.141%
5	1.106	3.568%	48.709%

从表 8-1 中可以看出第五个因子加入后，方差贡献率较之 4 个因子的模型更好一些。可是根据各个指标在因子上的负荷量得出，该研究中，第 5 个因子上只有 2 个指标数，而且 4 个因子更容易命名，因此留下 4 个因子的降维手段。在因子命名中，为了对因子涵义有更清晰的认识，我们通过转轴法，使一个指标只在较少的因子上有较高的负荷。采用相等最大值正交旋转，新生成的因子能保持一定的不相关性；最大变异正交转轴后，各因子的特征值、方差贡献率、方差累积贡献率修正见表 8-2。

表 8-2　正交转轴后因子特征值、方差贡献率和方差累积贡献率表

因子数	特征值	方差贡献率	方差累积贡献率
1	3.915	22.630%	22.630%
2	3.136	9.117%	31.747%
3	2.913	8.397%	40.144%
4	2.487	8.023%	48.167%

即使使用了最大变异正交转轴，也存在一些指标在特定因子上的负荷量是比较低的。由于因子分析是有一定标准的，将涉及以下情况的指标删除：因子负荷量低于 0.4；两个或两个以上的因子上有负荷，较大因子的负荷值与其次较小因子的负荷值相差不超过 0.1。最终将不符合条件的 A12 和 A29 两个指标删除，余下 29 道题目，最终形成 4 个因子的旋转因子负荷矩阵（见表 8-3）。

表 8-3 旋转因子负荷矩阵（4 因子）

指标	因子 1	因子 2	因子 3	因子 4
A30	0.477			
A31	0.612			
A32	0.543			
A33	0.500			
A35	0.608			
A36	0.517			
A37	0.607			
A39	0.581			
A40	0.521			
A1		0.591		
A2		0.643		
A5		0.439		
A8		0.596		
A22		0.630		
A24			0.629	
A25			0.573	
A26			0.436	
A27			0.670	
A28			0.580	
A7			0.400	
A10			0.709	
A11			0.617	
A13			0.540	
A14				0.472
A15				0.421
A16				0.637
A17				0.638
A18				0.488
A42				0.536

根据各因子所属指标的分布情况和因素命名原则，得出教师创新支持行为问卷包含 4 个因子：

因子 1 包括 9 个项目，即 A30、A31、A32、A33、A35、A36、A37、A39、A40，是教师在教学过程中给学生补充课外知识、向学生提供学术建议和咨询服务、善于设置产生疑问的情境、强调与他人分享经验的重要性、以自己的经验给学生创新活动上的指导，故命名为"经验指导"。

因子 2 包括 5 个项目，即 A1、A2、A5、A8、A22，主要是教师为学生提供学习资料和设备、为学生推荐课外学习资源和学习信息、当学生有创造性表现时给予奖励等等，故命名为"资源提供"。

因子 3 包括 11 个项目，即 A24、A25、A26、A27、A28、A7、A10、A11、A13，是教师对学生在创造性活动中的努力给予认可和肯定、赞赏学生的创造性学习方式、耐心倾听学生的想法、包容尊重学生的观点、注意保持学生的好奇心和对问题的敏感性、给学生足够的思考时间，故命名为"心理支持"。

因子 4 包括 4 个项目，即 A14、A15、A16、A17、A18、A42，是教师鼓励学生广泛涉猎、指引学生从多角度思考和分析问题、允许学生和自己在一定范围内犯错、用成功人士的创新实例来激励学生，故命名为"能力培养"。

图 8-2 为高校教师创新支持行为问卷，经探索性因素分析之后抽取的四因子结构。根据数据分析结果，可知因子负荷均在 0.4 以上，具有较好的解释率，转轴后的结构清晰，有更好的解释性。

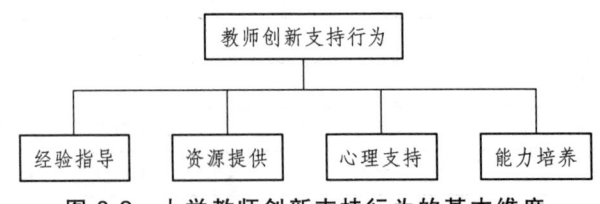

图 8-2　大学教师创新支持行为的基本维度

（3）确立正式问卷。

从初测问卷得出的数据处理结果，将教师创新支持行为问卷确定为经验指导、资源提供、心理支持、能力培养四个维度。通过项目删减，最后确定的正式问卷共计 29 个项目（详见附录 4）。《高校教师创新支持行为问卷》正式问卷由两个部分组成，第一部分是人口统计学基本信息，第二部分为测量高校教师创新支持行为的 29 个项目。同样采用 Likert 5 点积分法，分为"非常不符合""比较不符合""说不清楚""比较符合""非常符合"五个等级，分别计1、2、3、4、5分。

三、高校教师创新支持行为的正式调查与数据分析

1. 样本的人口学信息

随机抽取四川师范大学、西华师范大学、绵阳师范学院三所师范高校大一至大四的大学生为被试对象，专业类型包含了文科、理工科、艺体。共发放调查问卷600份，收回有效问卷532份，回收率为88.67%。问卷基本信息如下：男性173人（32.5%），女性359人（67.5%）；大一203人（38.2%），大二137人（25.8%），大三123人（23.1%），大四69人（13.0%）；专科136人（25.6%）；本科396人（74.4%）；城镇235人（44.2%），农村297人（55.8%）。测试时间是2015年3月—2015年4月。

2. 信效度检验

（1）信度检验。

内部一致性系数即 α 系数，量表的稳定性和可靠性较好，则信度系数大于0.7。根据分析结果可以看出，各个因子的 α 系数均大于0.7，总问卷的内部一致性系数达到0.922，因此，该问卷有较高的信度（见表8-4）。

表8-4 问卷的内部一致性信度（α 系数）

项　目	数值
总问卷	0.922
因子1（经验指导）	0.825
因子2（资源提供）	0.731
因子3（心理支持）	0.830
因子4（能力培养）	0.737

（2）效度检验。

主要检验该问卷的内容效度和结构效度。在内容效度方面，前面通过查阅文献资料，对相关理论、结构模型、研究对象和方法进行了整理，也对教师创新支持行为的概念进行了界定，有利于更顺利地编制问卷。在这个过程中，经过对半结构式访谈的记录结果、文献资料和相关问卷的项目的归纳和

综合，预测问卷的题目也是邀请校内经验丰富的创新学院教授、硕士研究生对编制好的问卷进行修订后最终编制的，这就保证了问卷内容的效度较高。

在问卷的结构效度方面，根据相关的测量理论，问卷各个因子相互间的相关程度应当是适中的。若相关性太强，因子间有重复，若相关性太弱，那么各因子之间没什么关联。所以我们通过比较维度间、维度与总分的相关来验证问卷是否具有较高的结构效度。一般较好的问卷，因子与总分的相关在 0.4 至 0.8 之间，因子间的相关在 0.2 至 0.6 之间。结果如表 8-5 所示，四因子之间相关系数处于中等水平（$r = 0.248 - 0.435$），各维度与总分的相关度较高（$r = 0.701 - 0.790$），因此四因子之间以及因子与总分之间的相关度高。该问卷符合有关要求，具有良好的结构效度。

表 8-5　"教师创新支持行为问卷"相关系数矩阵

		经验指导	资源提供	心理支持	能力培养	总分
经验指导	Pearson 相关性	1				
资源提供	Pearson 相关性	0.435**	1			
心理支持	Pearson 相关性	0.337**	0.415**	1		
能力培养	Pearson 相关性	0.401**	0.248**	0.342**	1	
总分	Pearson 相关性	0.786**	0.727**	0.701**	0.790**	1

注：** 表示在 0.01 水平（双侧）上显著相关。

3. 高校教师创新支持行为在人口统计学信息上的差异分析

（1）教师创新支持行为各维度的描述统计。

对所得的 532 份有效问卷数据进行描述性统计分析，计算出大学生在教师创新支持行为问卷各维度上的平均数和标准差，从整体上了解教师创新支持行为的特征，结果见表 8-6。

表 8-6　教师创新支持行为问卷各维度上的平均分及标准差（$N = 532$）

维度	M	SD	最低分	最高分	项目平均数
经验指导	34.378	5.425	9.00	45.00	3.820
资源提供	18.938	3.376	8.00	25.00	3.788
心理支持	34.494	5.137	9.00	45.00	3.833
能力培养	19.538	3.105	5.00	25.00	3.908

（2）教师创新支持行为在性别上的差异比较。

比较大学生评价教师创新支持行为问卷总分及各因子在性别上的差异，对数据进行差异检验，结果见表8-7。由表8-7可知，大学生在教师创新支持行为问卷各维度性别上的分数有差异，但并未达到显著水平。

表8-7 教师创新支持行为的性别差异比较

维度	男生（$N=173$）		女生（$N=359$）		T值
	M	SD	M	SD	
经验指导	34.04	5.46	34.34	5.41	−1.013
资源提供	18.72	3.38	19.04	3.37	−1.022
心理支持	34.28	4.86	34.60	5.27	−0.658
能力培养	19.49	2.93	19.56	3.20	−0.268
总分	110.47	14.64	111.52	15.27	−0.755

（3）教师创新支持行为在年级上的差异比较。

比较教师创新支持行为问卷各因子在不同年级上的差异，将年级作为自变量，各个维度为因变量，考察教师创新支持行为在年级上的差异（结果见表8-8）。

表8-8 教师创新支持行为的年级差异比较

维度	大一（$N=203$）		大二（$N=137$）		大三（$N=123$）		大四（$N=69$）		F值
	M	SD	M	SD	M	SD	M	SD	
经验指导	35.030	5.126	33.599	5.320	33.968	6.415	34.739	4.293	2.271
资源提供	19.305	3.331	18.818	3.230	18.130	3.653	19.536	3.047	3.996**
心理支持	34.803	5.159	34.241	4.903	33.667	5.697	35.565	4.227	2.439
能力培养	19.897	3.168	19.380	3.068	18.959	3.238	19.826	2.595	2.668*
总体	113.074	14.658	109.723	14.084	108.374	17.587	113.493	12.123	3.512*

注：***$p<0.001$，**$p<0.010$，*$p<0.050$，下同。

由表8-8可知，资源提供、能力培养和教师创新支持行为总体在各个年级上存在着显著性差异（p分别为0.008，0.047，0.015），而经验指导、心理支持在年级上没有显著性差异（p分别为0.079，0.064）。因此，进行事后多重比较分析，如表8-9所示。

表 8-9 多重比较分析

因子	年级 1（I）	年级 2（J）	Mean Difference（I-J）	p
资源提供	大一	大二	0.488	0.629
		大三	1.175*	0.025
		大四	-0.231	0.970
	大二	大三	0.687	0.436
		大四	-0.719	0.549
	大三	大四	-1.406	0.052
能力培养	大一	大二	0.517	0.515
		大三	0.937	0.072
		大四	0.071	0.999
	大二	大三	0.420	0.754
		大四	-0.446	0.811
	大三	大四	-0.867	0.325
总体	大一	大二	3.351	0.251
		大三	4.700	0.057
		大四	-0.419	0.998
	大二	大三	1.349	0.913
		大四	-3.770	0.406
	大三	大四	-5.119	0.161

事后检验结果表明，在资源提供上，大一同大三之间存在显著差异（p 为 0.025），且大一在资源提供上的得分显著高于大三的学生；而在能力培养和教师创新支持行为总体上，各年级之间不存在显著差异（$p>0.05$）。

（4）教师创新支持行为在专业类别上的差异比较。

比较教师创新支持行为问卷各因子在不同专业类别上的差异，将专业类别作为自变量，各个维度为因变量，观察教师创新支持行为在本科、专科大学生上的差异。结果表明，如表 8-10 所示，经验指导在专业类别上存在显著性差异，经验指导在专科学生上所得平均分显著高于本科学生（$t=-0.487^{**}$）。同时，心理支持和教师创新支持行为总体在专业类别上均存在显著性差异，本科学生平均分高于专科学生（t 值分别为 0.449，1.051），而在资源提供和能力培养上不存在显著性差异（p 分别为 0.422，0.061）。

表 8-10 教师创新支持行为的专业类别差异比较

维度	本科（$N=396$）		专科（$N=136$）		T 值
	M	SD	M	SD	
经验指导	34.311	5.609	34.574	4.864	-0.487**
资源提供	19.240	3.331	18.059	3.366	3.558
心理支持	34.553	5.238	34.324	4.844	0.449*
能力培养	19.634	3.147	19.257	2.974	1.220
总体	111.581	15.382	110.007	14.079	1.051*

（5）教师创新支持行为在学科性质上的差异比较。

比较教师创新支持行为问卷各因子在不同学科性质上的差异，将学科性质作为自变量，各个维度为因变量，观察教师创新支持行为在学科性质上的差异。从表 8-11 看出，教师创新支持行为问卷各因子在文科、理工科、艺体类大学生评价的得分上虽然存在着差异，但是都没有达到显著水平。

表 8-11 教师创新支持行为的学科性质差异比较

维度	文科（$N=144$）		理工科（$N=270$）		艺体（$N=118$）		F 值
	M	SD	M	SD	M	SD	
经验指导	34.646	5.538	34.459	5.170	33.864	5.854	0.734
资源提供	18.980	3.356	19.189	3.291	18.314	3.539	2.793
心理支持	34.764	4.896	34.567	5.169	34.000	5.354	0.771
能力培养	19.604	3.362	19.644	3.028	19.212	2.955	0.842
总体	111.854	15.085	111.726	14.590	109.102	16.016	1.447

（6）教师创新支持行为在居住地上的差异比较。

比较教师创新支持行为问卷各因子在不同居住地上的差异，将居住地作为自变量，各个维度为因变量，考察教师创新支持行为在居住地上的差异，结果见表 8-12。从表 8-12 看出，教师创新支持行为问卷各因子在城镇、农村大学生的得分上虽然存在着差异，但是都没有达到显著水平。

表 8-12　教师创新支持行为的居住地差异比较

维度	城镇（N = 235）		农村（N = 297）		T 值
	M	SD	M	SD	
经验指导	34.221	5.241	34.502	5.572	-0.592
资源提供	18.851	3.317	19.007	3.427	-0.528
心理支持	34.255	4.913	34.684	5.308	-0.955
能力培养	19.566	3.060	19.515	3.146	0.187
总体	110.630	14.158	111.613	15.751	-0.747

四、对数据分析结果的小结

1. 关于教师创新支持行为的问卷编制

本研究通过查阅文献资料，在《我国中小学教师创新教学行为》量表的基础上，把教师创新支持行为界定为教师在创新活动中为学生提供相关信息资料，对学生的创新活动进行经验指导和心理支持，从而激发学生的创造动机，培养学生创新能力的一种行为。并结合半结构式访谈和自己对于教师创新支持行为的理解，确立了教师创新支持行为的基本模型。

编制好初测问卷后，依次经过项目分析、探索性因素分析删除无关题项，再对正式问卷进行信效度检验，最终将教师创新支持行为确定为经验指导（A30、A31、A32、A33、A35、A36、A37、A39、A40）、资源提供（A1、A2、A5、A8、A22）、心理支持（A24、A25、A26、A27、A28、A7、A10、A11、A13）、能力培养（A14、A15、A16、A17、A18、A42）四个维度。问卷初测后的统计结果显示，该问卷具有良好的信效度指标，且结构模型是合理的。信度分析上，通过内部一致性信度探讨项目的信度，总量表 α 系数为 0.922。表明问卷的总体内部一致性信度非常好。经验指导、资源提供、心理支持、能力培养上的内部一致性系数为 0.825、0.731、0.830、0.737，可见在四个因子上内部一致性的信度比较高。

因此，本研究中自编的《高校教师创新支持行为问卷》的信效度良好，在今后可以用作大学教师创新支持行为的初步测量工具，但是在今后还需不断完善该问卷，以对教师创新支持行为研究提供更好的研究工具。

2. 关于教师创新支持行为的特点分析

（1）大学生对教师创新支持行为评价总体上的差异。

教师创新支持行为正式问卷共532份，属于他评问卷，从学生的角度编制，由大学生来评定教师的创新支持行为，然后再筛选项目。结果各因子上的项目平均分都大于3分这说明我国大学教师在平常的教学活动上有一定程度的创新支持行为。因此，我们得出结果，不同性别、学科性质以及居住地的大学生在教师创新支持行为的总体水平上不存在显著性差异，而不同年级、专业类别的大学生在评价教师创新支持行为的总体水平上差异显著。具体体现在：大一、大四的学生在问卷总体上的评分明显高于大二、大三学生在总体上的评分；本科学生在问卷总体上的评分显著高于专科学生在总体上的评分。

再者，不同年级的大学生在问卷总体上得分的差异显著，本科、专科的大学生在问卷总体上的差异也很显著，这个是和现代大学教师的创新支持行为相符合的。同大二、大三的学生相比，教师会提供更多的创新支持行为其创新活动作更多的指导；同专科学生相比，教师更侧重对本科学生创新活动的引导。

教师创新支持行为在大学生的性别、学科性质以及居住地上不存在显著性差异，有两方面的原因：一是不同性别、学科性质以及居住地的学生都有受教师创新支持行为的影响，没有根本上的区别；二是收集的数据不是很准确，大多数教师面对的是不同性别、不同学科性质、来自不同居住地的学生，各个变量未受到较好的控制。

教师创新支持行为在大学生年级、专业类别上的差异显著。这可以解释为教师对进校大一新生的创新能力的培养相当重视，对即将走向社会的大四应届毕业生的创新能力加以引导以更好地适应未来的工作；如果本科生的专业知识和经验丰富的话，在参与各项大学生创新活动方面则会更积极，所以教师在教学活动中对本科生创新能力的培养会有所偏重。

（2）大学生在评价教师创新支持行为问卷维度上的不同表现

大学生在性别上，女生在经验指导、资源提供、心理支持以及能力培养四个维度上的平均分都高于男生，说明女生比男生对教师的创新支持行为更加认可，平时乐于参加创新活动。

大学生在年级上，大一在评价教师创新支持行为的资源提供维度上的平均分显著高于大三学生的平均分。而在经验指导、心理支持、能力培养各个维度上各个年级大学生的评价比较接近，差异都不显著。说明教师在对大一学生提供创新资源上比大三更丰富。

大学生在专业类别上，本科生在评价教师创新支持行为的心理支持维度上的平均分显著高于专科生的平均分得分，而在经验指导维度上，专科生得分显著高于本科生平均得分。说明教师在影响本科生创新方面更注重在心理上给予支持，而对专科生更注重技能的培养。

大学生在学科性质上，理工科学生在评价教师创新支持行为的资源提供和能力培养维度上平均分高于文科、艺体生的平均分，文科学生在评价教师创新支持行为的经验指导和心理支持维度上高于理工科、艺体生的平均分。说明教师对理工科学生的创新影响多是为其提供外在的资料或培养其创新能力，而对文科生则主要是提供心理上的支持以及经验上的指导。

五、研究结论与反思

在本研究的条件下，我们得到如下结论：①本研究通过探索性因素分析将其分为经验指导、资源提供、心理支持以及能力培养四个维度。②自编教师创新支持行为问卷，具有较高的信度和效度，可以作为大学生评价教师创新支持行为的测试工具。③大学生评价教师创新支持行为在年级、专业类别上存在显著的差异，但在性别、学科性质、居住地上差异不显著。

本研究教师创新支持行为问卷通过量化分析，获得了一些期望的结果，但也存在很多不足之处。主要表现在以下几点：①在资料查阅上，由于以往文献中关于教师创新支持行为的概念和相关研究比较少，收集范围有限，参考资料稀少，所以在对教师创新支持行为涵义的理解上不是很全面。②在样本选取上，本研究只是在四川师范大学、西华师范大学、绵阳师范学院的范围内选取在校大学生，不能代表全部的大学生，这影响了问卷结果的准确性。③在问卷编制上，本研究采用了半结构访谈法，被试者会因为期望效应作出不符合实际的回答；自编问卷进行调查，由于受测者在填写问卷的整个过程中受时间、环境和自身情绪状态的影响而导致问卷结果不是特别显著。④在大学生评价大学教师创新支持行为特点的分析上，对有些现象分析不到位；在确定人口统计学变量上，对个别自变量的合理性缺乏探讨。

参考文献

[1] [美]A.J.斯塔科.创造能力教与学[M].刘晓陵,曾守锤,译.上海:华东师范大学出版社,2003.

[2] [美]丹尼尔·科顿姆.教育为何是无用的[M].仇蓓玲,卫鑫,译.南京:江苏人民出版社,2005.

[3] [美]杜威.我们如何思维[M].伍中友,译.北京:新华出版社,2010.

[4] [美]盖托.上学真的有用吗?[M].汪小英,译.北京:生活·读书·新知三联书店,2010.

[5] [美]霍华德·加德纳.创造力7次方:世界最伟大的7位天才的创造力分析[M].洪友,李艳芳,译.北京:中国发展出版社,2007.

[6] [美]索耶.创造性:人类创新的科学[M].师保国,译.上海:华东师范大学出版社,2013.

[7] [日]恩田彰,等.创造心理学——创造的理论和方法[M].陆祖昆,译.石家庄:河北人民出版社,1987.

[8] [英]波普尔.猜想与反驳:科学知识的增长[M].傅季重,等,译.杭州:中国美术学院出版社,2003.

[9] Bandura A. Self-efficacy. Toward a unifying theory of behavioral change[J]. Psychologist Review, 1977, 1(4).

[10] Cole D G. Sugioka H L, Yamagata-Lynch L C. Supportive classroom environments for creativity in higher education[J]. Journal of Creative Behavior, 2011, 33(4): 277-293.

[11] Demerouti E., Bakker A. B., De Jonge J., Janseen P. P. M., & Schaufeli W. B. Burnout and engagement at work as a function of demands and control[J]. Scandinavian Journal of Work Environment and Health, 2001, 27(4).

[12] Ewell P. T. The US National Survey of Student Engagement

(NSSE)[J]. Higher Education Dynamics, 2010, 30.

[13] Maslach C., Schaufeli W. B., Leiter M. P. & Utrecht U. Job burnout[J]. Annual Review of Psychology, 2001, 52(1).

[14] Schaufeli W. B., Martinez I. M., Pinto A. M., Salanova M., Bakker A. B. Burnout and engagement in university students: A cross-national study[J]. Journal of Cross-Cultural Psychology, 2002, 33(5).

[15] Silvia, P., Beaty, R., Nusbaum, E., Eddington, K., & Kwapil, T. Creative motivation: creative achievement predicts cardiac autonomic markers of effort during divergent thinking[J]. Biological Psychology, 2014(5).

[16] Sternberg J R. The nature of creativity: contemporary psychological perspectives[M]. New York: Cambridge University Press, 1988.

[17] Tierney P, & Farmer S. M. The pygmalion process and employee creative[J]. Journal of Management, 2004, 30(3).

[18] Tobin K. Constructivism Paradigm for the Practice of Science Education[M]. Washington, DC: AAAS Press, 1993.

[19] Torrence, E. P. Teaching gifted and creative learners. In Wittrock, M.C.(ed.), Third Handbook of Research on Teaching, Macmillan, New York. 1987.

[20] 安晓镜,程诚,孙娇娇.关于学生学习投入的研究综述[J].人力资源管理.2009(5).

[21] 常生龙.在家上学 难说坦途[N].中国教育报,2013-08-30.

[22] 陈玟锜.组织创新气候、创意效能感与创新行为之——关系以服装产品开发人员为例[D].台湾:辅仁大学,2003.

[23] 陈庆,王迎春.传统教育评价与创造教育的理论冲突[J].云南师范大学学报:哲学社会科学版,2004(1).

[24] 陈素芳.延迟评价让学生亮出自我[J].小学语文教学,2007(12).

[25] 陈伟.构建科技创新教育体系的实践与思考[J].中国教育学刊,2010(7).

[26] 陈玉琨.教育评价学[M].北京:人民教育出版社,1999.

[27] 初玉霞，张景焕，苏培然. 创造性教学行为的实行状况及发展策略[J]. 全球教育展望，2009，38（1）.

[28] 董泽芳. 高校人才培养模式的概念界定与要素解析[J]. 大学教育科学，2012（3）.

[29] 段陆生，李永鑫. 大学生专业承诺、学习倦怠与学习投入的关系[J]. 中国健康心理学杂志，2008（4）.

[30] 方来坛，时勘，张风华. 中文版学习投入量表的信效度研究[J]. 中国临床心理学杂志，2008（6）.

[31] 傅世侠. 创新、创造与原发创造性[J]. 科学技术与辩证法，2002，19（1）.

[32] 侯小兵，张继华. 理解与行动：高等教育质量建设研究[M]. 成都：四川人民出版社，2015.

[33] 侯小兵，张学敏. 教师专业发展模型及其实践价值[J]. 当代教师教育，2012（1）.

[34] 胡卫平，俞国良. 青少年的科学创造力研究[J]. 教育研究，2002（1）.

[35] 黄珊珊. 高校教师创新性教学评价研究[D]. 武汉：华中农业大学，2008.

[36] 黄元虎. 延迟性评价：与精彩有个约会[J]. 教育科学论坛，2001（9）.

[37] 霍力岩，赵清梅. 多元智力评价与我国基础教育评价改革[J]. 教育科学，2005（3）.

[38] 季诚钧. 创造型教师：一个值得推广的概念[J]. 教师教育研究，2006（3）.

[39] 贾绪计，林崇德，李艳玲. 独立自我建构、创造性人格、创意自我效能感与创造力的关系[J]. 北京师范大学学报：社会科学版，2016（1）.

[40] 蒋晓虹，卢永嘉. 大学生创造能力的学理分析和培养要素[J]. 苏州大学学报：哲学社会科学版，2009（6）.

[41] 揭水平. 试析创造教育的目标结构[J]. 教育探索，2000（1）.

[42] 黎兵，李大维. 创造型教师的人格特征及其培养[J]. 中小学教师培训，2004（11）.

[43] 李艾丽莎，张庆林. 研究生创造性动机的研究[J]. 心理科学，2006（4）.

[44] 李艾丽莎. 重庆地区高校研究生创造性动机及其特征的初步研究[D]. 重庆：西南师范大学，2004.

[45] 李秉德. 教学论[M]. 北京：人民教育出版社，1991.

[46] 李金德，余嘉元. 教师创新支持行为、学生创新自我效能感和创造性思维的关系研究[J]. 宁波大学学报：教育科学版，2011，33（2）.

[47] 李西营，黄荣. 大学生学习投入量表（UWES-S）的修订报告[J]. 心理研究，2010（1）.

[48] 李西营，刘小先，申继亮. 青少年创造性人格和创造性的关系：来自中美比较的证据[J]. 心理学探新，2014（2）.

[49] 李杨帆，朱晓东. 科研训练计划与大学生创新能力培养[J]. 中国大学教育，2011（4）.

[50] 连榕，杨丽娴，吴兰花. 大学生的专业承诺、学习倦怠的关系与量表编制[J]. 心理学报，2005，37（5）.

[51] 连榕，杨丽娴，吴兰花. 大学生专业承诺、学习倦怠的状况及其关系[J]. 心理科学，2006，29（1）.

[52] 梁红京. 论教师评价中的区分评价[J]. 教育科学，2003（6）.

[53] 梁红京. 区分性教师评价[M]. 上海：华东师范大学出版社，2007.

[54] 廖友国. 大学生自我效能感对学习价值观与学习投入关系的调节作用[J]. 宁波大学学报：教育科学版，2011（5）.

[55] 林崇德. 创造性人才特征与教育模式再构[J]. 中国教育学刊，2010（6）.

[56] 林崇德. 培养和造就高素质的创造性人才[J]. 北京师范大学学报：社会科学版，1999（1）.

[57] 林静. 高校学分制比较研究[J]. 教育育人，2006（1）.

[58] 林悦，王玲. 大学生创新素质与人格特征的相关研究[J]. 中国健康心理学杂志，2010，18（11）.

[59] 凌文拴，张治灿，方俐洛. 中国职工组织承诺研究[J]. 中国社会科学，2001（2）.

[60] 刘邦惠，张庆林，谢光辉. 创造型大学生人格特征的研究[J]. 西南师范大学学报：自然科学版，1994（5）.

[61] 刘道玉. 创造教育概论[M]. 3版. 武汉：武汉大学出版社，2009.

[62] 刘国琴. 创造教育与创新型教师[J]. 辽宁科技学院学报，2003（1）.

[63] 刘里里. 免费师范生入学动机、学习自我效能感和专业承诺的现状及其关系研究[D]. 重庆：西南大学，2009.

[64] 刘明浚. 大学教育环境论要[M]. 北京：航空工业出版社，1993.

[65] 刘倩. 创造型教师及其自主成长[J]. 教师教育论坛，2016（11）.

[66] 刘天娥. 论创造型教师及其成长[D]. 武汉：华中师范大学，2008.

[67] 刘天娥. 培养创新型教师的几点思考[J]. 现代教育科学，2010（7）.

[68] 刘小平. 组织承诺研究综述[J]. 心理科学进展，1999，17（4）.

[69] 刘炎迅，刘响，陈希，姜婉君. 语文教育到了最危险的时刻[J]. 中国新闻周刊，2011（47）.

[70] 刘仲林，江瑶. 东西方创造教育的比较与前瞻[J]. 天津师范大学学报：社会科学版，2011（3）.

[71] 卢明德. 创造教育学发凡[M]. 桂林：广西师范大学出版社，2009.

[72] 卢裕家. 什么是创新型国家[J]. 四川统一战线，2006（2）.

[73] 罗晓路. 大学生创造力特点的研究[J]. 心理科学，2006，29（1）.

[74] 罗亚莉，刘衍玲，刘云波. 大学生专业承诺现状的调查研究[J]. 高教探索，2008（2）.

[75] 孟娟娟，夏惠贤. 档案袋评价：关注学生学习与成长的评价[J]. 外国中小学教育，2011（2）.

[76] 聂衍刚，郑雪. 儿童青少年的创造性人格发展特点的研究[J]. 心理科学，2005，28（2）.

[77] 祁宏玲. 档案袋评价法简介[J]. 西安教育学院学报，2003（4）.

[78] 全国十二所重点师范大学联合编写. 教育学基础[M]. 北京：教育科学出版社，2002.

[79] 任炀. 本科生导师支持行为对大学生创造力倾向影响的实证研究[D]. 成都：电子科技大学，2013.

[80] 商继宗. 中小学比较教育学[M]. 北京：人民教育出版社，1992.

[81] 申继亮，辛涛. 论教师教学的监控能力[J]. 北京师范大学学报：社会科学版，1995（1）.

[82] 石国兴. 创造精神、创造性人格及其培养[J]. 河北师范大学学报：教育科学版，2002（3）.

[83] 宋慧俐. 大学生创造性人格结构的探讨及其评定量表的编制[D]. 郑州：郑州大学，2012.

[84] 孙波，杨欣虎. 大学生创新素质培养的评价体系研究[J]. 中国青年研究，2007（1）.

[85] 谭小宏. 创造教育学导论[M]. 北京：北京师范大学出版社，2012.

[86] 唐伟伟. 我国中小学教师创新教学行为问卷编制研究[D]. 上海：华东师范大学，2011.

[87] 田杰. 新课程实施与教育评价改革[J]. 河北师范大学学报：教育科学版，2005（2）.

[88] 田友谊. 论创造型教师的专业成长[J]. 教师教育论坛，2013（7）.

[89] 王策三. 教学论稿[M]. 北京：人民教育出版社，2005.

[90] 王大磊，王海莹. 论中小学创新型教师的知识结构[J]. 天津市教科院学报，2008（3）.

[91] 王道俊，王汉澜. 教育学：新编本[M]. 北京：人民教育出版社，1999.

[92] 王汉清，况志华，王庆生，居里锴. 大学生学习成绩与创新能力相关分析[J]. 南京理工大学学报：社会科学版，2008，21（1）.

[93] 王琪琪. 大学生创新素质现状特征及创新意识培养开发的探索性研究[D]. 重庆：重庆大学，2012.

[94] 王伟廉. 人才培养模式：教育质量的首要问题[J]. 中国高等教育，2009（8）.

[95] 王学坚. 大学生成就目标定向、学业自我效能感与学习投入关系研究[D]. 哈尔滨：哈尔滨师范大学，2011.

[96] 王艳芳. 大学生认知风格、创意效能感与创造力的关系[D]. 济南：济南大学，2012.

[97] 温元凯，舒泽之. 创造学原理[M]. 重庆：重庆出版社，1988.

[98] 温忠麟，侯杰泰，张雷. 调节效应与中介效应的比较和应用[J]. 心理学报，2005，37（2）.

[99] 文辅相. 我国大学的专业教育模式及其改革[J]. 高等教育研究，2000（2）.

[100] 沃建中，王烨晖，刘彩梅，林崇德. 青少年创造力的发展研究[J]. 心理科学，2009（3）.

[101] 吴安春，朱小蔓. 对创造性教师的研究[J]. 上海教育科研，2002（5）.

[102] 吴安春. 从"知识本位"到"德性本位"——教师创造教育观的整体性与根本性转型[J]. 教育研究，2003（11）.

[103] 吴兰花，连榕. 当代大学生专业承诺与学习风格的研究[J]. 心理科学，2005，28（4）.

[104] 辛涛，李琼. 创造型教师的特征[J]. 创新研究，1999（9）.

[105] 辛涛，申继亮，林崇德. 教师教学监控能力的结构：一个验证性的研究[J]. 心理学报，1998（3）.

[106] 燕良轼. 教师创新心理素质的约定[J]. 湖南师范大学社会科学学报，2002（1）.

[107] 阳莉华. 大学生创新自我效能感现状的调查[J]. 成都师范学院学报，2007（5）.

[108] 杨晓萍，柴赛飞. 质性评定方法对我国基础教育课程评价的启示[J]. 课程·教材·教法，2004（4）.

[109] 姚剑英. 陶行知创造教育思想与大学生创新素质培养研究[J]. 思想政治教育研究，2009（5）.

[110] 叶清. 大学生创造人格特征及其培养[J]. 教育学术月刊，2010（11）.

[111] 俞文钊，刘建荣. 创新与创造力：开发与教育[M]. 大连：东北财经大学出版社，2008.

[112] 俞学明. 创造教育[M]. 北京：教育科学出版社，1999.

[113] 张华. 课程与教学论[M]. 上海：上海教育出版社，2001.

[114] 张景焕，初玉霞，林崇德. 教师创造性教学行为评价量表的结构[J]. 心理发展与教育，2008，24（3）.

[115] 张景焕，申燕. 创造型教师的心理素质与课堂教学行为[J]. 山东师范大学学报：人文社会科学版，2008（2）.

[116] 张景焕. 创造型教师——心理特征及成长历程[M]. 济南：山东教育出版社，2010.

[117] 张勉，张德，王颖. 企业雇员组织承诺三因素模型实证研究[J]. 南开管理评论，2002，5（5）.

[118] 张庆林，曹贵康. 创造性心理学[M]. 北京：高等教育出版社，2004.

[119] 张庆林，李艾丽莎. 创造性培养与教学策略[M]. 重庆：重庆出版社，2006.

[120] 张爽，沙飞. 高校教师创新教学行为与大学生创新能力的关系研究[J]. 教学研究，2013，36（3）.

[121] 张晓鹏. 美国大学创新人才培养模式探析[J]. 中国大学教学, 2006（3）.

[122] 张莹. 大学生的学业倦怠、学业投入及其影响因素[D]. 北京：北京大学, 2005.

[123] 张智, 陈镇雄, 乔粉, 倪安琪. 大学生应对效能、学习倦怠与学习投入的关系[J]. 中国健康心理学杂志, 2009, 17（3）.

[124] 赵承福, 陈泽河. 创造教育研究新进展[M]. 济南：山东人民出版社, 2002.

[125] 赵永新, 王昊魁. 中国儿童想象力太差[N]. 人民日报, 2009-08-17.

[126] 赵作斌. 成功素质教育[N]. 中国教育报, 2004-09-02.

[127] 赵作斌. 成功素质教育——大学教育理念与模式的新突破[J]. 中国高教研究, 2006（3）.

[128] 郑也夫. 吾国教育病理[M]. 北京：中信出版社, 2013.

[129] 周宏, 高长梅. 创造教育全书[M]. 北京：经济日报出版社, 1999.

[130] 周丽丽, 朱成科. 质量结合：新课改视域下学生评价新取向[J]. 教育科学论坛, 2009（9）.

[131] 朱红莉. 成物与成己的融合：创造教育目标研究[D]. 长沙：中南大学, 2007.

[132] 朱曼. 浅议我国本科人才培养模式改革的走向[J]. 高等农业教育, 2005（5）.

[133] 庄寿强. 创造学基础[M]. 徐州：中国矿业大学出版社, 1990.

[134] 庄寿强. 普通创造学[M]. 徐州：中国矿业大学出版社, 2001.

[135] 邹枝玲, 施建农. 创造性人格的研究模式及其问题[J]. 北京工业大学学报：社会科学版, 2003（2）.

附 录

附录1 职前教师创造素质调查问卷

各位同学：您好！

您参与的是一项有关职前教师创造素质现状的调查，希望您仔细阅读每一项描述，并根据您的实际情况和想法，真实地填答以下问题。回答没有对错之分，无须过多考虑，也不要参考别人的回答。这是不记名调查，调研数据仅用于研究，我们将对您所填写的资料予以保密，敬请放心！感谢您的协助与支持。

（注：每道题目只能并且必须选择一个答案。）

一、基本信息：请在符合您自己情况的选项处打"√"。

1. 性　　别：	□ 男	□ 女		
2. 学　　历：	□ 本科	□ 专科		
3. 独生子女：	□ 是	□ 不是		
4. 学生干部：	□ 是	□ 不是		
5. 学校类型：	□ 重点高校	□ 普通院校		
6. 专业类型：	□ 理工科类	□ 人文社科类	□ 艺术体育类	
7. 年　　级：	□ 大一	□ 大二	□ 大三	□ 大四
8. 家庭所在地：	□ 城市	□ 乡镇	□ 农村	
9. 父母最高学历：	□ 小学及以下	□ 初中	□ 高中	□ 大学及以上

二、以下描述是否符合您的实际情况，请在相应处打"√"。

序号	项目内容	完全符合	常常符合	偶尔符合	很不符合
1	我不怎么在乎其他人怎么看我的工作或成果。	①	②	③	④
2	我更愿意其他人为我设定清晰的工作目标。	①	②	③	④
3	问题的难度越大，解决问题的过程带给我的乐趣就越多。	①	②	③	④
4	我希望工作能带给我增长知识和技能的机会。	①	②	③	④
5	无论一种任务的结果如何，只要我感到自己获得了一种新体验，就很满意了。	①	②	③	④
6	我更希望从事相对简单的、直接的任务。	①	②	③	④
7	好奇心是推动我去做许多事情的动力。	①	②	③	④
8	完成一项任务，我更多地考虑自己能得到什么，而不是我做了什么。	①	②	③	④
9	我喜欢尝试着解决那些从未接触过的问题。	①	②	③	④
10	我更愿意做自己有把握做好的事情，不愿意做挑战自己能力的事情。	①	②	③	④
11	我很在乎其他人对我的观点会有什么反应。	①	②	③	④
12	我几乎从未考虑过别人给我的评分等级和奖励。	①	②	③	④
13	如果我可以自己设定目标，我会感到更自在。	①	②	③	④
14	我认为如果其他人都不能了解的话，那么把一件事做得再好也没有意义。	①	②	③	④
15	我所能得到的评分等级极大地激励着我。	①	②	③	④
16	我认为重要的是能够做自己最喜欢的事情。	①	②	③	④
17	我更喜欢其他人为我的任务明确规定工作程序。	①	②	③	④
18	只要能做自己喜欢的事情，我并不怎么在乎自己究竟能得到什么评分等级或奖励。	①	②	③	④
19	我喜欢做能吸引着我、令我忘记其他一切事情的工作。	①	②	③	④
20	其他人给予我的认可极大地激励着我。	①	②	③	④
21	我必须感觉到一项工作给自己的回报，才能做好这项工作。	①	②	③	④

续表

序号	项目内容	完全符合	常常符合	偶尔符合	很不符合
22	我喜欢尝试着解决复杂问题，我认为重要的是有机会表现自己的才干。	①	②	③	④
23	我认为重要的是有机会表现自己的才干。	①	②	③	④
24	我想知道自己在工作方面究竟能做到多好。	①	②	③	④
25	我希望使其他人了解我在工作方面能够做得多好。	①	②	③	④
26	对我来说最重要的是享受自己的工作。	①	②	③	④

三、下面列举了一些关于创造素质的相关表述，请根据您的实际情况进行评价。并在对应栏目上打"√"。

序号	项目内容	非常符合	比较符合	一般符合	较不符合	很不符合
1	我经常会把一件事情或一种现象进行剖析、分辨和研究。	①	②	③	④	⑤
2	对于自己所犯的错误，我会不断地进行反思和总结。	①	②	③	④	⑤
3	我经常对事物进行评价并能够得出可靠的结论。	①	②	③	④	⑤
4	在需要时，我会运用形象性的图形、图像等符号更好地表达或描述事物。	①	②	③	④	⑤
5	我思考问题总是能够遵循由浅到深、由低到高等线索，并且清晰明了、合乎逻辑。	①	②	③	④	⑤
6	我能够把从一件事情上得到的启发运用到其他领域中。	①	②	③	④	⑤
7	我常在已有形象的基础上，在头脑中创造新形象。	①	②	③	④	⑤
8	我经常在头脑中模拟事情的发生。	①	②	③	④	⑤
9	在对疑难问题百思不得其解时，我常会突然产生灵感，从而解决问题。	①	②	③	④	⑤
10	我具备扎实的公共基础知识。	①	②	③	④	⑤
11	我对目前所学的专业知识掌握得很好。	①	②	③	④	⑤

续表

序号	项目内容	非常符合	比较符合	一般符合	较不符合	很不符合
12	我能够积极主动地获取创造相关的知识。	①	②	③	④	⑤
13	为了解决问题,我能够有效获取并选择有用的信息。	①	②	③	④	⑤
14	我善于根据学习任务的要求,积极主动地调整学习策略。	①	②	③	④	⑤
15	我喜欢追踪科技发展动向,不断吸收新知识、新理论。	①	②	③	④	⑤
16	我擅长对做过的事进行总结并提炼出规律。	①	②	③	④	⑤
17	我善于观察周边的事物,感知客观事物的特征。	①	②	③	④	⑤
18	与人交流中,我能够清晰准确地表达自己的思想,实现意图。	①	②	③	④	⑤
19	我乐于通过实际操作锻炼自己的动手能力。	①	②	③	④	⑤
20	在学习和生活中,我总能发现一些常人难以发现的问题。	①	②	③	④	⑤
21	在处理问题时,我总能提出行之有效的解决方案。	①	②	③	④	⑤

四、请您阅读每一个句子,根据句子所描述的情形,在符合您实际情况的答案下打"√"。

序号	项目内容	非常符合	比较符合	一般符合	较不符合	很不符合
1	我做什么都很有耐心。	①	②	③	④	⑤
2	我喜欢从事挑战性的工作。	①	②	③	④	⑤
3	我往往有比别人更多的创意。	①	②	③	④	⑤
4	我对生活充满了激情。	①	②	③	④	⑤
5	我做事总是专心致志。	①	②	③	④	⑤
6	我喜欢探险。	①	②	③	④	⑤

续表

序号	项目内容	非常符合	比较符合	一般符合	较不符合	很不符合
7	我总能看到事情的真相。	①	②	③	④	⑤
8	我的逻辑推理能力很强。	①	②	③	④	⑤
9	我的头脑中常常涌现出新的想法。	①	②	③	④	⑤
10	我是个坚持不懈的人。	①	②	③	④	⑤
11	我比别人更容易产生灵感。	①	②	③	④	⑤
12	我是一个热情洋溢的人。	①	②	③	④	⑤
13	朋友都说我很有毅力。	①	②	③	④	⑤
14	我有敏锐的观察力。	①	②	③	④	⑤
15	我的想象力很丰富。	①	②	③	④	⑤
16	我的大脑很容易产生灵感。	①	②	③	④	⑤
17	我喜欢探索新事物。	①	②	③	④	⑤
18	我经常会想出很多新奇的点子。	①	②	③	④	⑤
19	我的创意总是很多。	①	②	③	④	⑤
20	我很善于洞察别人的内心世界。	①	②	③	④	⑤
21	我有敏锐的科学判断力。	①	②	③	④	⑤
22	我做事总是善始善终。	①	②	③	④	⑤
23	我的想象力很贫乏。	①	②	③	④	⑤
24	我是个具有冒险精神的人。	①	②	③	④	⑤

（请检查有无漏答，再次感谢您的配合！）

附录2 职前教师创造效能感调查问卷

亲爱的同学：你好！

非常感谢你抽出宝贵的时间参与我们的调查。请根据你的真实想法和实际情况回答下面的问题，回答没有对错之分，答题时直接在所选选项上打"√"；无须过多考虑，也不要参考别人的回答。这是不记名调查，你的回答仅供学术研究使用，不会对他人公开。谢谢合作！

请先填写以下信息：

性　　别：　　□男　　　　□女
年　　级：　　□大一　　　□大二　　　□大三　　　□大四
专　　业：　　□文科　　　□理科　　　□艺体
居住地：　　　□城市　　　□乡镇　　　□农村
是否是独生子女：□是　　　□否

第一部分：

以下是关于专业问题部分请用 1-5 的数字表示项目内容与您实际情况的符合程度，并在相应的数字上打"√"，每题只选择一个答案，请不要多选或漏选。 1 表示"完全不符合"；2 表示"比较不符合"；3 表示"不确定"；4 表示"比较符合"；5 表示"完全符合"。谢谢合作！

题　目	完全不符合	比较不符合	不确定	比较符合	非常符合
1. 我对所学专业充满热情。	1	2	3	4	5
2. 所学专业能充分发挥我的特长。	1	2	3	4	5
3. 任何情况下，我都不会转专业。	1	2	3	4	5
4. 为提高专业学习，我愿意做任何事情。	1	2	3	4	5
5. 所学专业有利于我考研。	1	2	3	4	5
6. 如果转到其他专业，我可以有更好的发展前途。	1	2	3	4	5
7. 我愿意付出全部的努力学好自己的专业。	1	2	3	4	5

续表

题 目	完全不符合	比较不符合	不确定	比较符合	非常符合
8. 在专业学习上花了很多工夫，可成绩仍不好，所以我想转专业。	1	2	3	4	5
9. 与我所学专业相关的工作，晋升的机会多。	1	2	3	4	5
10. 所学专业有利于实现我的理想。	1	2	3	4	5
11. 为进入现在所学专业我付出了很多，所以我不会转专业。	1	2	3	4	5
12. 所学专业，没意思，让我觉得心情压抑。	1	2	3	4	5
13. 我喜欢专业中的挑战和困难，以及战胜它们后的快乐和成就感。	1	2	3	4	5
14. 与专业相关的任何实践，我都乐意参加。	1	2	3	4	5
15. 我认为，青年人要有一技之长，就该学好所学专业。	1	2	3	4	5
16. 国家需要各类各专业人才，青年人有义务学好自己的专业。	1	2	3	4	5
17. 与我目前所学专业相关的工作，进修的机会多。	1	2	3	4	5
18. 我非常愿意告诉别人我现在学习的是什么专业。	1	2	3	4	5
19. 我不转专业，主要是因为所学专业的就业形势好。	1	2	3	4	5
20. 我认为，应该"进一行，学一行，爱一行"。	1	2	3	4	5
21. 所学专业给我提供了足够的自我发展空间，能实现自我价值。	1	2	3	4	5
22. 上专业课，我都能保持最佳兴奋状态。	1	2	3	4	5
23. 所学专业在国家建设中有重要作用，为了国家的明天，我该学好它。	1	2	3	4	5
24. 毕业后，我会从事"专业对口"的工作。	1	2	3	4	5
25. 现在所学专业能真正激发我的潜能，取得最佳成绩。	1	2	3	4	5
26. 课外时间，我常看与专业有关的书籍或与同学讨论专业问题。	1	2	3	4	5
27. 大学是培养专业人才的地方，每个大学生应该学好自己的专业，成为合格、优秀的专业人才。	1	2	3	4	5

（第一部分为大学生专业承诺量表，该量表共27道题，由情感承诺（1.4.7.12.13.14.18.22.26题）、理想承诺（2.5.9.10.17.21.25题）、规范承诺（15.16.20.23.27题）、继续承诺（3.6.8.11.19.24题）四个维度组成。量表采用李科特五点计分法，有"非常不符合""比较不符合""说不清楚"以及"比较符合"和"非常符合"五个等级。）

第二部分：

下面这部分是你日常生活和学习中的一些想法，请用 1-5 的数字表示项目内容与您实际情况的符合程度，并在相应的数字上打"√"，每题只选择一个答案，请不要多选或漏选。1 表示"完全不符合"；2 表示"比较不符合"；3 表示"不确定"；4 表示"比较符合"；5 表示"完全符合"。谢谢您的合作！

题　目	完全不符合	比较不符合	不确定	比较符合	完全符合
1. 我善于抓住新点。	1	2	3	4	5
2. 我有很多好的点子。	1	2	3	4	5
3. 我有丰富的想象力。	1	2	3	4	5
4. 我有能力很好地完成我的学习计划。	1	2	3	4	5
5. 当我有新的点子时，我一般先不做评价，等等再说。	1	2	3	4	5
6. 我能够容忍一些不确定、模糊的事情。	1	2	3	4	5
7. 我能够耐心的等待，知道有好点子出现。	1	2	3	4	5
8. 在学习中，无论遇到什么困难，我都能设法解决。	1	2	3	4	5
9. 我有着强烈的求知欲。	1	2	3	4	5
10. 我能够不断地反省我做得怎么样。	1	2	3	4	5
11. 即使遇到困难，我也能不断坚持直至完成任务。	1	2	3	4	5
12. 我有强烈的愿望要提高我的知识和技能。	1	2	3	4	5

（第二部分为大学生创意效能感量表，量表共 12 道题，由能力效能（第 1.2.3.4 题）、认知效能（第 5.6.7.8 题）、任务效能（第 9.10.11.12 题）三个维度组成。量表采用李科特五点计分法，有"非常不符合""比较不符合""说不清楚"以及"比较符合"和"非常符合"五个等级。）

第三部分：

下面是有关学习的一些问题，请用 1-5 的数字表示项目内容与您实际情况的符合程度，并在相应的数字上打"√"，每题只选择一个答案，请不要多选或漏选。1 表示"完全不符合"；2 表示"比较不符合"；3 表示"不确定"；4 表示"比较符合"；5 表示"完全符合"。谢谢您的合作！

题　目	完全不符合	比较不符合	不确定	比较符合	完全符合
1. 早晨一起床，我就乐意去学习。	1	2	3	4	5
2. 学习时，我感到精力充沛。	1	2	3	4	5
3. 即使学习不顺利，我也毫不气馁，能够坚持不懈。	1	2	3	4	5
4. 我能持续学习很长时间，中间不需要休息。	1	2	3	4	5
5. 学习时，即使精神疲劳，我也能很快恢复。	1	2	3	4	5
6. 学习时，我浑身有力而且干劲十足。	1	2	3	4	5
7. 我发现学习富有挑战性。	1	2	3	4	5
8. 学习能激发我的灵感。	1	2	3	4	5
9. 我对学习充满热情。	1	2	3	4	5
10. 我因我的学习而感自豪。	1	2	3	4	5
11. 我的学习目的明确，而且很有意义。	1	2	3	4	5
12. 学习时，我忘了周围的一切。	1	2	3	4	5
13. 学习时，我感到时间过得很快。	1	2	3	4	5
14. 学习时，我心里只想着学习。	1	2	3	4	5
15. 我难以放下手中的学习。	1	2	3	4	5
16. 我沉浸在学习中。	1	2	3	4	5
17. 全身心投入学习时，我感到很快乐。	1	2	3	4	5

（本问卷到此结束，请检查有无遗漏，再次感谢您的合作，祝您学习进步！）

（第三部分为学习投入量表，量表共 17 道题，1~6 题为活力维度，7~11 为奉献维度，12~17 题为专注维度。量表采用李科特五点计分法，有"非常不符合""比较不符合""说不清楚"以及"比较符合"和"非常符合"五个等级。）

附录3 高校教师创新支持行为初测问卷

亲爱的同学：

你好！非常感谢你能抽出宝贵的时间参与我们的问卷调查。我们想通过此次问卷，来调查你对现在所在学校里教过你的教师们的创新行为的看法和评价。请根据你的真实想法和你的教师们实际情况回答下面的问题，回答没有对错之分，答题时直接在所选的选项上打"√"；无须过多考虑，也不要参考别人的回答。我们郑重承诺此次问卷仅作为学术调查，采用匿名的方式，你回答的内容和任何信息都不会向他人公开。在填答时请逐项作答，不要遗漏。谢谢合作！

第一部分：基本信息
1. 性　　别：□ 男　　　□ 女
2. 年　　级：□ 大一　　□ 大二　　□ 大三　　□ 大四
3. 专业类别：□ 本科　　□ 专科
4. 学科性质：□ 文科　　□ 理工科　□ 艺体
5. 居 住 地：□ 城镇　　□ 农村

第二部分：填写问卷

题　目	非常不符合	比较不符合	说不清楚	比较符合	非常符合
1. 为学生提供必需的学习资料和设备。	1	2	3	4	5
2. 给学生推荐课外学习资源。	1	2	3	4	5
3. 在学生创新活动遇到困难时，给予指导。	1	2	3	4	5
4. 使学生相信自己具有创造性潜能。	1	2	3	4	5
5. 给学生搜集有助于学习的信息。	1	2	3	4	5
6. 鼓励学生制定具有创造性的学习目标。	1	2	3	4	5
7. 赞赏学生的创造性学习方式。	1	2	3	4	5
8. 当学生有创造力表现时，给予学生鼓励。	1	2	3	4	5

续表

题 目	非常不符合	比较不符合	说不清楚	比较符合	非常符合
9. 不以考试成绩高低来评价学生的创新能力。	1	2	3	4	5
10. 尽管学生创造性尝试没有成功,仍会赞扬学生的努力。	1	2	3	4	5
11. 公开认可学生在创造性活动中所作出的努力。	1	2	3	4	5
12. 注意培养学生举一反三的能力。	1	2	3	4	5
13. 对少数持不同观点的学生予以肯定。	1	2	3	4	5
14. 允许老师自己和学生在一定范围内犯错。	1	2	3	4	5
15. 指导学生不断改进自己的创新成果。	1	2	3	4	5
16. 鼓励学生发现问题,提出假设并亲自实践。	1	2	3	4	5
17. 鼓励学生从不同的角度去看待、分析和理解问题。	1	2	3	4	5
18. 鼓励学生广泛涉猎、开阔视野。	1	2	3	4	5
19. 敢于打破思维定势,不断寻求解决问题的新办法。	1	2	3	4	5
20. 不断学习和尝试新的教学方法。	1	2	3	4	5
21. 允许学生按照自己的方式做事。	1	2	3	4	5
22. 鼓励学生多渠道搜集信息。	1	2	3	4	5
23. 教学方式生动有趣。	1	2	3	4	5
24. 包容尊重学生的不同观点。	1	2	3	4	5
25. 注意保持学生的好奇心和对问题的敏感性。	1	2	3	4	5
26. 鼓励学生发表不同的见解。	1	2	3	4	5
27. 耐心地倾听学生的意见。	1	2	3	4	5
28. 会给学生充分的思考时间来回答老师的问题。	1	2	3	4	5
29. 鼓励学生朝自己感兴趣的方向努力。	1	2	3	4	5
30. 鼓励学生大胆尝试新事物。	1	2	3	4	5
31. 鼓励学生成立兴趣小组。	1	2	3	4	5
32. 给学生补充一些课本上没有的知识。	1	2	3	4	5
33. 为学生提供学术建议和咨询服务。	1	2	3	4	5

续表

题　目	非常不符合	比较不符合	说不清楚	比较符合	非常符合
34. 向学生讲述他（她）自己的创新经历。	1	2	3	4	5
35. 愿意花时间和精力为学生创造锻炼机会。	1	2	3	4	5
36. 在教学中设计产生疑问的情境。	1	2	3	4	5
37. 鼓励学生自己寻找问题的答案。	1	2	3	4	5
38. 指导学生开展科研训练项目。	1	2	3	4	5
39. 鼓励学生在学习中与其他同学共同探讨问题。	1	2	3	4	5
40. 强调与他人分享学习经验的重要性。	1	2	3	4	5
41. 积极地与其他老师进行教学上的交流。	1	2	3	4	5
42. 用成功人士的创新事例来激励学生。	1	2	3	4	5

附录4 高校教师创新支持行为正式问卷

亲爱的同学：

你好！非常感谢你能抽出宝贵的时间参与我们的问卷调查。我们想通过此次问卷，来调查你对现在所在学校里教过你的教师们的创新行为的看法和评价。请根据你的真实想法和你的教师们实际情况回答下面的问题，回答没有对错之分，答题时直接在所选的选项上打"√"；无须过多考虑，也不要参考别人的回答。我们郑重承诺此次问卷仅作为学术调查，采用匿名的方式，你回答的内容和任何信息都不会向他人公开。在填答时请逐项作答，不要遗漏。谢谢合作！

第一部分：基本信息

1. 性　　别：□ 男　　　　□ 女
2. 年　　级：□ 大一　　　□ 大二　　　□ 大三　　　□ 大四
3. 专业类别：□ 本科　　　□ 专科
4. 学科性质：□ 文科　　　□ 理工科　　□ 艺体
5. 居 住 地：□ 城镇　　　□ 农村

第二部分：填写问卷

题　目	非常不符合	比较不符合	说不清楚	比较符合	非常符合
1. 为学生提供必需的学习资料和设备。	1	2	3	4	5
2. 给学生推荐课外学习资源。	1	2	3	4	5
3. 给学生搜集有助于学习的信息。	1	2	3	4	5
4. 赞赏学生的创造性学习方式。	1	2	3	4	5
5. 当学生有创造力表现时，给予学生奖励。	1	2	3	4	5
6. 尽管学生创造性尝试没有成功，仍会赞扬学生的努力。	1	2	3	4	5

续表

题　目	非常不符合	比较不符合	说不清楚	比较符合	非常符合
7. 公开认可学生在创造性活动中所作出的努力。	1	2	3	4	5
8. 对少数持不同观点的学生予以肯定。	1	2	3	4	5
9. 允许老师自己和学生在一定范围内犯错	1	2	3	4	5
10. 指导学生不断改进自己的创新成果。	1	2	3	4	5
11. 鼓励学生发现问题，提出假设并亲自实践。	1	2	3	4	5
12. 鼓励学生从不同的角度去看待、分析和理解问题。	1	2	3	4	5
13. 鼓励学生广泛涉猎、开阔视野。	1	2	3	4	5
14. 鼓励学生多渠道搜集信息。	1	2	3	4	5
15. 包容尊重学生的不同观点。	1	2	3	4	5
16. 注意保持学生的好奇心和对问题的敏感性。	1	2	3	4	5
17. 鼓励学生发表不同的见解。	1	2	3	4	5
18. 耐心地倾听学生的意见。	1	2	3	4	5
19. 会给学生充分的思考时间来回答老师的问题。	1	2	3	4	5
20. 鼓励学生大胆尝试新事物。	1	2	3	4	5
21. 鼓励学生成立兴趣小组。	1	2	3	4	5
22. 给学生补充一些课本上没有的知识。	1	2	3	4	5
23. 为学生提供学术建议和咨询服务。	1	2	3	4	5
24. 愿意花时间和精力为学生创造锻炼机会。	1	2	3	4	5
25. 在教学中设计产生疑问的情境。	1	2	3	4	5
26. 鼓励学生自己寻找问题的答案。	1	2	3	4	5
27. 鼓励学生在学习中与其他同学共同探讨问题。	1	2	3	4	5
28. 强调与他人分享学习经验的重要性。	1	2	3	4	5
29. 用成功人士的创新事例来激励学生。	1	2	3	4	5

（调查到此结束，请检查有无题目漏答。谢谢！）

后　记

创造是人类社会永恒的主题。建设创新型国家，需要大量的创造型人才。高等师范院校肩负着非常重要的责任，一方面要培养具有创新精神和创造能力的专业人才，另一方面要培养具有创新精神和创造能力并能在基础教育领域开展创新的优质师资。后者意义更为重大，因为一个优秀的创新教育教师就像一颗宝贵的种子，他将对成百上千个学生的创新素质培养产生积极而深远的影响。基于此，我们围绕着创新教育优质师资职前培养展开了思考、研究、探索与实践。

这本《创造型教师职前培养研究》正是我们思考、探索、实践的结果，也是集体合作的结晶。在各位作者的共同努力下，书稿才得以顺利完成。本书各章节撰写人员为：前言谭小宏，第一章吕林，第二章王吉春、肖琼华，第三章蒋平，第四章曾楠艳、谭小宏，第五章李小凤、谭小宏，第六章侯小兵，第七章侯小兵、谭小宏、纪玉梅，第八章谭小宏、唐怡。全书由谭小宏和侯小兵负责统稿。

本书是四川省教育厅2014年度人文社科重点项目"创造型教师职前培养的实证研究"（项目编号：14SA0104）的研究成果，并得到绵阳师范学院学术著作出版基金的资助。在此，衷心感谢给予我们关心、鼓励、帮助的领导和老师！此外，西南交通大学出版社梁红编辑为本书的出版倾注了不少精力，在此向她表示深深的谢意！

在本书的撰写过程中，我们参阅了大量有关书籍和论文等文献资料，吸收了多方面的研究成果，在此衷心感谢这些文献的作者。

由于水平有限，时间紧张，资料缺乏，不足之处在所难免，敬请专家和广大读者批评指正，以便于今后不断完善。

谭小宏
2017年6月